O PAIZ
O BRASIL

Gilberto Dimenstein
Alvaro Cesar Giansanti

Colaboração especial nos textos:
Alda Beraldo • Reinaldo Seriacopi

Quebra-cabeça Brasil

Temas de cidadania na História do Brasil

editora ática

Quebra-cabeça Brasil

Diretor editorial: Fernando Paixão
Supervisão editorial: Maria Dolores Prades
Coordenador editorial e de produção: Leonardo Chianca – Jogo de Amarelinha
Preparador: Antonio Carlos Olivieri
Coordenadora de revisão: Ivany Picasso Batista
Revisoras: Alessandra Miranda de Sá, Olivia Frade Zambone

ARTE
Capa e projeto gráfico: Rex Design
Editora: Suzana Laub
Editor assistente: Antonio Paulos
Editoração eletrônica: Claudemir Camargo, Rex Design
Editoração eletrônica de imagens: Cesar Wolf
Iconografia: Silvio Kligin (coord.), Etoite Shaw (pesquisa e criação de legendas)
Imagem da capa: Moradora de Lagoa da Volta, SE, mostra os pedaços de cactos que irá cozinhar para comer (1983). © Gildo Lima/ Abril Imagens.

Agradecemos a colaboração de Cláudia Nucci, Gislane Azevedo, Lílian Lisboa Miranda, Roberto Giansanti, Silvia Casanovas Mora e Thaís Nicoleti de Camargo

CIP-BRASIL. CATALOGAÇÃO NA FONTE
SINDICATO NACIONAL DOS EDITORES DE LIVROS, RJ.

D578q

Dimenstein, Gilberto, 1956-
Quebra-cabeça Brasil : temas de cidadania na história do Brasil / Gilberto Dimenstein, Alvaro Cesar Giansanti. - 1.ed. - São Paulo : Ática, 2003.
168p.

ISBN 978-85-08-09063-1

1. Direitos fundamentais - Brasil. 2. Identidade social - Brasil. 3. Brasil - Condições sociais. I. Giansanti, Alvaro Cesar, 1958-. II. Título.

10-6271. CDD 323.0981
CDU 342.7(81)

ISBN 978 85 08 09063-1 (aluno)
ISBN 978 85 08 09062-4 (professor)

2013
1ª edição
10ª impressão
Impressão e acabamento: Brasilform Editora e Ind. Gráfica

Av. Otaviano Alves de Lima, 4400 – CEP 02909-900 – São Paulo, SP
Atendimento ao cliente: 4003-3061 – atendimento@atica.com.br
www.atica.com.br

Caro leitor, cara leitora,

você está satisfeito com o mundo da forma como ele é? Quantas vezes já ouviu alguém dizer que as coisas são assim mesmo, que não adianta reclamar? Conhece alguém que acha ótimo ter privilégios e vantagens, mesmo quando isso ocorre em prejuízo de outras pessoas? E esse papo de violência, guerra, miséria, desemprego... você não está saturado do que a mídia, a família e a escola martelam em sua cabeça todos os dias?

Essas são algumas questões que tentaremos discutir com você. Mas principalmente nos propomos a debater esses assuntos, mesmo que você tenha dúvidas sobre a melhor forma de discutir direitos, liberdades, necessidades, ou que não esteja nem aí para esses temas. Nós queremos provocá-lo e desafiá-lo a pensar em mudanças, a batalhar por um mundo melhor, mais justo e solidário, com oportunidades iguais para todos. Afinal, a vida não é nada fácil para quem é excluído do direito ao futuro e à felicidade. Todos querem se dar bem, não é?

Mas a questão é: será que todos conseguem?

Às vezes, passa-nos despercebido o fato de terem sido necessárias muitas lutas para garantir a nós brasileiros a liberdade de opinião, a autonomia política, o livre-arbítrio religioso, dentre tantos aspectos da vida social num país que vem construindo sua democracia a duras penas. Da mesma forma, parece natural que todos tenham direito à moradia, à escola, à saúde, ao trabalho, ao transporte.

E é verdade que nos últimos anos houve grande avanço nas leis que estabelecem tratamento igualitário e sem preconceito para crianças, mulheres, índios, negros, homossexuais, presidiários. A maioria também concorda que a natureza precisa ser preservada para garantir o direito à vida para as gerações futuras.

Na verdade, trata-se de um grande quebra-cabeça que vem sendo montado e articulado dia a dia. E cada peça vem sendo preparada e construída coletivamente, com muito sacrifício. Os encaixes precisam ser ajustados a cada novo movimento no correr da História. Essa é uma luta permanente.

Neste livro, procuramos identificar e explicar esse movimento, essa construção, esse caminhar em direção a um futuro melhor. Mostrar também que essas melhorias não caíram do céu, pelo contrário, foram conquistadas com muita batalha. E mais: essas lutas não terminaram, e você está sendo chamado a fazer sua parte. Em outras palavras, está na hora de você participar para a manutenção e ampliação dos direitos hoje existentes ou, do contrário, quando menos perceber, eles poderão ter deixado de existir. Não dá para ser omisso, você precisa assumir seu papel de cidadão ativo!

Problemas não faltam, mas as soluções também estão aí para aqueles que estiverem dispostos a aprender. Você pode ajudar o mundo a ser melhor do que ele é... E saiba que nunca estará sozinho nessa parada!

GILBERTO E ALVARO

1 escola e brincadeira – decifrando o mundo da infância

2 código civil: garantia do direito de ter direitos

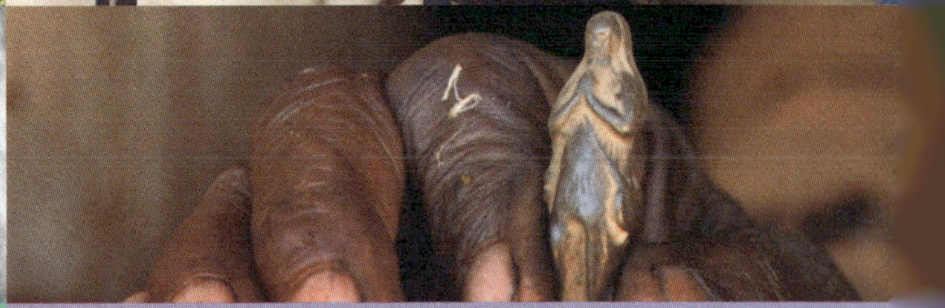

3 identidades culturais – respeito às diferenças

4 diversidade religiosa: toda forma de crer vale a pena

5 mulheres votam em mulheres: uma escolha feminina?

6 aprender a aprender como exigência do futuro

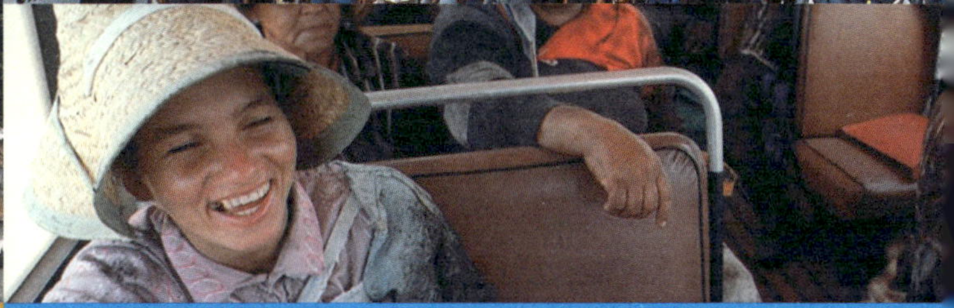

7 lutar para morar com dignidade

8 reforma agrária – terra para quem nela trabalha

9 independência política e a luta dos povos pela autodeterminação

10 cores diferentes, direitos iguais

11 trabalho – um emprego e um sonho de futuro melhor

12 ir e vir: liberdade de movimento

13 a saúde pública e o direito à vida

14 equilíbrio ambiental – um mundo para as futuras gerações

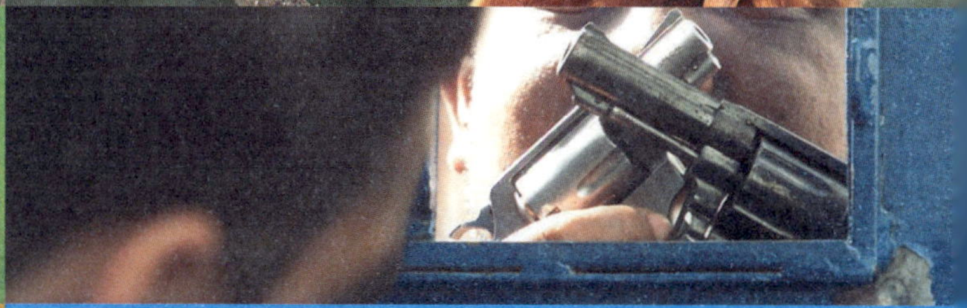

5 pensar e falar com liberdade de expressão

16 resgatar a cidadania dos encarcerados

escola e brincadeira – decifrando o mundo da infância

1

O trabalho infantil começou no Brasil exatamente com a chegada dos portugueses. As caravelas vieram com ajudantes de bordo, os grumetes, alguns com apenas 7 anos de idade, forçados a tarefas pesadas. Era uma prática estranha aos indígenas, a quem, supostamente, os brancos queriam "civilizar". Os índios não colocavam suas crianças para cuidar da sobrevivência da tribo.

A história do Brasil é também a história da selvageria contra as crianças, alvo dos mais diversos tipos de violências, entre elas a obrigação de trabalhos duros, difíceis até mesmo para um adulto. Em 1917, ano de uma greve geral de operários em São Paulo, a imprensa noticiou: "Assistimos ontem à entrada de 60 pequenos, às 19 horas, na sua fábrica da Mooca. Essas crianças, entrando àquela hora, saem às 6 horas. Trabalham, pois, 11 horas a fio, em serviço noturno, apenas com um descanso de 20 minutos à meia-noite".

A reação da sociedade a favor da infância só iria começar, nos anos 1980, com uma legislação de proteção à criança e ao adolescente. Um movimento de empresários e organizações não governamentais conseguiu sensibilizar o governo a fiscalizar e punir empresas que usassem trabalho infantil. Por causa da mobilização, criaram-se bolsas para tirar a criança do trabalho e colocá-la na escola.

Ao longo da História, verificou-se também diferenças entre as formas de tratamento dadas às crianças de classes sociais diferentes. A forma como a elite branca via a criança negra pode ser observada em *Memórias póstumas de Brás Cubas*, de Machado de Assis, ao relatar como uma criança branca tratava um menino negro: "Prudêncio, um moleque de casa, era o meu cavalo de todos os dias; punha as mãos no chão, recebia um cordel nos queixos, à guisa de freio, eu trepava-lhe ao dorso, com uma varinha na mão, fustigava-o, dava mil voltas a um e outro lado, e ele obedecia – algumas vezes gemendo – mas obedecia sem dizer palavra, ou, quando muito, um ai, nhonhô! – ao que eu retorquia: – Cala a boca, besta!".

> Chacina da Candelária: vergonha nacional

Rio de Janeiro, madrugada de 23 de julho de 1993. Cerca de 50 meninos e meninas de rua dormiam ao lado da Igreja da Candelária, no centro do Rio de Janeiro, quando um grupo de pelo menos seis pessoas apareceu, fingindo lhes oferecer uma sopa. Assim que um dos garotos se levantou para pegar o prato de comida, recebeu um tiro na cabeça e morreu. Em seguida, novos disparos aconteceram. As crianças acordaram assustadas e começaram a fugir em pânico, à procura de um refúgio. Quando os tiros cessaram, as escadarias da Candelária estavam manchadas de sangue: oito crianças, de 10 a 17 anos, haviam sido brutalmente assassinadas com tiros na cabeça, no peito e nas costas.

A "chacina da Candelária", como passou a ser chamada a matança, ganhou destaque na imprensa do mundo inteiro e atraiu as atenções internacionais para o descaso com que a sociedade e o governo brasileiro tratam a questão do menor abandonado no país.

Wagner dos Santos, que na época do crime contava com 21 anos, recebeu um tiro nas costas, sobreviveu e revelou à polícia que os assassinos eram policiais militares. Feita a denúncia, Wagner viu-se obrigado a sair do Brasil, pois corria o risco de ser morto pelos cúmplices dos criminosos. Com a ajuda da ONG Viva Rio, o rapaz arranjou um emprego na Suíça, onde passou a viver, sofrendo as sequelas da chacina.

Desta vez, pelo menos, o crime não passou em branco pela Justiça. Seis policiais foram acusados e três deles acabaram condenados com penas de mais de 300 anos de cadeia: Marcus Vinicius Borges Emmanuel, Nélson de Oliveira dos Santos Cunha e Marcos Aurélio Dias Alcântara.

Em 2000, outro sobrevivente da chacina voltou às manchetes dos jornais. Sandro do Nascimento, que na época do massacre tinha 14 anos, sequestrou um ônibus no Rio de Janeiro que fazia a linha Gávea-Central do Brasil e manteve por várias horas a passageira Geisa Firmo Gonçalves sob a mira de um revólver calibre 38. Tentando pôr fim ao sequestro, policiais militares atiraram contra Sandro, que revidou e matou Geisa. O rapaz foi preso e, no caminho do hospital, morreu asfixiado pelos PMs que o conduziam na viatura.

escola e brincadeira – decifrando o mundo da infância

V. L., uma criança e seu destino

Interior do Nordeste brasileiro, década de 1990. Milhares de crianças e adolescentes entre 5 e 14 anos trabalham no corte e secagem do sisal, planta resistente à aridez e ao sol intenso do sertão nordestino. As fibras dessa planta servem para a produção de tapetes e cordas. Na colheita, mãos e corpos ficam feridos pelos espinhos da planta. Fardos com dezenas de quilos são carregados nas costas para secar nos pátios. Nas máquinas de moer a fibra, acidentes mutilam dedos e mãos dos trabalhadores. Dentre eles, V. L., que trabalhava em Retirolândia, interior da Bahia, cerca de dez horas por dia. Recebia em torno de doze reais por mês e não frequentava a escola.

Em 1998, com 11 anos de idade, V. L. foi uma das crianças brasileiras participantes da Marcha Global contra o Trabalho Infantil que se dirigiu para Genebra, na Suíça. Ali, a Organização Internacional do Trabalho discutiu as piores formas de exploração da mão de obra de crianças e propôs políticas de combate a essas formas de trabalho.

Dois anos antes, o governo brasileiro já havia criado o PETI – Programa de Erradicação do Trabalho Infantil, mas seus benefícios só chegaram à Retirolândia quando a atuação de V. L. chamou a atenção mundial para o problema das crianças trabalhadoras na produção de fibras de sisal. As famílias das crianças passaram a receber cerca de 25 reais por mês para mantê-las estudando sem trabalhar.

Apesar de ser uma das crianças-símbolo da luta contra o trabalho infantil, V. L. voltou a trabalhar no sisal quando fez 15 anos, sem ter completado o ensino fundamental. É que o auxílio do PETI só era pago até aquela idade. Alguns meses depois, ele passou a fazer parte do enorme contingente de trabalhadores mutilados: ao colocar um feixe de fibras na máquina de beneficiamento do sisal, teve decepado um de seus dedos.

Trabalho infantil na sisaleira Retiro, em Retirolândia, interior da Bahia, agosto de 1995.

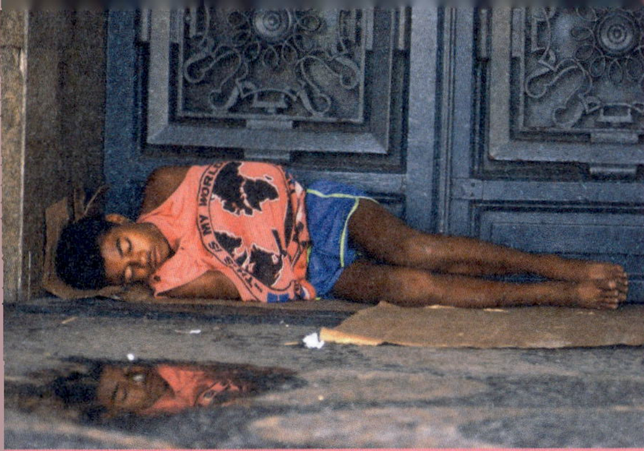

© Fernando Vivas/Abril Imagens

Criança de rua, em Salvador, BA, 1993.

Nas ruas e nos lixões, o cotidiano de violência e abandono

Assim como ocorreu no caso de V. L., a cidadania plena das próximas gerações não está garantida. Apesar dos recentes avanços da legislação, ainda há muito a ser feito para que as leis sejam transformadas em conquistas reais. Diariamente, os meios de comunicação divulgam notícias que indicam as dificuldades enfrentadas por jovens e crianças brasileiras.

Aparentemente, não causam tanto espanto cenas de crianças trabalhando ou esmolando nos cruzamentos das ruas de grandes cidades. Imagens de exploração da mão de obra infantil em trabalhos penosos alternam-se com a de lixões onde as crianças disputam restos de comida com ratos e urubus. Crianças são vítimas frequentes de violências, como agressões físicas, exclusão escolar, fome, pedofilia, falta de atenção e de carinho.

São comuns as notícias de envolvimento de crianças com o narcotráfico e com a prostituição infantil. São constantes as rebeliões dos menores infratores em instituições que deveriam resgatar sua cidadania, mas que funcionam como verdadeiras escolas do crime. Nas ruas das grandes cidades, cresce o número de crianças abandonadas por suas famílias.

Em outras palavras, problemas não faltam.

Mas também há muita gente buscando soluções que garantam a todos os brasileiros o direito de não precisar trabalhar até os 14 anos. Como crianças, suas únicas obrigações devem ser ir à escola, aprender a ler e escrever, praticar esportes, conviver com sua família e com outras crianças, inventar brincadeiras, descobrir respostas para decifrar o mundo.

Com a aprovação do Estatuto da Criança e do Adolescente, em julho de 1990, a opinião pública ficou mais atenta às denúncias de desrespeito contra os direitos que ali foram estabelecidos. Em seu artigo 4º, está escrito que *é dever da família, da comunidade, da sociedade em geral e do Poder Público assegurar, com absoluta prioridade, a efetivação dos direitos referentes à vida, à saúde, à alimentação, à educação, ao esporte, ao lazer, à profissionalização, à cultura, à dignidade, ao respeito, à liberdade e à convivência familiar e comunitária.*

© Oscar Cabral/Abril Imagens

Funeral de uma das vítimas do massacre da Candelária, Rio de Janeiro, em 26 de julho de 1993.

> Esmeralda – Uma voz pela esperança

Esmeralda do Carmo Ortiz é um exemplo da infância desassistida de nosso país. Nascida em 1979, até os 8 anos de idade pedia esmola pelas ruas de São Paulo ao lado da mãe e dos irmãos. Cansada de ser espancada pela mãe e de sofrer abusos sexuais do padrasto, fugiu de casa e preferiu viver na rua, com outras crianças da praça da Sé. Aprendeu a roubar, envolveu-se com drogas pesadas e por mais de cinquenta vezes foi encaminhada à Febem (Fundação Estadual do Bem-Estar do Menor). Esmeralda chegou ao fundo do poço e para muitos não tinha mais recuperação. No entanto, seu amor pela vida revelou ser mais forte. Contando com o auxílio de educadores que acreditaram nela, conseguiu livrar-se das drogas, arranjou um emprego e conseguiu alugar uma casa. Por fim, deixou um testemunho de toda sua experiência no livro *Esmeralda – Por que não dancei*, publicado em 2001. Leia um trecho:

Chegou um tempo que o crack não me preenchia mais. Mesmo fumando, comecei a me sentir uma pessoa vazia. Eu não tomava mais banho, não saía mais, não comia. Andava que nem zumbi. Eu estava dormindo na rua, porque o PCR [Projeto Criança de Rua] estava desativado. Eu vivia pra usar a droga, sentia um buraco. Quando me deparava com o meu eu, eu me sentia horrível. E roubar então passou a ser um tipo de aventura. Tinha um monte de gente correndo atrás de mim, eu saía correndo deles, e ninguém conseguia me pegar no pinote. Eu corria ligeiro, era uma bala perdida.

A galera dizia que eu era "sangue B", porque tudo que vinha eu topava. Mas eu já não era mais como antes. Eu era uma outra Esmeralda. Eu não sorria mais. Tudo o que eu fazia era só quando estava sob o efeito da droga. Sem o efeito da droga, eu me sentia mal.

Eu gostaria de morrer, mas não tinha coragem de me matar. Eu era a maior covarde. Queria morrer de overdose. Achava que todo mundo que morria de overdose era guerreiro, ia pra um lugar onde todo mundo consagrava como "sangue B", um "ponta-firme".

Seria mais fácil colocar a pedra, fumar, dar um pega e morrer com satisfação, do que enfiar uma bala na minha cabeça. Eu queria morrer de overdose porque sabia que eu não ia sair mais daquela vida, que tinha entrado num beco sem saída, numa situação em que eu não deveria ter entrado.

Esmeralda do Carmo Ortiz, *Esmeralda – Por que não dancei*, Gilberto Dimenstein (org.), 4. ed., São Paulo, Senac/Ática, 2001, p.104.

Nos campos e nas cidades, o trabalho ilegal

A luta contra o trabalho infantil é mundial. As frequentes denúncias contra produtos que exploram a mão de obra de crianças atingem empresas que toleram essas práticas. Na Índia, a exportação de tapetes tradicionais sofreu grandes prejuízos e só se recuperou com a adoção de um selo de qualidade atestando o compromisso dos fabricantes em não usar crianças em qualquer etapa da produção. Em 1998, as ações da Nike despencaram até a metade do valor quando tornou-se público que seus fornecedores utilizavam mão de obra infantil. Foi preciso que a própria Nike investisse pesado na fiscalização dos fornecedores.

No Brasil, uma das iniciativas pioneiras no combate ao trabalho infantil foi a dos empresários fabricantes de brinquedos, que organizaram a Fundação Abrinq pelos Direitos da Criança em fevereiro de 1990. As empresas participantes receberam um selo atestando que baniram a mão de obra infantil de qualquer etapa de sua produção.

Desde então, desenvolvem-se campanhas de esclarecimento, principalmente quanto aos brinquedos importados de países onde o trabalho infantil e o trabalho escravo são as duas faces da mesma moeda.

Os fabricantes de calçados na região de Franca, no interior de São Paulo, também precisaram resolver esse problema. Ali, no decorrer da década de 1980, boa parte das etapas de produção tinha sido transferida para grupos de trabalhadores autônomos, para diminuir os custos do produto. Sem que as grandes fábricas se preocupassem com isso, seus fornecedores empregavam milhares de crianças que largavam a escola para aumentar a renda familiar. Em 1994, clientes norte-americanos ameaçaram suspender as importações enquanto não fosse eliminado o trabalho infantil na produção de sapatos. As empresas locais, então, fizeram um pacto proibindo seus fornecedores de empregar crianças.

Outra resposta dada pela sociedade para fazer valer os direitos de adolescentes e crianças é a realização frequente de campanhas pelo consumo consciente. Você compraria um suco de laranja ou um par de

© Bia Parreiras/Abril Imagens

Aula de ginástica olímpica na Vila Olímpica – projeto patrocinado pela Xerox do Brasil para as crianças da favela da Mangueira, no Rio de Janeiro, em abril de 1998.

© Claudio Rossi/Abril Imagens

Exploração da mão de obra infantil na carvoaria de Águas Claras, MG, em julho de 1995.

sapatos sabendo que sua produção envolve trabalho infantil? Por isso, até mesmo por uma questão de sobrevivência, empresas preocupadas com sua imagem perante o mercado consumidor buscam eliminar o trabalho infantil no processo produtivo.

Infelizmente, nem todos os setores da economia brasileira agem dessa forma.

Atualmente, um dos maiores problemas refere-se à produção de carvão vegetal em carvoarias no Mato Grosso do Sul e Minas Gerais, onde centenas de crianças trabalham nas mais duras condições. Esse carvão é usado nos fornos da maioria das usinas siderúrgicas para a fabricação de chapas de aço e produtos de ferro fornecidos para a indústria automobilística, de ferramentas, esponjas de aço e diversos produtos eletrodomésticos.

Em 1995, após a realização do 1º Ato Público Contra o Trabalho Infantil, em São Paulo, seus organizadores propuseram aos distribuidores de álcool combustível (Petrobras, Shell, Ipiranga, Esso e Texaco) e aos fabricantes de sucos (Abecitrus), de automóveis (Anfavea) e de açúcar que deixassem de comprar de fornecedores que usam mão de obra infantil. As grandes empresas automobilísticas incluíram uma cláusula que

© Egberto Nogueira/Abril Imagens

Meninos de rua na praça da Sé, em São Paulo, 1993.

> A luta contra a mortalidade infantil

Em 1990, a Organização Mundial da Saúde (OMS) estabeleceu que o Brasil deveria ter como meta reduzir em pelo menos um terço os índices de mortalidade infantil no país. Naquela época, de cada mil crianças que nasciam, 45,3 morriam antes de completar seu primeiro aniversário. Passados dez anos, as estatísticas mostram que o Brasil ultrapassou os objetivos propostos: segundo o Censo de 2000, de cada mil crianças que nascem, 29,6 morrem antes de um ano, ou seja, uma queda de aproximadamente 35% em relação a 1990.

Embora essa diminuição deva ser festejada, ainda há muito a se conquistar. Para os índices do Brasil ficarem em um nível considerado aceitável pela OMS, a mortalidade infantil deveria ser reduzida em mais um terço ainda, chegando, no máximo, a 20 óbitos por mil nascidos vivos. Para se ter um padrão de comparação, nos Estados Unidos, de cada mil crianças que nascem, apenas sete morrem antes de um ano.

Entre os principais fatores responsáveis pelos altos índices da mortalidade infantil brasileira estão, em ordem de importância, as complicações decorrentes do parto e da gravidez, doenças infecciosas e parasitárias, falta de assistência médica e doenças respiratórias. Muito desses óbitos poderiam ser evitados se o país tivesse melhor saneamento básico. Não é à toa que metade das crianças vítimas da mortalidade infantil é do Nordeste, região que mais sofre com a falta de saneamento no país.

Na luta contra a mortalidade infantil, quem vem desempenhando um papel de destaque é a Pastoral da Criança, órgão ligado à CNBB – Confederação Nacional dos Bispos do Brasil. A entidade está presente em todos os estados brasileiros e atua em 64% dos municípios, atendendo a 1,6 milhão de crianças com menos de seis anos. Possui cerca de 150 mil voluntários que ensinam ações básicas de saúde, nutrição e educação às mães, gestantes e familiares. Nas regiões em que atua, a taxa de mortalidade infantil é 60% menor do que nos lugares onde não está presente.

vetava a compra de carvão vegetal extraído com a ajuda de crianças. No interior de São Paulo, os produtores de suco de laranja construíram escolas para 1.300 crianças e adolescentes.

Os setores mais avançados da economia brasileira parecem estar mais sensíveis às pressões populares e denúncias da imprensa. Mas, nas regiões onde há milhões de pessoas vivendo na mais extrema pobreza, a sobrevivência das famílias conta com a ajuda de crianças que trabalham desde cedo. Apesar dos esforços que vêm sendo feitos, crianças continuam trabalhando em carvoarias e pedreiras, nas fazendas de sisal e de cana, no conserto de buracos nas estradas em troca de moedas jogadas pelos motoristas. Quando isso não é suficiente, a opção da população faminta é saquear escolas e depósitos de comida.

Vários programas sociais criados pelos governos deparam-se com falta de verbas para atender todas as necessidades. Até o final de agosto de 2002, o Programa de Erradicação do Trabalho Infantil havia consumido 243,9 milhões de reais, cerca de metade do que foi previsto no Orçamento do Governo Federal, e não havia previsão quanto à liberação do restante. Mas já se sabia que, sem esse dinheiro, mais de 300 mil crianças deixariam de ser atendidas.

Na História do Brasil, exclusão e sofrimento

Quando os colonizadores portugueses chegaram ao Brasil, a mentalidade da época não reconhecia direitos para as crianças, que eram tratadas como "adultos em miniatura". Seus navios trouxeram os primeiros exemplos de trabalho infantil: *grumetes* com até 7 anos de idade eram usados no trabalho pesado nas caravelas. Órfãos eram trazidos de Portugal para ajudarem os padres jesuítas no trabalho de catequese indígena. Colonos pobres colocavam os filhos para ajudar na plantação de lavouras de subsistência assim que desembarcavam.

Para os povos indígenas, essas práticas eram estranhas, uma vez que as crianças não tinham obrigações relacionadas à sobrevivência da tribo. A prioridade dos jesuítas na conversão de crianças indígenas ao cristianismo causou vários conflitos ao querer passar uma visão de mundo com exigências e deveres sociais com as quais as tribos brasileiras não estavam acostumadas.

Com as crianças trazidas da África não foi diferente. Separadas dos pais nos portos de desembarque, eram vendidas por valores que variavam conforme seu potencial de trabalho imediato.

Já as crianças nascidas nas senzalas passavam a ajudar em pequenos serviços por volta dos 5 anos. No campo, davam comida aos animais de criação, ajudavam no preparo de comida para os outros escravos, buscavam água, faziam cestos e cordas. Na cidade, os meninos ajudavam a mãe no comércio ambulante, levavam recados para os senhores e serviam aos meninos brancos. As meninas fiavam e costuravam, faziam

© Marc Ferrez/Coleção Particular

Jornaleiros no Rio de Janeiro, c. 1895.

renda e serviam como mucamas em diversas atividades domésticas, como lavar e cozinhar.

Nas cidades, os órfãos pobres nem sempre tinham melhor sorte que os filhos de índios e negros. No século XVIII, cerca de 5% das crianças livres no Brasil eram abandonadas ao nascer. Entre 1750 e 1850, na então pequena cidade de São Paulo, a taxa chegou a 15%. Muitas crianças eram abandonadas em portas de igrejas e de casas de pessoas ricas, às vezes com bilhetes relatando as dificuldades das mães para criar os filhos.

Outra prática comum nesse período era deixar crianças nas “rodas dos expostos”, espécie de caixa giratória de madeira que ficava instalada no muro das Santas Casas de Misericórdia. As crianças que sobreviviam aos maus-tratos das *criadeiras*, à fome e às doenças, deveriam trabalhar para obter recursos para a instituição. As meninas, com alguma sorte, seriam entregues às famílias mais abastadas para fazerem trabalhos domésticos.

Os meninos tornavam-se aprendizes de diversas profissões ou iam para instituições militares, como o Arsenal da Marinha, onde trabalhavam na cozinha e na limpeza dos barcos. Durante a guerra do Paraguai, por exemplo, muitos meninos pobres trabalharam nas linhas de frente, limpando as instalações onde ficavam os oficiais, levando mensagens entre vários pontos de combate, ou atuando como “porta-cartuchos”, levando munição para os canhões.

No início do século XX, o desenvolvimento industrial mudou a vida nas cidades. Milhares de imigrantes, principalmente italianos, portugueses,

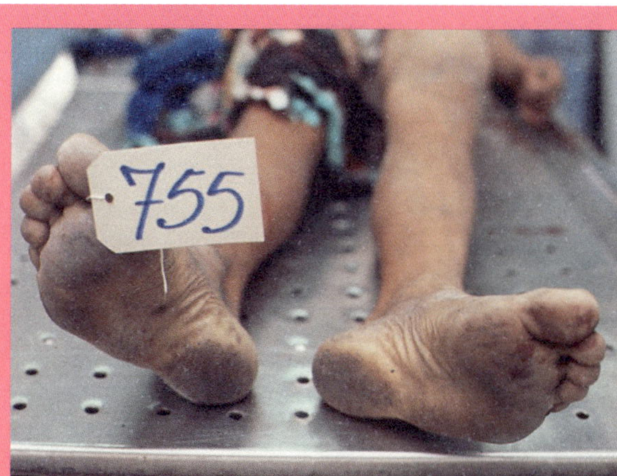

© Antonio Milena/Abril Imagens

Menino morto durante assalto, no IML de Recife, PE, em 1991. Nesta data, um levantamento de crianças mortas violentamente, feito pelo Ibase e pelo Movimento Nacional de Meninos e Meninas de Rua, constatou a prática de extermínio sistemático em quatorze Estados.

© AE

Operários da Fiação e Tecelagem Mariângela, de propriedade da família Matarazzo, em 1915 – período da industrialização de São Paulo em que foi muito explorada a mão de obra infantil.

espanhóis e alemães vieram trabalhar como operários, mas várias fábricas empregavam a mão de obra de crianças. Em 1917, ano da grande greve geral dos operários de São Paulo, a imprensa denunciava:

Assistimos ontem à entrada de cerca de 60 pequenos, às 19 horas, na sua fábrica da Mooca. Essas crianças, entrando àquela hora, saem às 6 horas. Trabalham, pois, 11 horas a fio, em serviço noturno, apenas com um descanso de 20 minutos à meia-noite. O pior é que elas se queixam de que são espancadas pelo mestre de fiação. Muitos nos mostraram equimoses nos braços e nas costas. Alguns apresentam mesmo ferimentos produzidos com uma manivela. Uma há com as orelhas feridas por continuados e violentos puxões. Trata-se de crianças de 12, 13 e 14 anos.

Em 18 de setembro de 1919, o jornal *A Plebe* dizia que os donos de uma fábrica têxtil demitiram dezessete operários que seriam substituídos por menores porque *as crianças são exploradas mais facilmente e se contentam com pequena remuneração.*

Nesse período, havia muitas referências às "meninas perdidas" e aos "pequenos vagabundos". Moças pobres, negras ou brancas, eram marginalizadas após serem seviciadas por patrões ou vizinhos, restando apenas o caminho da prostituição para sobreviverem. Quanto aos meninos de rua, responsáveis por 26% da *gatunagem* em São Paulo, artigos na imprensa cobravam ações do governo para retirá-los do centro da cidade.

Em 1900, o jornal *O Estado de S. Paulo* noticiou que *o dr. Oliveira Ribeiro, chefe de polícia, a fim de reprimir a vagabundagem de grande número de menores que por aí viviam com fome e no relento, conseguiu um meio de os tirar de São Paulo. Para esse fim, entrou em acordo com o sr. Coronel Pinho, industrial e fazendeiro, residente em Rio Claro, o qual se propôs a colocar em fábricas e fazendas de sua propriedade os menores capturados.*

> Quantas crianças trabalham

Apesar dos esforços do governo e da sociedade, cerca de trezentas mil crianças entre 5 e 9 anos trabalham atualmente no país. Na faixa etária de 10 a 14 anos, o número sobe para dois milhões. Embora esse seja um quadro crítico, a situação já foi muito pior.

De acordo com a Pesquisa Nacional de Amostra de Domicílios – PNAD, o número de crianças e adolescentes de 5 a 14 anos que trabalhavam em 1992 correspondia a 12,1% de toda a população dessa faixa etária. Em 2001, esse percentual foi reduzido para 6,8%. Somente entre 1999 e 2001, 738.558 crianças pararam de trabalhar e voltaram a estudar, brincar, conviver com a família e fazer amigos, recebendo educação e aprendendo valores para ser bons adultos no futuro.

Segundo a pesquisa, em 2001, 58,7% das crianças e adolescentes de 5 a 14 anos que trabalhavam estavam concentrados em pequenos empreendimentos familiares nas áreas rurais. Já nas áreas urbanas, especialmente nas grandes cidades, o número de crianças trabalhadoras subiu de 19,6% para 24,1% na faixa etária de 5 a 9 anos e de 26% para 26,2% entre os de 10 a 14 anos.

Também existem diferenças entre os gêneros no trabalho infantil. Em 2001, 9,1% dos meninos de 5 a 14 anos estavam trabalhando, enquanto a parcela das meninas era de 4,5%.

Em casa e na escola, avanços e dificuldades

O Serviço de Assistência e Proteção à Infância Abandonada e aos Delinquentes, criado em 1921, foi o primeiro órgão público responsável por menores abandonados e infratores. Considerava que as crianças que viviam nas ruas, mesmo tendo família, eram "moralmente abandonadas", e de forma inevitável se tornariam infratoras. Em 1927, o primeiro Código de Menores brasileiro, com forte influência europeia, previa internações, punições e a intervenção na vida familiar.

O foco só mudou a partir da Declaração Universal dos Direitos Humanos, de 1948, e da Declaração dos Direitos da Criança, de 1959. Desde então, as crianças e adolescentes passaram a ter direitos de proteção integral, tais como lazer, alimentação, família, educação e saúde. Esses direitos foram consagrados no Estatuto da Criança e do Adolescente, aprovado em 1990, combinando políticas de governo e ações da sociedade civil organizada.

Graças a isso, constata-se ter havido avanços nas áreas de saúde e educação. Houve uma diminuição de 38% nos índices de mortalidade infantil, que caiu de 47,8 óbitos em 1991 para 29,6 mortes para cada mil nascimentos em 2000. Mas ainda há muito que melhorar, principalmente no que se refere às desigualdades regionais. No Nordeste, por exemplo, a cada mil crianças nascidas ainda morrem 44 antes de completar um ano de idade, índice muito alto.

Diminuiu o número de crianças e adolescentes fora da escola. As taxas de matrícula no ensino fundamental chegam a 96,5% da população de 7 a 14 anos. Apesar disso, a permanência dessas crianças na escola continua sendo um problema grave. Na região assolada pela seca no Nordeste, milhares de crianças abandonam as aulas para trabalhar.

Nas grandes cidades, há frequentes denúncias sobre pais que obrigam os filhos a abandonar a escola para pedir esmolas. No Rio de Janeiro, em 2002, a imprensa noticiou que podia-se alugar uma criança para pedir esmolas durante um dia inteiro por apenas dez reais e que até mesmo os próprios pais usavam seus filhos para esse fim.

© Egberto Nogueira/Abril Imagens

Trabalho infantil no canavial de Matão, SP, em julho de 1995.

© Egberto Nogueira/Abril Imagens

Menino no lixão de Diadema, SP, em julho de 1995.

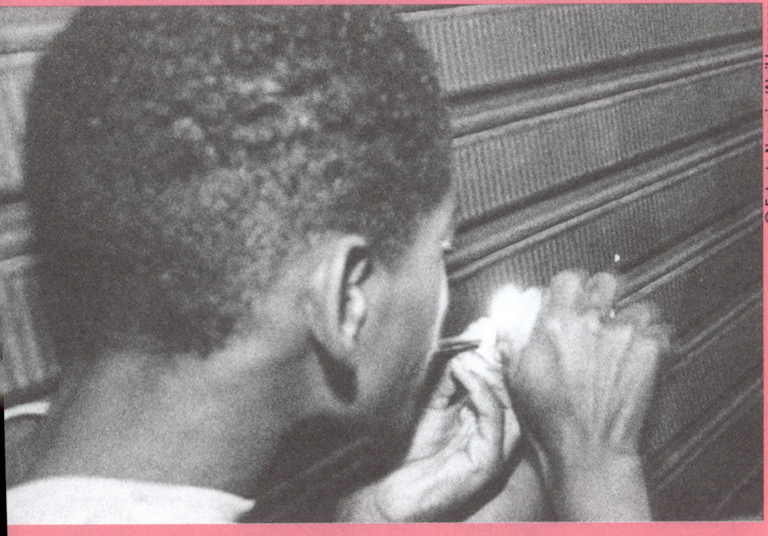
© Egberto Nogueira/Abril Imagens

Criança fumando crack, em São Paulo, abril de 1994.

Nas ruas, as crianças envolvem-se em furtos, tráfico de drogas e prostituição. Só no mês de janeiro de 2003, a Associação Brasileira Multiprofissional de Proteção à Infância e Adolescência (Abrapia) recebeu cerca de 440 denúncias de abuso e exploração sexual infantil. Nas principais capitais do Nordeste, o crescimento do turismo no verão provoca o aumento do número de menores se prostituindo em frente aos bares e pontos de badalação.

Muitas vezes, o problema dos menores moradores de rua foi tratado como caso de polícia. O Brasil ficou tristemente conhecido por ocasião do "massacre da Candelária", em 1993, quando cerca de 50 menores que dormiam sob a marquise de um prédio no centro do Rio de Janeiro foram acordados com tiros disparados contra eles por policiais. Oito morreram e vários ficaram feridos. De 1986 a 1996, foram mortos no Rio de Janeiro 6.033 meninos de rua, vítimas de ações policiais, vinganças, acertos de conta e disputas pelo controle de pontos de venda de drogas.

Hoje, o grande desafio da sociedade brasileira é garantir que os direitos previstos no Estatuto da Criança e do Adolescente sejam conquistas concretas. Todos precisam fazer sua parte. As instituições governamentais e políticas, entidades sociais, igrejas, associações beneficentes, organizações não governamentais, empresários, sindicatos e movimentos populares podem contar com um número cada vez maior de voluntários e apoiadores para que a cidadania da infância e da juventude seja plena. As crianças e jovens excluídos precisam e merecem.

> Chega de violência!

Os números são assustadores: a cada minuto, uma criança de até 14 anos de idade é espancada no Brasil. Ou seja, em um ano, cerca de quinhentas mil crianças e adolescentes são vítimas de maus-tratos. A violência contra o menor origina-se principalmente dentro de casa: em 90% dos casos são os próprios pais, avós, tios ou parentes próximos que estão agredindo a criança. As principais vítimas são as menores e mais indefesas: um terço delas tem no máximo 5 anos de idade, e muitas são recém-nascidas.

Os dados tornam-se mais terríveis ainda quando somam-se a eles os casos de violência sexual praticada contra menores. Segundo o Ministério da Justiça, todos os anos, são registradas cerca de 50 mil dessas ocorrências contra crianças e adolescentes. Especialistas, no entanto, acreditam que esse número representa apenas 10% dos casos do gênero ocorridos em todo o país.

Situações como essas, que violam os direitos da criança e do adolescente, podem e devem ser denunciadas. Pensando nisso, em 1990, o Estatuto da Criança e do Adolescente previu a criação dos conselhos tutelares. Eles são órgãos mantidos com recursos públicos municipais e administrados pela comunidade com o objetivo de receber denúncias dessa natureza, oferecer orientação às famílias e providenciar assistência junto ao serviço público. Embora não estejam presentes em todas as cidades do país, há pelo menos um conselho tutelar em cada capital brasileira.

Criança na Estação da Luz, em São Paulo, abril de 1994.

Para saber mais

Andi (Agência de Notícias dos Direitos da Infância) – *www.andi.org.br*
Aprendiz – *www.aprendiz.org.br*
Fundação Abrinq – *www.fundabrinq.org.br*
IBGE Teen – *www.ibge.gov.br/ibgeteen/frameset.html*
Missão Criança – *www.missaocrianca.org.br*
Marcha Global contra o Trabalho Infantil – *www.globalmarch.org*
OIT (Organização Internacional do Trabalho) – *www.oit.org.br*
Unicef (Fundo das Nações Unidas para a Infância e a Adolescência) – *www.unicef.org.br*

Menino que saiu de casa após levar surra da mãe.

atividades

1 Um dos maiores problemas relativos ao universo de crianças e adolescentes infratores é a ineficiência dos sistemas correcionais existentes no país. Longe de buscar readaptar esses jovens para a vida em sociedade, essas instituições acabam se transformando, quase sempre, em verdadeiras escolas de formação de criminosos. Segundo órgãos e ONGs ligados às questões de preservação da vida, não raro os menores infratores detidos sofrem violências físicas e sexuais de funcionários que deveriam zelar por sua integridade; quase sempre estão sem acompanhamento educacional e pedagógico adequado; vivem longe do carinho de familiares e amigos e, muitas vezes, convivem com pessoas que praticaram delitos bem mais graves do que os seus.
Em grupo e sob a orientação de seu professor, faça uma pesquisa sobre o funcionamento do sistema correcional de menores em sua cidade ou região. Para isso, entre em contato com órgãos e instituições como a Comissão de Justiça e Paz – normalmente existente nas Câmaras Municipais e/ou na Igreja Católica –, Ordem dos Advogados do Brasil (OAB) e associações de familiares de menores infratores que se encontram detidos. Como contraponto, procure fazer uma pesquisa na internet ou na biblioteca desses órgãos sobre sistemas correcionais considerados exemplares. O trabalho poderá ser apresentado em forma de seminário para o restante da classe.

2 Nos últimos anos a sociedade brasileira escandalizou-se com inúmeras denúncias contra adolescentes que puseram fogo em mendigos, espancaram pessoas até a morte, mataram colegas de classe ou até mesmo que assassinaram pais ou familiares por motivos aparentemente fúteis, como a proibição de um namoro.
Em sua opinião, que motivos levam os adolescentes a cometerem esses tipos de crimes? Os jovens estariam vivendo uma situação de ausência de valores éticos? Como evitar esse tipo de situação? Com informações consistentes de psicólogos e educadores, promova um debate sobre o tema em sala de aula.

código civil: garantia do direito de ter direitos

2

Até 11 de janeiro de 2003, um marido que após o casamento descobrisse que sua mulher não era mais virgem teria o direito de ir ao juiz e pedir a anulação do matrimônio. Claro que o marido seria motivo de risadas no tribunal, tamanha sua desconexão com a realidade – assim como chega a ser cômico que depois de tanta lei um absurdo como esses ainda estivesse valendo. O novo Código Civil alterou oficialmente essa situação.

Os direitos civis expressam a liberdade individual, estabelecendo as regras de convivência entre as pessoas; os direitos políticos estabelecem o relacionamento entre os cidadãos e o Estado, com a garantia, por exemplo, de expressão ou de eleger os governantes. Quando se acaba com o direito de o marido anular o matrimônio devido a uma questão como a virgindade da mulher, apenas se reconhece o que a realidade já determina – e o que muitos juízes, com ou sem lei, já vinham determinando nos tribunais.

Antes do novo Código, se um adolescente de 18 anos quisesse se casar, teria de pedir autorização dos pais ou aguardar até completar 21 anos. Entendeu-se que, com 18 anos, o indivíduo já é adulto e tem condições tanto de casar como de assumir a responsabilidade por seus atos.

Muitos dos preconceitos da sociedade acabam se amparando nas limitações dos direitos civis, reduzindo o poder de negros, mulheres, índios, seitas religiosas. A escravidão baseava-se na ideia de que o negro não é gente, mas uma "coisa" que falava – e isso, em parte, justificava a opressão.

código civil: garantia do direito de ter direitos

A voz e o desejo de Cássia Eller

© Wilton Jr.

Cássia Eller na estreia do show Acústico MTV, no Canecão, RJ, 13/7/2001.

Algumas horas depois de chegar a uma clínica, onde recebeu atendimento de emergência, Cássia Eller não resistiu a uma série de paradas cardíacas e morreu precocemente aos 39 anos, deixando órfão um filho com 8 anos de idade. Isso ocorreu em 29 de dezembro de 2001, no Rio de Janeiro. Como em milhares de outros casos semelhantes que acontecem todos os dias no Brasil, o menino deveria ficar sob a guarda da pessoa com quem a cantora e compositora estava casada.

Um direito básico como esse, entretanto, não está assegurado para todos os brasileiros. As leis que regulam a vida social e definem os direitos civis a que toda pessoa faz jus ainda ignoram diversas situações que fazem parte do cotidiano de nossa sociedade e são por ela relativamente bem aceitas.

Cássia era homossexual e manteve uma relação estável com sua companheira Eugênia durante 14 anos. Mas isso não era suficiente para que, perante a legislação em vigor na época, Eugênia ficasse com a guarda legal do filho de Cássia. Apesar da guarda provisória que havia sido concedida a ela, a criança viu-se exposta a diversos tipos de constrangimento, assédio da imprensa e pressões do avô materno, uma vez que a mãe e irmãs de Cássia apoiavam seu próprio desejo, expresso em vida, de que seu filho deveria ficar com sua companheira na sua ausência. Foi preciso que Eugênia vencesse uma disputa na Justiça para obter, após dez meses, uma decisão favorável àquilo que deveria ser considerado um direito líquido e certo: ficar com o filho de sua companheira, a quem criou desde o nascimento e por quem também era chamada de mãe.

> O casamento e o novo Código Civil

Se pelo antigo Código Civil, bastava o marido comprovar que sua mulher não era mais virgem para pedir a anulação do casamento, a partir de 11 de janeiro de 2003, anular um matrimônio não é tão simples assim. Mas também não é impossível. Pelo novo Código, existem quatro situações que preveem a anulação deste ato. Todos partem do princípio de que um dos cônjuges desconhecia fatos importantes da vida de seu marido ou esposa antes de terem iniciado uma vida conjugal.

Um cônjuge pode solicitar a anulação de seu casamento caso descubra, por exemplo, que seu companheiro ou companheira cometera no passado um crime cuja natureza torna insuportável a vida a dois. O marido ou a esposa também pode pedir a anulação caso identifique em seu parceiro ou parceira um defeito físico irremediável ou uma doença grave e transmissível, capaz de pôr em risco a sua saúde ou a de seus filhos.

A outra situação em que se pode pedir a anulação de um casamento acontece quando um dos cônjuges percebe, somente depois de casado, que seu marido ou esposa possui uma doença mental grave e que, em função dela, é impossível a vida em comum. A última situação diz respeito à honra: caso um cônjuge descubra que a honra de seu companheiro ou companheira torna insuportável a vida em comum (um caso de difamação pública, por exemplo), é possível entrar com pedido de invalidação do casamento.

As lutas fazem as leis

Tudo poderia ser bem mais fácil se as diferentes opções de casamento praticadas atualmente estivessem expressas na legislação e fossem por ela reconhecidas. Apesar de alguns avanços da cidadania que se observam no Código Civil que entrou em vigor em janeiro de 2003, vários direitos reivindicados por grupos sociais minoritários não estão previstos nas novas leis.

Este é o caso das uniões entre pessoas do mesmo sexo, e que fez do caso da cantora Cássia Eller um exemplo de conquista de direitos pelos casais homossexuais no Brasil. As decisões da Justiça reconhecendo casamentos "fora da lei" possibilitam, inclusive, o crescimento do número de adoções de crianças por casais formados por pessoas do mesmo sexo. Em outras palavras, conferem cidadania à minoria gay, que há tantos anos luta para fazer valer a igualdade prevista na Constituição e exercer os mesmos direitos dos heterossexuais.

Um dos marcos históricos dessa luta foi a decisão da justiça gaúcha, no ano 2000, transferindo os julgamentos das ações envolvendo casais homossexuais para as varas de família. Assim como ocorre com famílias de casais heterossexuais, quando um dos parceiros morrer ou terminar com a relação, o outro terá direito à herança e pensão. No ano seguinte, o mesmo tribunal proferiu uma decisão inédita no Brasil, reconhecendo o direito de um homossexual à partilha de bens de seu parceiro após sua morte. Com isso, a filha do parceiro, diante da morte do pai, não ficaria com toda a herança.

Pouco depois, em Minas Gerais, a Justiça também inovou ao conceder a guarda de uma criança de três anos a seu pai, fazendo constar na decisão que ele vivia um casamento homossexual, sem que isso pudesse representar qualquer obstáculo à decisão. Na mesma época, o Tribunal de Justiça da Bahia julgou o caso de duas parceiras que disputaram a posse de um apartamento após viverem juntas por cinco anos, sendo decidido que os bens deveriam ser divididos com base na lei que rege o casamento tradicional.

Desta forma, o conceito de família vem aos poucos tornando-se independente da orientação sexual, do casamento legal ou da possibilidade de reprodução do casal. Apesar da falta de estatísticas sobre o assunto, observa-se no Brasil o aumento do número de famílias formadas por casais homossexuais ou *famílias arco-íris*, símbolo internacional do movimento gay.

Paralelamente, observa-se que muitos casais gays têm procurado autorização para adotar crianças, uma vez que a lei brasileira estabelece que qualquer pessoa pode fazer adoção desde que isso traga benefícios para a criança e a pessoa tenha mais de 21 anos, não importando se ela é solteira ou casada. Nos Estados Unidos, calcula-se que 20% das crianças adotadas vivam em famílias de casais homossexuais, já fazendo parte do cotidiano de diversas comunidades esse tipo de composição familiar.

Os noivos, pintura do brasileiro Alberto da Veiga Guignard, 1937.

Homossexuais se beijando na passeata do Orgulho Gay, em São Paulo, 2000.

> O direito à herança e o novo Código Civil

O novo Código Civil modificou também a legislação relativa a heranças. Pelo Código antigo, em caso de segundo matrimônio, quando o marido ou a esposa morriam, o parceiro sobrevivente só possuía direito aos bens comuns do casal se estivessem unidos sob o regime de comunhão parcial ou universal de bens. Se a pessoa fosse casada sob o regime de separação de bens, toda a herança ficaria para os descendentes ou ascendentes de quem morreu. Somente na inexistência desses herdeiros, o parceiro teria direito à herança.

Visando proteger o cônjuge sobrevivente, a nova lei mudou essa situação, dando-lhe o direito de participar igualitariamente da partilha dos bens. Por exemplo: se a pessoa que morreu teve três filhos com outra pessoa, cada um deles herdará 25% do patrimônio, e o cônjuge sobrevivente ficará com os 25% restantes.

Para evitar o chamado "golpe do baú", o novo Código estabelece que pessoas com mais de 60 anos só podem se casar sob o regime de separação de bens. Nesse caso, quando um dos parceiros morre, o patrimônio que ele possuía é dividido entre seus descendentes ou ascendentes e o cônjuge sobrevivente não tem direito à herança.

Apesar de os tribunais brasileiros julgarem essa forma de adoção com maior flexibilidade, a verdade é que nem o novo Código Civil prevê adoção por casais gays. A criança adotada só terá vínculos legais com aquele que a adotou, já que legalmente o casal homossexual não é considerado uma família.

A conquista desse direito pelos homossexuais depende de mudanças na lei. O projeto de lei que estabelece a parceria civil registrada entre pessoas do mesmo sexo, proposto pela ex-deputada federal Marta Suplicy, espera para ser votado no Congresso desde 1995. Mesmo sem considerar a existência de relações afetivas entre os parceiros da união homossexual, essa lei seria o avanço possível neste momento, devido às resistências das lideranças religiosas.

Assim como os movimentos feminista, de povos indígenas, de negros, e outros, as entidades que lutam pelo reconhecimento dos direitos dos homossexuais atuam em diversas "frentes de batalha". A busca por mudanças na legislação é reforçada por inúmeros instrumentos de pressão e protesto, tornando-se bastante conhecidas nos últimos anos as "paradas do Orgulho Gay", caminhadas que reúnem milhões de pessoas manifestando-se, em todo o mundo, contra a discriminação e em defesa de seus direitos.

Mais cidadania no novo Código Civil: por que demorou tanto?

A primeira vez em que se discutiu a necessidade de haver um código que organizasse os direitos civis no Brasil ocorreu em 1824. Naquele ano, o imperador D. Pedro I impôs uma Constituição que afirmava que "organizar-se-á quanto antes um Código Civil e Criminal, fundado nas sólidas bases da justiça e equidade". Uma das curiosidades dessa disposição era o fato de prever a elaboração de regras sobre os interesses do Estado e os da sociedade num único código. Pensava-se que, desta forma, uns não prevaleceriam sobre os outros.

Não foi isso o que aconteceu. Por força dos interesses políticos dos governantes que assumiram o poder após a renúncia de D. Pedro I, em 1831, o Código Criminal foi promulgado após três anos de tramitação do primeiro projeto. Logo após, os deputados aprovaram também um Código de Processo Penal que reorganizou a forma como se procederia aos processos e julgamentos. Com isso, deixou de vigorar no Brasil um conjunto de regras estabelecidas nas Ordenações Filipinas de 1603.

Já com relação às definições de direitos dos cidadãos, a primeira proposta só foi apresentada em 1885, já no final do Segundo Reinado. Sua aprovação demorou mais de trinta anos, e passou a vigorar apenas em 1917, quando a realidade social brasileira já era outra. Em outras palavras, a cidadania que se estabeleceu no começo do século XX dizia respeito a questões levantadas quase um século antes. E foi esse conjunto de leis que prevaleceu até o início do século XXI!

Não é nenhum exagero, portanto, afirmar que o Código Civil brasileiro estava muito defasado em relação aos costumes e práticas aceitos socialmente em 2002. Apesar dos "remendos" feitos nas leis ao longo dos anos, faltava coerência e visão de conjunto à legislação que deveria fixar normas para o exercício da cidadania.

Na década de 1940, começaram a ser discutidas as mudanças no direito das obrigações individuais. Tudo voltou à estaca zero quando os militares tomaram o poder, em 1964, e propuseram um ano depois um

© Cristiano Mascaro/Abril Imagens

Apesar de alguns avanços do novo Código Civil, a pessoa idosa ainda está bastante desprotegida pela legislação brasileira.

© Arquivo Nacional

Em 1917, quando o Código Civil anterior ao atual entrou em vigor, mulheres como Natércia da Silveira ainda lutavam pelo direito de serem eleitoras.

> Os filhos e o novo Código Civil

A parte da legislação que regulamenta as relações entre pais e filhos passou por mudanças procurando se adequar às novas práticas da sociedade ou às leis aprovadas mais recentemente. Pelo Código de 1917, por exemplo, o pai era considerado o "chefe da família" e, por isso, a lei garantia a ele a palavra final sobre aquilo que considerava ideal para os seus filhos. Desde 11 de janeiro de 2003, a figura do "chefe da família" deixou de existir e pai e mãe passaram a ter poderes iguais sobre suas crianças – algo que, na prática, já acontecia.

Pela Lei do Divórcio, aprovada em 1977, quando os pais separados brigavam na justiça pela guarda do filho, a lei estabelecia que este deveria ficar com o cônjuge que não fosse considerado responsável pela dissolução do casamento. Se a responsabilidade pairasse sobre os dois, e os pais não chegassem a um acordo, a guarda ficaria com a mãe. O novo Código modificou essa situação. Agora, ele estabelece que o juiz atribuirá a guarda a quem revelar "melhores condições para exercê-la", ou seja, a criança permanecerá com quem a Justiça considerar melhor – inclusive terceiros, se for o caso –, independente da condição financeira do pai ou da mãe.

Os avanços legislativos das últimas décadas refletiram-se no novo Código Civil, no que diz respeito aos direitos das crianças e jovens. Em 1988, por exemplo, a Constituição determinou que os filhos adotados e os concebidos fora do casamento tinham direitos iguais aos dos filhos do casamento. Isso levou o novo Código a acabar com os termos "filhos legítimos" ou "filhos ilegítimos", de modo que todos passaram a ser considerados simplesmente como filhos, sem qualquer distinção. A nova legislação também garante os direitos das crianças nascidas por meio de inseminação artificial, que tiveram sua paternidade reconhecida e adquiriram os mesmos direitos que qualquer outro filho.

© Ricardo Chaves/Abril Imagens

Doca Street em novembro de 1981, durante o segundo julgamento pelo assassinato de sua namorada Ângela Diniz, ocasião em que foi condenado a 15 anos de prisão. No tribunal, as mulheres repetiam à exaustão: "Quem ama não mata". No primeiro julgamento, em 1979, fora absolvido baseado no argumento de legítima defesa da honra.

© AE

Segundo dados do IPEA, o primeiro salto significativo de participação da mulher no mercado de trabalho foi diagnosticado em 1970. Entre as décadas de 1950 e 1960, a taxa era 14,6%. Em 1970, passou a 18,6%. Foi nesse contexto que o novo Código Civil passou a ser estudado.

novo projeto para discussão, anulando os avanços que tinham sido debatidos durante mais de vinte anos.

Com um Congresso mutilado pelas cassações de políticos de oposição, foi formada em 1969 uma comissão para elaborar um novo Código Civil. Desde então foram publicados dois anteprojetos (1972 e 1974). Após longas discussões, o Código foi aprovado pela Câmara dos Deputados em 1995 e, dois anos depois, pelo Senado Federal. Foram 26 anos de discussão no Congresso, com mais de mil emendas apresentadas, até que finalmente ele fosse sancionado em janeiro de 2002.

Mudanças e polêmicas: já era de se esperar

O novo Código Civil passou a vigorar, finalmente, em 11 de janeiro de 2003, um ano após ter sido sancionado, mantendo diversas leis dispersas e decisões já consagradas pelos tribunais, e estabelecendo mudanças na vida de todas as pessoas. Nos seus 2.046 artigos, trata dos direitos comuns a todos os cidadãos, no que se refere à família, ao local onde moram, ao seu patrimônio, aos contratos que celebram e até à sua morte. Dentre muitas mudanças estabelecidas, várias normas que regem a convivência social foram atualizadas, destacando-se as novas regras de casamento, herança e divisão de bens, além da redução da maioridade civil de 21 para 18 anos.

Com essa redução, o jovem pode se casar sem consentimento dos pais, assinar contratos e abrir conta em banco, sendo responsável por seu patrimônio. O problema é que, como a maioria está em idade escolar, muitos ainda não terão recursos próprios para arcar com suas dívidas. No caso de provocar acidentes, eram os pais que respondiam; agora, o jovem maior de 18 deixa de ter proteção legal dos pais. Além disso, deixa de ser considerado dependente nas empresas de assistência e clubes de lazer.

O novo Código não prevê a união entre pessoas do mesmo sexo como uma relação familiar, mas garante o direito à partilha de bens quando houver sociedade de fato. Como a união não é considerada uma relação de família, não está previsto o direito à pensão alimentícia. Essa situação faz com que os homossexuais sintam-se frustrados com o desamparo da lei.

Para os contratos, o Código estabeleceu regras para proteger quem assumir dívidas altas por necessidade. Com as novas leis, caberá ao juiz decidir se um contrato atende à sua função social. Entre as críticas apontadas, está a preocupação de que, com mais essas atribuições, a tramitação de processos nos tribunais fique ainda mais demorada.

Ficaram estabelecidos *direitos da personalidade*, isto é, integridade do corpo, direito ao nome, à privacidade etc. Dessa forma, foram proibidos os atos de venda do corpo que diminuam a dignidade dos indivíduos, incluindo-se aí desde práticas ligadas à moral e aos bons costumes, como a prostituição, até o comércio de órgãos para a realização de transplantes e cirurgias.

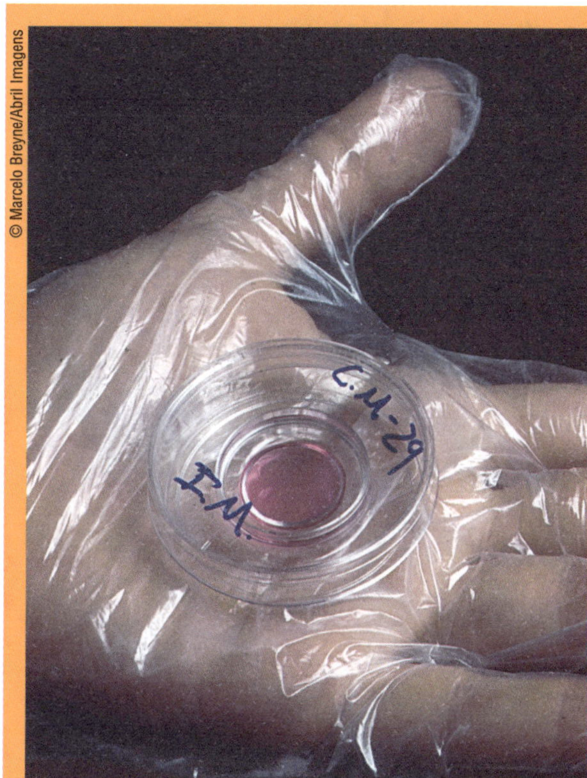

Embrião congelado para inseminação artificial, 1991.

Ilustração do desenhista brasileiro Darci Penteado, datada de 1966, feita especialmente para o livro *Infância*, de Graciliano Ramos.

Fonte: RAMOS, Graciliano, *Infância*, Record, 24. ed., Rio de Janeiro, 1992, p. 35.

Para quem mora em condomínios, aquele que não cumprir com seus deveres poderá ser multado em até dez vezes o que paga mensalmente. A multa por atraso no pagamento das taxas de condomínio cai de 20% para 2%. Por outro lado, os juros, que antes eram de no máximo 6% ao ano, deixam de ter um limite fixo. Quando metade mais um dos moradores desejarem, poderá haver a destituição do síndico, e o substituto pode ser alguém de fora do condomínio.

Há mudanças importantes na área de seguros, como o reconhecimento da situação de suicídio do segurado. Como o Código Civil de 1916 não fazia menção ao tema, as seguradoras não pagavam os beneficiários na situação em que o segurado se suicidava. Houve também uma clara preocupação em coibir fraudes: o beneficiário só terá direito à indenização se o segurado se suicidar depois dos dois primeiros anos do contrato.

Apesar de todas as polêmicas e controvérsias, a maioria dos especialistas em cada área tratada pelo Código considera que há mais avanços que retrocessos. De modo geral, as regras que ali estão estabelecidas correspondem a uma certa ordem social que, mesmo em permanente mutação, garantem maior índice de cidadania a pessoas, grupos e empresas antes excluídos ou privados de direitos civis.

Há dezenas de outros aspectos, ainda, que poderiam ser trazidos para conhecimento público. Cabe, agora, fazer com que entidades e organizações não governamentais que representam a população contribuam com os órgãos públicos no cumprimento de seu dever com a divulgação da lei e o esclarecimento de todos os brasileiros.

Com toda a demora que houve para sua entrada em vigor, espera-se que não sejam necessários outros cinquenta ou cem anos para que o Código Civil brasileiro possa ser atualizado. Os cidadãos precisam e merecem que as leis que regulamentam suas vidas sejam cada vez mais a expressão da realidade social vivida. Somente assim, exemplos de luta e sacrifícios – como os de Cássia e Eugênia – pela ampliação e garantia dos direitos civis terão valido a pena.

atividades

1 O novo Código Civil reduziu de 21 para 18 anos a maioridade civil dos jovens. Ao mesmo tempo, diversos segmentos da sociedade defendem uma redução da maioridade penal de 18 para 16 anos. Como você pode perceber, maioridade civil e maioridade penal são dois conceitos diferentes.
Faça uma pesquisa e produza um relatório explicando o que diferencia uma da outra e quais as implicações da diminuição da maioridade civil para o jovem.

© Samir Baptista/AE

Internos da Febem estendem camisetas em sinal de paz, durante rebelião na Unidade 30, em Franco da Rocha, SP, no início de 2003. Os jovens foram logo contidos pela polícia. Dois reféns ficaram feridos, um pelos próprios internos e o outro ao tentar fugir.

2 A mulher foi uma das grandes beneficiadas pelo novo Código Civil, em vigor desde 11 de janeiro de 2003. Ele traz uma série de leis a seu favor. Por exemplo: com a introdução do conceito de igualdade entre os sexos, o homem não é mais considerado o chefe de família; um homem não tem mais o direito de pedir a anulação de seu casamento por descobrir que sua esposa não é mais virgem; pais não podem mais deserdar as filhas que perderam a virgindade alegando que elas são desonestas.
Em entrevista concedida à revista *Época*, em junho de 2002, a desembargadora Maria Berenice Dias, uma especialista em Direito de Família, analisa as novidades do Código Civil e contesta a ideia de que a sociedade brasileira pratique a igualdade entre os sexos. "Aristóteles pregava que não há nada mais injusto que tratar igualmente os desiguais", afirma ela, explicando que as mulheres recebem salários inferiores aos dos homens, não participam das grandes esferas do poder e são vítimas da violência doméstica.
Faça uma pesquisa sobre outros avanços introduzidos pelo novo Código em relação às mulheres. Em seguida, relacione-os com o depoimento da desembargadora citado acima e procure responder à pergunta que ela própria faz na entrevista: "Enfim, que igualdade é essa?".

> *Infância* – Graciliano Ramos

Nos primeiros tempos da República, as relações entre o Poder Judiciário e as forças políticas locais eram muito estreitas. Os juízes costumavam ser nomeados não para se fazer cumprir as leis, mas para atender aos desmandos dos poderosos. No livro de memórias *Infância*, que o escritor alagoano Graciliano Ramos publicou em 1945, ele descreve como seu pai foi nomeado juiz sem ter conhecimento da legislação. Leia um trecho:

Ofereceram a meu pai o emprego de juiz substituto e ele o aceitou sem nenhum escrúpulo. Nada percebia de lei, possuía conhecimentos muito precários. Mas estava aparentado com senhores de engenho, votava na chapa do governo, merecia a confiança do chefe político – e achou-se capaz de julgar.
Naquele tempo, e depois, os cargos se davam a sequazes dóceis, perfeitamente cegos. Isto convinha à justiça. Necessário absolver amigos, condenar inimigos, sem o que a máquina eleitoral emperraria.
Os magistrados de anel e carta diligenciavam acomodar-se, encolher-se, faziam vista grossa a muita bandalheira. De repente acuavam, tinham melindres que o mandão local não entendia e lançava à conta de má vontade. E lá vinham rixas, viagens rápidas, afrontas, um libelo contestado a punhal ou cacete. Enfim os bacharéis se aguentavam mal. Dispensavam--lhes obséquios, salamaleques – e desviavam--nos. Subsistia o Juiz de Direito, que ordinariamente se ausentava da comarca.
Os funcionários matutos não vacilavam: ignorando a razão de intransigências, amoleciam imperturbáveis, assinavam despachos redigidos pelo escrivão.
Foi assim que meu pai recebeu um título e suportou a alegria ruidosa do preto José Luís, que, aos sábados, da sala à cozinha, ria, gritava, dançava, entusiasmado:
– Cadê o nosso juiz substituto?

Graciliano Ramos, *Infância*, 10. ed., Rio de Janeiro, Record, 1975, pp. 222-223.

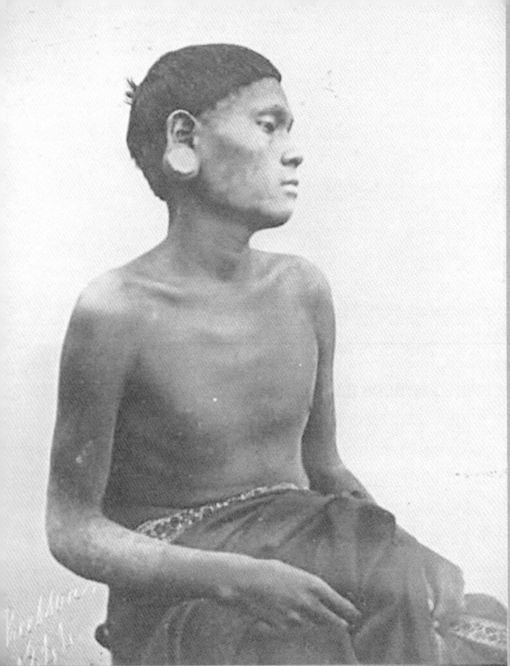

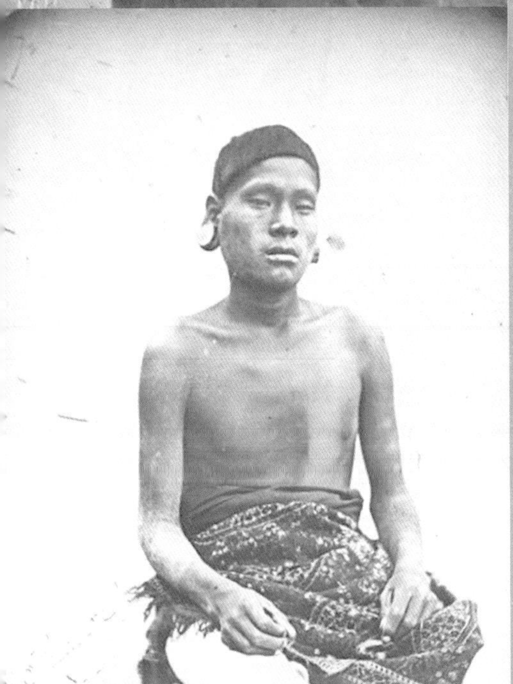

identidades culturais – respeito às diferenças

3

Na época em que os portugueses desembarcaram no Brasil, acreditava-se, na Europa, que tomar banho não era saudável, pois a água estragaria a pele. Imagine, então, o odor que exalava daqueles homens portugueses que desembarcaram em nossas terras, metidos em pesadas roupas que iam até o queixo, sob o sol da Bahia. Sentiam-se, porém, culturalmente superiores aos índios, a quem ensinaram a sentir vergonha de sua nudez.

O encanto com o corpo das índias e a surpresa com a falta de vergonha em ficar nu aparecem na carta de Pero Vaz de Caminha ao rei de Portugal: "E uma daquelas moças era toda tingida, de baixo a cima, daquela tintura; e certo era tão bem-feita e tão redonda, e sua vergonha (que ela não tinha) tão graciosa, que a muitas mulheres da nossa terra, vendo-lhe tais feições, fizera vergonha, por não terem a sua como ela".

O choque cultural dos portugueses não teve, entretanto, nada de gracioso. Espalharam-se doenças que dizimaram tribos. Índios, que viviam em harmonia com a natureza, sem conhecer a fome e as desigualdades, tornaram-se escravos. Começa aqui, exatamente aqui, a história da desigualdade no país, na qual os grupos mais fortes sentiam-se autorizados a usar a violência. Dominou-se, inclusive, em nome de Deus: os religiosos acreditavam estar salvando aquelas almas pecadoras convertendo-as ao catolicismo. A glória dos Bandeirantes, apresentados como heróis, estava também assentada na escravidão dos nativos. Tentativas de organizar os indígenas, feitas por jesuítas, foram duramente reprimidas.

Uma das mais sintéticas e bem-humoradas críticas a esse choque cultural está num verso de Oswald de Andrade que, em seu movimento modernista, tentava resgatar as raízes brasileiras: "Quando o português chegou / Debaixo de uma bruta chuva / Vestiu o índio / Que pena! / Fosse uma manhã de sol / O índio tinha despido / O português". Título do poema: *Erro de português.*

O choque cultural, a rigor, segue até hoje. Mesmo com a demarcação de suas terras, as invasões feitas por fazendeiros e garimpeiros continuam acontecendo, muitas delas apoiadas clandestinamente pela polícia.

> Direitos conquistados a duras penas

Os índios conquistaram direitos na Constituição de 1988 graças à mobilização de movimentos organizados no país sobretudo de 1986 a 1988. Os povos indígenas tiveram participação ativa e presença constante nos gabinetes dos parlamentares e em todos os veículos da mídia, o que, sem dúvida, favoreceu o avanço na lei.

O texto constitucional substitui a antiga visão integracionista, desenvolvida ao longo do século XX, que previa o desaparecimento dos povos indígenas com a sua gradual incorporação à sociedade nacional, pelo reconhecimento do direito dos índios à manutenção de sua identidade cultural. Entende sua organização como capaz de conduzir seu próprio destino e de representar seus próprios direitos e interesses. A aceitação da autonomia dos povos indígenas permitiu o lançamento de novas bases para o estabelecimento de um projeto político fundado na diversidade étnica e cultural do país.

Mas a situação dos povos indígenas ainda está longe de ser satisfatória. Os interesses econômicos de grandes proprietários e empresários têm pressionado o governo brasileiro. Manifestações de índios em passeatas durante as Comemorações dos 500 Anos do Descobrimento, realizadas em 2000, foram reprimidas com atos de violência policial. Convém observar que comemorar o "descobrimento do Brasil" é algo que, do ponto de vista dos povos indígenas, soa como ironia. É como se o conquistador comemorasse a espoliação dos índios, os massacres que tornaram possível a construção do país tal qual ele é hoje.

Migração para as cidades

A invasão das terras indígenas por garimpeiros e madeireiros e os conflitos que daí decorrem contribuem para expulsar os índios de seu hábitat.

A coabitação com o invasor reduz seu espaço para plantação, coleta e caça, provocando superpopulação. Abandonando sua forma tradicional de viver, saem de suas aldeias em direção às cidades em busca da sobrevivência. Repetem, assim, a conhecida história dos migrantes nordestinos esbulhados pela seca, que procuram, sobretudo, a cidade de São Paulo, ainda vista como uma esperança de sobrevivência. Mas a verdade é que os índios nas cidades grandes engrossam as fileiras dos favelados, além de serem constante alvo de discriminação e de dificilmente conseguirem algum tipo de emprego digno.

identidades culturais – respeito às diferenças

Guerra justa: para quem?

"Os nativos da América têm alma." Essa declaração, do papa Paulo III, em 1537, deu aos nativos da América o "direito" de serem catequizados e batizados, devendo ser tratados como seres humanos como os demais homens. Onze anos mais tarde, o governo de Portugal decidiu que os nativos do Brasil deveriam ser tratados de forma "amistosa" e ter garantida a posse de suas terras e a liberdade.

Dentre as exceções, as tribos "arredias ou hostis" poderiam ser escravizadas se o rei português declarasse contra eles uma "guerra justa". Como os colonizadores precisavam de muitos braços para o trabalho, logo trataram de utilizar esse pretexto para obter a autorização de escravizar índios.

Em 1585, os colonos da capitania de São Vicente encaminharam petição ao capitão-mor para serem autorizados a organizar uma expedição contra os índios carijós. Motivo declarado: mais de dois mil escravos índios tinham morrido devido a doenças trazidas pelos brancos. Isso diminuiria o envio de impostos para o governo português, de acordo com a lógica colonial.

Ao resistirem à dominação portuguesa e defenderem seus valores culturais, muitas tribos deram aos colonos os argumentos para a guerra: a morte de homens brancos e até padres que queriam escravizá-los. Ao final do século XVII, o saldo das guerras justas era o extermínio de 70% dos índios do litoral.

Restam, hoje, cerca de trezentos mil índios vivendo no território brasileiro, a maioria deles sem ter suas terras demarcadas e sua cultura respeitada, apesar das recentes leis que tentam protegê-los.

A luta por sua sobrevivência, antes travada contra os colonizadores portugueses, hoje se dá contra um sistema econômico que ainda deseja as terras onde vivem para explorar madeira, minérios, criar gado ou fazer plantações de produtos lucrativos.

Negewane, a árvore dos peixes – Desenho de Nilson Adelino João para a obra *O livro das árvores*, do projeto "A natureza segundo os Ticuna", concebido pela Organização Geral dos Professores Ticunas Bilíngues, em Benjamin Constant, AM.

© Reprodução

Ilustração de Hans Staden, sobre canibalismo indígena, da época em que o aventureiro alemão foi capturado pelos tupinambás (meados do século XVI).

Fonte: Portinari devora Hans Staden, São Paulo, Terceiro Nome, 1998.

Choque cultural no encontro de dois mundos

Quando chegaram ao litoral do Brasil, os portugueses encontraram povos com costumes muito diferentes dos seus. Após o primeiro momento de estranhamento e até admiração pela vida simples que estes povos levavam, os colonizadores europeus desenvolveram enorme intolerância em relação à cultura indígena.

Logo surgiram os primeiros conflitos que concorreram para o extermínio de várias tribos e o desaparecimento das tradições de vários povos que sobreviveram ao massacre. Calcula-se que viviam no território que hoje é chamado Brasil cerca de quatro a cinco milhões de índios, distribuídos em 1.500 grupos étnicos diferentes, que falavam línguas classificadas em quarenta famílias linguísticas. Existem, ainda, nações que não fazem parte dessa classificação, como os Tucano e os Ianomâmi.

O processo de colonização do Brasil começou em 1532, com a chegada de aventureiros, comerciantes e degredados vindos de Portugal. Os índios do litoral foram as primeiras vítimas do contato com o colonizador, que cometeu toda espécie de abuso. Alguns nativos foram apresados e levados para Portugal, onde trabalharam como escravos. Nessa época, em Lisboa, havia uma quantidade de escravos superior à do restante da população. Possuir escravos era sinal de prestígio na metrópole. E a mesma filosofia foi adotada nas colônias portuguesas.

Para apresar os índios, os portugueses estimulavam conflitos intertribais, evitando que as diversas tribos se unissem contra o inimigo comum e obrigando-as a trocar seus prisioneiros por mercadorias. Aquilo que os dominadores viam como uma "guerra justa" não passava de uma luta desigual entre o poder da indumentária europeia e a nudez do índio, do poder do metal contra a madeira, da pólvora contra o arco e a flecha.

Dentre os costumes que mais causaram espanto nos europeus, a antropofagia foi o que trouxe maiores problemas para as tribos que a

© João Ramid/Abril Imagens

Índios assistem à votação do capítulo que versa sobre seus direitos, na Assembleia Nacional Constituinte de 1988.

© Lula Marques/Folha Imagem

O índio terena Gildo Jorge Roberto tenta impedir que a tropa de choque da PM jogue bombas de gás lacrimogênio em seus companheiros. Eles estavam a caminho de Porto Seguro, BA, para protestar nas Comemorações dos 500 Anos do Descobrimento do Brasil.

> O indígena na literatura

A literatura dos primórdios da colonização, cujo marco inicial é a Carta de Pero Vaz de Caminha ao rei de Portugal, descreve as primeiras impressões que tiveram os navegantes portugueses ao deparar com a terra e com seus habitantes. O deslumbramento ante a natureza e o estranhamento ante os costumes dos índios enchem as páginas dos livros de viajantes, cuja importância está antes no que têm de documental do que naquilo que eventualmente possam ter de propriamente literário.

A Carta de Caminha (1500) deixa claras as intenções do colonizador: a expedição viera em busca das riquezas da terra:

Nela, até agora, não pudemos saber que haja ouro, nem prata, nem nenhuma coisa de metal nem de ferro; nem lho vimos. Porém a terra em si é de muito bons ares, assim frios e temperados, como os de Entre-Douro-e-Minho, porque neste tempo de agora os achávamos como os de lá.

A nudez das índias também impressionou o cronista:

E uma daquelas moças era toda tingida, de baixo a cima, daquela tintura; e certo era tão bem-feita e tão redonda, e sua vergonha (que ela não tinha) tão graciosa, que a muitas mulheres da nossa terra, vendo-lhe tais feições, fizera vergonha, por não terem a sua como ela. Ali andavam entre eles três ou quatro moças, bem moças e bem gentis, com cabelos muito pretos e compridos pelas espáduas, e suas vergonhas tão altas, tão cerradinhas e tão limpas das cabeleiras que, de as nós muito bem olharmos, não tínhamos nenhuma vergonha. →

© Institut für Länderkunde, Leipzig

Índias miranha, na região do Alto Japurá, Amazonas, c. 1865.

praticavam. O hábito de comer carne humana, de brancos ou de outros índios, era próprio de algumas nações, como os Caeté. O sacrifício restringia-se aos inimigos admirados por sua coragem, e acreditavam que, ao comê-los, estavam se alimentando de sua bravura.

Dentre os episódios antropofágicos mais conhecidos, destaca-se o que vitimou o primeiro bispo da América portuguesa, dom Pero Fernandes Sardinha. Ele retornava para Portugal quando sua nau Nossa Senhora da Ajuda afundou, ainda perto da costa, entre os atuais estados de Alagoas e Pernambuco. Os índios capturaram os náufragos e os trucidaram.

O destino de Sardinha foi uma grande ironia da História colonial brasileira. O bispo chegou à colônia em 1548 na comitiva de mais de mil pessoas que acompanhavam Tomé de Souza, primeiro governador-geral nomeado pelo rei, com ordens expressas para estabelecer relações pacíficas com a população nativa, postura que muitos brancos adotaram.

Tomé de Sousa foi sucedido por Duarte da Costa, em 1553. Seu filho, Álvaro da Costa, era conhecido pela forma violenta com que tratava os índios. Esse comportamento gerou atritos com o bispo Sardinha, que voltava para Portugal para denunciar a situação ao rei quando morreu nas mãos dos índios que defendia.

Mas os portugueses não perdoaram a morte do bispo. Poucos anos depois, em 1560, o governador-geral ordenou o primeiro extermínio de todo um povo da terra. O massacre dos Caeté foi uma guerra que durou vários anos na qual quinze mil índios foram mortos ou escravizados. Outros milhares morreram devido a epidemias de varíola e gripe transmitidas pelos brancos.

A Igreja teve papel importante na ocupação das terras pelos colonizadores portugueses. O processo de conversão dos índios ao cristianismo também contribuiu para a destruição de sua cultura e de seus valores, sendo mais um instrumento de dominação. Além disso, os métodos usados pelos missionários eram pouco dignos de louvor. Castigos cruéis, espancamento e torturas eram os meios de impor as normas de conduta cristãs aos índios. Aqueles que aceitavam o cristianismo eram vítimas de castigos físicos toda vez que cometiam "deslizes" de comportamento.

Muitos dos que não aceitaram a religião do colonizador foram mortos ou escravizados em *guerras justas*. Em 1563, o padre jesuíta José de Anchieta afirmava que:

Não se pode esperar nem conseguir nada em toda esta terra na conversão dos gentios, sem virem para cá muitos cristãos, que (...) sujeitem os índios ao jugo da escravidão e os obriguem a acolher-se à bandeira de Cristo. Para este gênero de gente não há melhor pregação que a espada e vara de ferro.

© Reprodução

Ilustração de Wied-Neuwied, sem data, retratando índios botocudos armados, com pintura de guerra diante de uma cabana.

Fonte: Viagem ao Brasil do príncipe Maximiliano de Wied-Neuwied, Biblioteca Brasiliana da Robert Bosch GMBH, Kapa Editorial, Petrópolis, 2001, p. 125.

Resistência indígena e supremacia europeia

No início do século XVI, a Europa passava por um processo de transição entre a Idade Média e a Idade Moderna. O processo de mudanças acelerou-se com a conquista de novos mundos e com os avanços da astronomia, da matemática e da medicina. Ao mesmo tempo que as linguagens arquitetônicas e artísticas se renovavam, Gutenberg inventava a imprensa. Era enorme a confiança dos europeus na sua capacidade para explorar a natureza e dominar o desconhecido. Por tudo isso, julgavam-se culturalmente superiores aos não europeus.

Nessa época, a Igreja Católica enfrentava o crescimento das religiões protestantes. Os nativos do Brasil foram encarados pelos reis católicos como alvos da expansão religiosa, o que fez dos jesuítas peças fundamentais no início da colonização. Catequizavam os índios para torná-los crentes em um único Deus e para que aprendessem a língua portuguesa, um alicerce de dominação.

Os jesuítas cumpriam seu dever. Mas, diante dos atritos constantes, tentavam impedir o contato entre índios e brancos, já que estes só pensavam em tomar-lhes as terras, as mulheres e a liberdade. Para isso, foram organizadas as missões, criadas em áreas distantes das regiões de colonização.

Em sua busca por escravos, ouro e pedras preciosas, os bandeirantes percorreram milhares de quilômetros pelo interior da colônia, ultrapassando os limites do Tratado de Tordesilhas. Profissionais no ofício de apresar índios tinham faro para encontrá-los. Nos registros de seus

→

Muitos desses textos seriam relidos mais tarde, já no século XX, pelos escritores modernistas, que se debruçaram sobre as raízes da brasilidade, mas de uma forma crítica. É conhecido o poema de Oswald de Andrade inspirado nesse último trecho da Carta de Caminha:

As meninas da gare

Eram três ou quatro moças bem moças e bem gentis
Com cabelos mui pretos pelas espáduas
E suas vergonhas tão altas e tão saradinhas
Que de nós as muito bem olharmos
Não tínhamos nenhuma vergonha

Outro poema do mesmo Oswald de Andrade, com a irreverência que é peculiar ao autor, faz a crítica do processo de colonização, mostrando a relatividade dos valores e padrões culturais. O dominador impõe seus valores aos dominados. Leia:

Erro de português

Quando o português chegou
Debaixo de uma bruta chuva
Vestiu o índio
Que pena!
Fosse uma manhã de sol
O índio tinha despido
O português.

© Heinz Foerthmann/Museu do Índio

Criança bororo, Rio São Lourenço, MT, 1956.

© Coleção particular

Antropofagia, 1929, pintura de Tarsila do Amaral.

> Ritual antropofágico

O trecho abaixo mostra o ritual antropofágico, segundo o qual os índios devoravam os inimigos capturados em combates a fim de absorver a sua valentia. O contato com o colonizador, curiosamente, os fez "aprimorar" a técnica de esquartejamento, que passou a ser feito com o uso de facas.

Imediatamente depois de morto o prisioneiro, a mulher (já disse que a concedem a alguns) coloca-se junto do cadáver e levanta curto pranto; digo propositadamente curto pranto porque essa mulher, tal qual o crocodilo que mata o homem e chora junto dele antes de comê-lo, lamenta-se e derrama fingidas lágrimas sobre o marido morto mas sempre na esperança de comer-lhe um pedaço. Em seguida, as outras mulheres, sobretudo as velhas, que são mais gulosas de carne humana e anseiam pela morte dos prisioneiros, chegam com água fervendo, esfregam e escaldam o corpo a fim de arrancar-lhe a epiderme; e o tornam tão branco como na mão dos cozinheiros os leitões que vão para o forno. Logo depois o dono da vítima e alguns ajudantes abrem o corpo e o espostejam com tal rapidez que não faria melhor um carniceiro de nossa terra ao esquartejar um carneiro. E então, incrível crueldade, assim como os nossos caçadores jogam carniça aos cães para torná-los mais ferozes, esses selvagens pegam os filhos uns após outros e lhes esfregam o corpo, os braços e as pernas com o sangue inimigo a fim de torná-los mais valentes.

Depois da chegada dos cristãos a esse país, principiaram os selvagens a cortar e retalhar o corpo dos prisioneiros, animais e outras presas com facas e ferramentas dadas pelos estrangeiros, o que faziam antes com pedras aguçadas como me foi dito por um ancião.

Jean de Léry, *Viagem à Terra do Brasil*, Belo Horizonte, Itatiaia, 1980, pp. 198-199, Col. Reconquista do Brasil, v.10.

ataques a missões jesuíticas, destaca-se a captura, em território espanhol, de mais de cinco mil índios Guarani "domesticados" pelos jesuítas. Uma vez capturados, os índios eram vendidos às fazendas de cana nordestinas.

Nas missões, os jesuítas incutiam noções de religiosidade cristã nos índios, assim como ensinavam a eles novas formas de trabalho no cultivo do solo e técnicas artesanais europeias, como a carpintaria e a tecelagem. As mãos religiosas que davam também recebiam, pois aos poucos os índios abandonavam suas crenças e costumes. Uma notável mudança se deu nas aldeias jesuíticas, onde os nativos, obrigados a usar roupas, acabaram desenvolvendo um sentimento de vergonha pela nudez que antes não tinham.

Fora das missões, as nações indígenas distribuíam-se por aldeias distanciadas no espaço mas unidas por laços de parentesco e interesses comuns, formando as tribos. A natureza era sua fonte de sobrevivência e as formas de organização religiosa os unia. As estruturas indígenas de exercício do poder eram muito diferentes da organização europeia e caracterizavam-se pela fragmentação. A luta contra os inimigos comuns produzia somente alianças momentâneas entre aldeias e tribos. Já os portugueses recém-chegados à América faziam parte de um Estado nacional absolutista, o que facilitava a dominação.

Grande parte das nações indígenas tentou resistir às exigências dos colonizadores portugueses, mas, no encontro de universos tão diferentes, os valores do velho mundo prevaleceram. No braço de ferro entre duas civilizações, a indígena quase sucumbiu.

Como é ser índio no Brasil de hoje

O entendimento mais comum do significado da palavra *índio* indica um estágio cultural caracterizado pelo uso de expressões como *selvagem, primitivo, silvícola, aborígene*. Ainda há quem considere a cultura dos povos indígenas atrasada, valorizando-a apenas pelo que tem de exótico, ideia muitas vezes reforçada pela mídia.

© Orlando Brito/Abril Imagens

Índio no Congresso Nacional, em 1987.

© Marlene Bergamo/Folha Imagem

Crianças aprendem o idioma kaingang em escola bilíngue de aldeia na reserva de Chapecó, SC, em novembro de 2000.

Outra forma de entender a palavra índio é considerar que se refere a um grupo populacional que enfrenta os conflitos entre a permanência de tradições cultivadas por séculos e as mudanças provocadas pela permanente expansão da complexa sociedade capitalista. É com essa visão que a Constituição de 1988, pela primeira vez na história do Brasil, reconheceu aos índios "sua organização social, costumes, línguas, crenças e tradições e os direitos originários sobre as terras que tradicionalmente ocupam". Ali ficou definido que compete ao Estado demarcar as terras indígenas, proteger e fazer respeitar seus bens.

Muitos direitos estabelecidos nas leis surgiram como resultado das pressões exercidas pelas comunidades indígenas e por entidades sociais, em especial o Conselho Indigenista Missionário – Cimi, ligado à Igreja Católica. Em 1994, novo avanço foi dado com a aprovação do Estatuto das Sociedades Indígenas, que trouxe como inovação a revogação da tutela do Estado sobre a pessoa do índio, que até então era considerado "indivíduo relativamente incapaz". A partir de então, os índios assumiram a condição de membros de sociedades distintas e diferenciadas culturalmente e, como tal, possuidores de direitos especiais, a serem protegidos nas suas relações com o Estado e com a sociedade brasileira.

Apesar desses dispositivos legais, a questão da terra é um dos principais focos dos conflitos que afetam os povos indígenas. Como as terras a que têm direito são ocupadas por um número relativamente baixo de índios, parte da sociedade branca considera que eles têm terras demais. Mas a quantidade de terras improdutivas nas mãos de latifundiários e a existência de milhões de hectares de solo fértil mas não

> Genocídio: ianomâmi, nambiquara... Até quando?

Em novembro de 1996, os Kithaulu de Sararé, subgrupo dos nambiquara, foram vítimas de um brutal genocídio. Suas terras tinham sido invadidas por cerca de oito mil madeireiros e garimpeiros. O Estado brasileiro, alegando falta de recursos, nada fez para solucionar a situação. Em represália à ameaça que sofreram de serem retirados das áreas indígenas, os invasores responderam com uma emboscada aos líderes indígenas em uma estrada. A eles e a toda a comunidade foram feitas ameaças de morte, além de espancamentos, tortura física e psicológica, sequestro, cárcere privado etc. Muitos membros da comunidade, inclusive crianças e mulheres, foram amarrados, espancados e torturados. Duas crianças recém-nascidas foram sequestradas; os bebês foram deixados sobre um formigueiro e não morreram porque um dos próprios agressores decidiu salvá-los. Catorze índios foram feridos a coronhadas e outros sofreram cortes nos testículos. Um mês após o massacre, havia dez mil madeireiros e garimpeiros na região. Em 1997, finalmente a Funai e a Polícia Federal retiraram os invasores.

Até meados da década de 1970, 60% da população nambiquara original foi exterminada. Atualmente existem doze subgrupos desse povo, que somam 540 pessoas. Houve redução de seu território tradicional e o acesso dos invasores foi facilitado. O contato dos índios com esses invasores trouxe doenças (epidemias de sarampo, gripe, malária), exatamente como ocorreu desde o primeiro contato do homem branco com os povos indígenas.

O massacre dos ianomâmi, ocorrido em 1993, ganhou grande espaço na mídia nacional e internacional dada a crueldade com que agentes dos interesses de exploradores de minério dizimaram a população indígena, exterminando até mesmo crianças e mulheres. O massacre esteve cercado de polêmica porque os corpos dos índios mortos foram cremados pelos sobreviventes e suas cinzas foram postas em cabaças, espécies de urnas funerárias para o cumprimento do ritual dos mortos, um traço da cultura ianomâmi. Desse modo, houve quem argumentasse que não poderia ter havido assassinatos se não havia corpos que o comprovassem. Felizmente, a Justiça endossou pareceres de antropólogos e de peritos, além das provas testemunhais, que reconheceram a barbárie perpetrada pela ganância do homem civilizado.

© Murilo Clareto/AE

Índios ianomâmi com urna funerária onde estão as cinzas de uma das vítimas do massacre ocorrido em 1993, quando doze índios da aldeia Haximu, em Roraima, foram mortos por garimpeiros que haviam invadido seu território em busca de ouro.

© Warner Bros

O filme *A missão*, de Roland Joffé (1986), retrata a Guerra Guaranítica na região de Sete Povos das Missões, no final do século XVIII, quando foram assinados os tratados de fronteiras entre Portugal e Espanha.

> Sete povos das missões

Conhecidas como "reduções", as comunidades indígenas organizadas no século XVII pelos padres jesuítas (em territórios dos atuais Estados do Paraná e do Rio Grande do Sul, do Uruguai e da Argentina) atingiram elevado grau de desenvolvimento econômico. O termo "reduções" se deve ao fato de os jesuítas terem aglutinado os índios, que até então viviam dispersos, em espaços delimitados, criando povoados. Naturalmente, esse novo tipo de organização facilitava o trabalho de catequese empreendido pelos religiosos a serviço do projeto de colonização.

A conversão dos índios ao cristianismo e o ensino da língua portuguesa contribuíram para destruir a cultura autóctone. A visão do colonizador era marcada pelo etnocentrismo, ou seja, a convicção de que a cultura em que se está mergulhado é superior ou mais evoluída que as demais. Ao longo da História, essa crença na existência de um padrão cultural a ser seguido tem fundamentado políticas de aculturação do índio, que nada mais são do que formas de destruir a sua cultura e justificar a tomada de suas terras. A antropofagia, por exemplo, era vista como um costume bárbaro que aproximava os índios dos animais irracionais. Isso, de certa forma, serviu de justificativa para as ações da Igreja (catequese) e do Estado (escravização). Por outro lado, tratando-se de seres "inferiores", seria natural escravizá-los. A literatura dos viajantes, a começar pela própria Carta de Pero Vaz de Caminha ao rei de Portugal, está repleta de observações desse teor.

aproveitado para a agricultura mostram que as terras indígenas não são obstáculo para a expansão da agropecuária brasileira.

Por outro lado, no final da década de 1980, mais de um terço das áreas pertencentes a índios estavam ocupadas por algum tipo de exploração irregular, como hidrelétricas, construção de rodovias e ferrovias, e ação de empresas mineradoras. Isso demonstra que, por si só, a demarcação das terras indígenas não garante a autonomia dos seus habitantes, que se veem obrigados a travar uma luta constante para defendê-las. A própria Funai – Fundação Nacional do Índio – reconhece que é muito difícil impedir invasões nas áreas indígenas.

Para definir quem é índio, e, portanto, reconhecer quem tem direito aos benefícios estabelecidos nas leis, o Estado brasileiro classifica as comunidades indígenas, de acordo com seus vários níveis de integração na sociedade nacional, como *isoladas*, em situação de *contato frequente* ou *intermitente* ou, finalmente, *integradas*. Críticos desse critério alertam para o fato de ele não contribuir para garantir os direitos dos índios, uma vez que não leva em conta processos recentes de rearticulação cultural de vários grupos.

Um exemplo disso é o resgate da língua e das antigas tradições e crenças em vias de desaparecimento, como no caso dos Xavante e dos Bororo. Da mesma forma, discute-se como definir nações que se fundiram para sobreviver, e até novas denominações como a dos *povos da floresta*, que une índios, seringueiros e castanheiros da Amazônia. O problema que surge é como definir claramente o que é "mais índio" ou "menos índio".

Apesar de todas as polêmicas em torno do tema, considera-se que atualmente os índios remanescentes passam por um pequeno crescimento populacional. Os critérios para a coleta de dados relativos à população indígena são contraditórios, mas é possível afirmar que o número aproximado de índios gira em torno de trezentos mil indivíduos, divididos em 206 etnias, com cerca de 170 línguas nativas. Há estudos gramaticais e fonéticos que reduzem o número de línguas a apenas 80. Como se vê, após quinhentos anos de dominação, as sociedades indígenas ainda precisam ser mais bem estudadas e compreendidas.

Os povos que resistiram até nossos dias continuam lutando para fazer valer seus direitos, entre eles o respeito à diversidade cultural expressa na luta pela demarcação das terras indígenas e na expulsão dos invasores brancos. Assim, a cidadania dos índios ainda é um desafio, em um duro processo de construção e reconstrução.

atividades

1 Pesquise o destino das tribos ou nações indígenas que ocuparam, no passado, a região onde você vive. Verifique se há reservas indígenas em áreas próximas à sua cidade ou se há índios que pleiteiam esse direito. Se necessário, busque informações sobre as condições de vida nas reservas ou por que as terras ainda não foram demarcadas.

2 Busque indícios da cultura indígena que tenham sobrevivido na região onde você mora (nomes de rios, montes, ruas etc.; influências na culinária e na música; festas populares). Organize painéis para divulgar essas informações em toda a escola.

3 Promova um debate sobre a ocorrência de conflitos entre brancos e índios nos dias atuais, observando as seguintes questões:

- Encontre um conflito que esteja acontecendo ou que tenha acontecido recentemente;
- Identifique as causas desse conflito;
- Após o debate, posicione-se perante a classe;
- Manifeste seu posicionamento junto às entidades responsáveis por tratar dessas questões (como a Funai, o Congresso Nacional e outras entidades ou órgãos) via e-mail, carta, abaixo-assinado etc.

© Leonid Streliaev/Abril Imagens

Índios em frente às ruínas de São Miguel das Missões, RS, anos 1990.

Mas talvez o mais importante a ressaltar dessa experiência vivida pelos jesuítas ao lado dos índios seja que, nessas comunidades, a produção era dividida igualmente entre os habitantes das missões. O grau de organização atingido por esses agrupamentos teria levado as coroas portuguesa e espanhola a ver indícios da existência de uma república independente comandada pelos jesuítas, o que configurava um motivo de preocupação. Mas a extinção da República Guaranítica, como ficou conhecida posteriormente, só viria a ocorrer por ocasião da assinatura do Tratado de Madri, em 1750, que regulamentava as fronteiras entre as possessões portuguesas e espanholas.

Na prática, os portugueses invadiam terras espanholas e os espanhóis faziam o mesmo em terras portuguesas na ânsia de capturar índios. Até 1640, as reduções jesuíticas sofreram constantes ataques dos bandeirantes, verdadeiros peritos no apresamento de indígenas. No final do século XVII, os jesuítas concentraram os índios numa área que consideravam mais segura, ao noroeste do Rio Grande do Sul, onde fundaram os chamados "Sete Povos das Missões". Essas sete missões, São Francisco Borja (1682), São Nicolau (1687), São Luiz Gonzaga (1687), São Miguel Arcanjo (1687), São Lourenço Mártir (1690), São João Batista (1697) e Santo Ângelo Custódio (1706), viriam a ser dizimadas em combate sangrento no qual os índios, apoiados pelos jesuítas, empreenderam resistência aos portugueses e espanhóis.

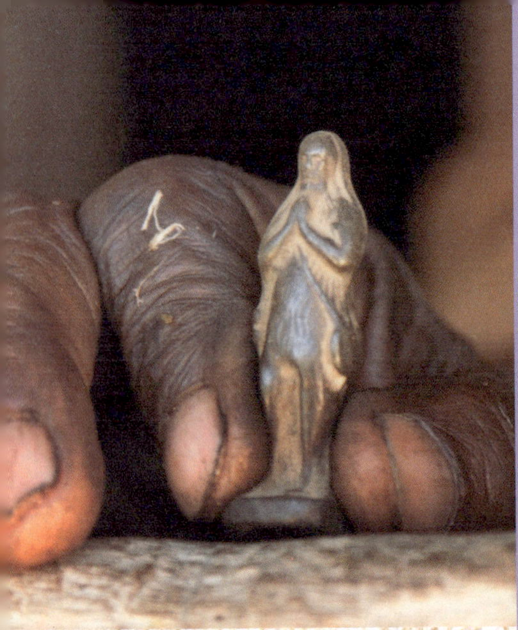

diversidade religiosa: toda forma de crer vale a pena

4

Pedro Archanjo é um personagem criado pelo escritor Jorge Amado no livro *Tenda dos milagres*. Humilde funcionário público, Pedro descobre que famílias importantes da Bahia têm ancestrais negros – essa ousadia fez com que fosse demitido e preso. As desventuras dele ocorrem num cenário de intolerância contra as religiões africanas, cujos líderes religiosos eram perseguidos pela polícia; os cultos foram condenados à clandestinidade.

O romance de Jorge Amado retrata um detalhe da intolerância religiosa, marcada pela dificuldade de convivência com a diversidade. Assim como os negros tiveram de inventar a capoeira para fazer da dança um disfarce da luta, os africanos criaram representação entre seus deuses e os santos católicos para se protegerem. Daí surgiu o sincretismo que até hoje marca os cultos afros.

Os jesuítas chegaram ao Brasil com a missão de converter os índios ao catolicismo, ainda que fosse necessário usar a força. A Inquisição, que visava extirpar religiões que confrontassem o catolicismo, espalhou-se da Europa até as colônias. Também pelo Brasil perseguiam-se judeus.

Os holandeses implantaram no Nordeste, mais precisamente em Pernambuco, uma ilha de tolerância religiosa, com a convivência de protestantes e judeus. A primeira sinagoga das Américas foi erguida em Recife, recuperada em anos mais recentes. A liberalidade durou até que os holandeses fossem expulsos pelos portugueses.

Por causa dessa expulsão, gerou-se, na História, aquela que viria a ser uma das cidades mais importantes do mundo. A comunidade judaica de Nova York originou-se com as crianças nascidas no Brasil, que saíram, com seus pais, de Recife até Nova Amsterdã, hoje conhecida como Nova York. A primeira comemoração de um ano novo judaico nos Estados Unidos foi feita por aqueles judeus fugidos de Pernambuco.

> Brasil: nunca mais

No dia 25 de outubro de 1975, o jornalista Vladimir Herzog compareceu pela manhã ao DOI-Codi (Destacamento de Operações de Informações – Centro de Operações de Defesa Interna) de São Paulo para prestar esclarecimentos a respeito de suas atividades políticas. À noite, foi encontrado morto em uma das celas do prédio, enforcado com seu próprio cinto. Os agentes da polícia afirmaram que Vlado, como era conhecido o jornalista, tinha se suicidado, mas as evidências em contrário eram muito grandes.

O enterro de Vlado foi realizado dois dias mais tarde, no Cemitério Israelita do Butantã. Segundo a tradição dos judeus, os suicidas devem ser enterrados nos cantos dos cemitérios, mas o presidente do Rabinato da Congregação Israelita Paulista, o rabino Henry Sobel, não permitiu e determinou que seu corpo ficasse na região central do campo sagrado, com todas as honras. Sua intenção era clara: demonstrar para o governo militar que, apesar da versão oficial, todos ali sabiam que o jornalista havia sido assassinado pelos agentes da repressão. Uma semana depois da morte de Herzog, Sobel, juntamente com o pastor protestante James Wright e o cardeal arcebispo de São Paulo, dom Paulo Evaristo Arns, realizaram um culto ecumênico em homenagem a Vlado na Catedral da Sé, que reuniu oito mil pessoas, apesar de todos os esforços da polícia para impedir o acesso da população ao local.

O acontecimento realçou ainda mais a importância desses três líderes religiosos na luta contra a ditadura no Brasil. James Wright, Henry Sobel e dom Paulo Evaristo Arns mostraram que, acima das crenças religiosas, havia causas em comum pelas quais deveriam lutar: denunciar as arbitrariedades do regime militar e defender os direitos humanos no país. Wright chegou a distribuir 1,8 milhão de exemplares da Declaração Universal dos Direitos Humanos à população e, a partir de 1979, atendendo a um convite de dom Paulo, começou a trabalhar na Arquidiocese de São Paulo. Desse trabalho conjunto surgiu um dos mais completos inventários a respeito das práticas de tortura pela ditadura no país, o livro *Brasil: nunca mais.*

diversidade religiosa: toda forma de crer vale a pena

Religiosidade

Em 2002, a descoberta de um mikvê *– uma piscina para purificação dos fiéis – nas ruínas de uma casa de Recife comprovou que houve ali uma sinagoga, construída no Brasil Colônia. Era* Kahal Zur Israel *(Rochedo de Israel), a primeira sinagoga das Américas.*

O templo era frequentado pelos judeus fugitivos da Inquisição na Europa, na época em que os holandeses invadiram o Nordeste brasileiro e se instalaram em Pernambuco, de 1630 a 1654. Uma época em que foi possível à comunidade judaica exercer sua religiosidade no Brasil. Mas logo depois da retomada da cidade pelos portugueses, os judeus tiveram de deixar o Recife, pois era grande o clima de intolerância contra os não católicos após a expulsão dos protestantes holandeses.

A religião judaica era diferente. Assim como eram diferentes as crenças e hábitos religiosos dos indígenas que aqui viviam e dos negros para cá trazidos como escravos. Todos sofreram repressão. Ainda hoje, no mundo todo, a intolerância religiosa provoca inúmeros conflitos entre adeptos de diferentes credos. A liberdade de crença e pensamento é, ainda, um direito a ser conquistado e incorporado aos mais elementares códigos de cidadania no Brasil e no exterior.

© Alcione Ferreira/*Diário de Pernambuco*/AE

A primeira sinagoga das Américas, localizada na rua do Bom Jesus (antiga rua dos Judeus), em Recife, PE, foi reaberta em dezembro de 2001 como Centro Cultural Judaico *Kahal Zur Israel*. Escavações recentes revelaram trezentos anos de história do povo judaico no Novo Mundo.

Iluminura do século XV que descreve três momentos da Sétima Cruzada, sob o comando de Luís IX, rei francês canonizado como São Luís. No alto, Luís é transportado de navio pelo rio Nilo. À esquerda, cena de batalha contra os muçulmanos. À direita, o rei ajuda a enterrar guerreiros mortos no cerco à fortaleza cristã de São João D'Acre.

O diferente na história

É fato: os povos que formaram a nacionalidade brasileira foram vítimas da intolerância religiosa, inclusive os imigrantes europeus e asiáticos. Por isso o Brasil de hoje ainda mantém a herança do seu colonizador, constituindo-se no país com o maior número de católicos no mundo.

Apesar desse predomínio, os diferentes grupos sociais conquistaram gradualmente a liberdade de escolher e seguir inúmeras seitas e religiões, garantindo seu direito à diversidade.

A intolerância religiosa dos portugueses no Brasil Colônia tem sua história. É fruto de uma antiga cultura de disputa entre os seguidores da Igreja de Roma contra o Islamismo, no século XI, e contra o Protestantismo, no século XVI. Essas disputas se caracterizaram como importantes movimentos político-religiosos – o primeiro, sob as bandeiras das Cruzadas, o segundo, denominado Contrarreforma.

Cruzadas e Reconquista

As *Cruzadas* foram expedições militares que contavam com total apoio da Igreja e foram empreendidas contra todos os que eram considerados inimigos da cristandade. O primeiro exército foi convocado pelo Papa Urbano II, em 1095, para expulsar os árabes muçulmanos da região de Jerusalém, dominada por eles desde o século VII. A expansão islâmica atingiu a Europa no século VIII, quando os árabes dominaram quase toda a Península Ibérica.

Entretanto, o convívio entre a sociedade da Península Ibérica e os muçulmanos gerava conflitos, que se intensificaram a partir de um movimento chamado *Reconquista* – uma ação determinante e vitoriosa dos reinos cristãos de Leão, Castela, Navarra e Aragão para a expulsão dos muçulmanos da península. Ao se expandirem, esses reinos deram origem ao condado Portocalense – que viria a ser Portugal de hoje.

Foi assim que, em nome de Deus, da defesa do Cristianismo e contra o Islamismo, Portugal, uma das nações envolvidas no embate, se constituiu definitivamente como território em 1249. Caracterizou-se como nação que sempre colaborou ao máximo com as decisões da Igreja cristã, sediada em Roma.

© DOPS/Arquivo Público do Estado de São Paulo

Família de Herzog no culto, da esquerda para a direita: Inês Ribeiro Chaves, sua sogra; Zora Herzog, sua mãe; seu filho caçula; Clarice Herzog, sua mulher; e seu filho mais velho.

© AE

Culto ecumênico em homenagem ao jornalista Vladimir Herzog, na Catedral da Sé, em São Paulo, em novembro de 1975.

Reforma e Contrarreforma

Como a Igreja controlava várias regiões da Europa, os reis desses territórios ficavam a seu serviço. Com o intuito de aumentar suas receitas, o papa autorizava o clero a vender "indulgências", ou seja, o perdão dos pecados. Muitas pessoas criticavam essa prática que, no século XVI, foi o motivo para surgir uma divisão entre os cristãos. Eram os "protestantes", nome derivado do documento *Protestati*, constituído pelas teses de Martinho Lutero e tornado público em 1517. A nova doutrina denominou-se *protestantismo*.

O movimento protestante promoveu uma *Reforma* da doutrina cristã, rejeitando a autoridade do papa, a missa, a confissão e o culto aos santos. Muitas pessoas aderiram ao movimento e abandonaram a fé católica.

Como era preciso impedir o avanço dos protestantes, a Igreja realizou o concílio de Trento, entre os anos 1545 e 1563. Era a origem da *Contrarreforma*, movimento ancorado em duas forças poderosas: o Tribunal da Inquisição – que reprimia qualquer indício de abandono ou negação da fé católica – e as ordens religiosas, como a Companhia de Jesus, criadas para difundir a fé católica nas colônias.

© Pedro Martinelli/Abril Imagens

Freiras acompanham a eleição do Papa João Paulo I, em Roma, em 15 de janeiro de 1980.

> A fé e o dote

Nos tempos do Brasil Colônia eram poucas as moças que podiam tornar-se freiras. Afinal, os poucos conventos existentes concentravam-se apenas no Rio de Janeiro e na Bahia, e o número de vagas oferecidas era muito pequeno. Além disso, as moças só eram aceitas após os seus pais terem pago à instituição um dote bastante elevado, semelhante ao que eles receberiam caso a sua filha estivesse se casando. Por isso, geralmente, as moças que ingressavam na vida religiosa pertenciam à elite da sociedade colonial. Eram filhas de senhores de engenho ou de ricos comerciantes.

Entretanto, nem sempre essas moças iriam tornar-se freiras por vocação religiosa. Eram frequentes os casos de jovens que entravam nos conventos obrigadas pela família, pois isso era símbolo de prestígio social: afinal, não era todo mundo que tinha recursos suficientes para pagar o dote exigido. Também eram comuns os casos de pais que decidiam levar suas filhas ao convento pelo simples fato de elas já terem passado da idade de se casar. Vale lembrar que naquela época as moças se casavam por volta dos 15 anos – em geral, com homens bem mais velhos. Assim, entrar na casa dos 20 anos solteira poderia tornar-se um problema. Temendo que suas filhas não encontrassem mais um marido rico por causa da idade, muitos pais preferiam mandá-las para um convento.

Havia ainda casos de homens que, por precisarem viajar, deixavam suas esposas nos conventos, temendo ser traídos, enquanto estivessem ausentes. Mas uma outra situação também acontecia: mulheres que costumavam sofrer maus-tratos do marido ou que eram infelizes no casamento preferiam refugiar-se nas ordens religiosas. Desde que pudessem pagar o dote.

© Folha Imagem

Mulher ajoelhada em frente a cartaz de filme sobre Nossa Senhora Aparecida, em exibição durante a Semana Santa de 1974.

Foi desse modo que os judeus, por não serem cristãos, entraram na história da repressão religiosa, sofrida tanto em Portugal quanto na Espanha, país que os expulsou primeiramente, em 1492, durante o reinado dos reis católicos Fernando e Isabel.

Expulsos da Espanha, os judeus foram para Portugal, onde inicialmente sentiram-se seguros. Mas logo a Igreja romana fez o rei dom Manuel assinar um decreto para expulsá-los do país. A iniciativa gerou prejuízos para Portugal, uma vez que os judeus exerciam atividades financeiras bastante benéficas à economia portuguesa. Por isso os lusitanos "deram um jeitinho" na situação, encaminhando os judeus a uma conversão religiosa.

Os judeus que aceitaram o incentivo para se converterem passaram a ser chamados "cristãos novos". Como desfrutavam de grande importância na Corte, não seriam incomodados por algum tempo, mesmo mantendo clandestinamente algumas de suas práticas.

Muitos desses judeus convertidos vieram para a América portuguesa logo no início da colonização. Um deles foi Fernando de Noronha, homem de importância política e primeiro donatário de uma capitania hereditária na nova colônia: o arquipélago que hoje leva o seu nome.

Catequese e Inquisição

Em terras brasileiras, Portugal expandiu a fé católica, fazendo a conversão dos indígenas ao catolicismo e também "amansando-os" para o trabalho. A Companhia de Jesus se encarregava deles.

O esforço dos jesuítas para impor a religião católica foi grande, uma vez que os lusitanos estavam inteiramente comprometidos com a expansão do catolicismo fora da Europa. Mais do que isso, investiam contra outros segmentos religiosos nas suas colônias. Mas não conseguiram eliminar as influências das crenças dos indígenas e dos escravos africanos.

Como uma nação que recebia proteção da Igreja, para evitar que a Espanha a incorporasse ao seu império, Portugal era submisso ao poder do papa. Apoiava a Contrarreforma e, por conseguinte, a Inquisição.

A teoria da Inquisição era considerar "criminosos" os cristãos novos com práticas judaicas clandestinas, e adeptos das chamadas heresias protestantes, de feitiçarias, de bigamia e de sodomia. Os envolvidos nesses "delitos" eram enviados para Lisboa, julgados em tribunais religiosos e muitas vezes condenados à morte na fogueira.

Nessa investida, o governo empregava homens com a função de identificar hereges na população. Eram os chamados "visitadores". Eles chegavam às cidades e divulgavam uma lista dos pecados a serem confessados ou denunciados. Quem confessava recebia punições mais leves. Quem alegava inocência era torturado até confessar.

Os inquisidores visitaram o Nordeste brasileiro nos anos de 1591, 1618 e 1621. Visitaram o Sul em 1605 e 1627, e, mais tarde, o Pará, em 1763 e 1769. Em 1591, os "visitadores" conseguiram 212 denúncias e 121 confissões.

> Comunidades Eclesiais de Base – A Igreja do povo

Na luta pela conquista da cidadania no Brasil, as Comunidades Eclesiais de Base (CEB) desempenharam um papel de extrema importância. Elas surgiram em um período em que o país passava por transformações políticas e religiosas muito grandes. Na época, os militares estavam no poder e haviam restringido com extremo rigor as liberdades individuais e coletivas da população. As desigualdades sociais se acentuavam e começavam a ganhar espaço junto às comunidades religiosas as propostas da Teologia da Libertação.

Seus teólogos, como o peruano Gustavo Gutierrez, ou os brasileiros Leonardo e Clodovis Boff, defendiam a ideia de que a Igreja deveria fazer surgir um novo projeto pastoral nascido no seio da enorme população carente da América Latina. Os pobres precisariam tomar consciência de sua situação e lutar por uma sociedade mais justa e fraterna, de acordo com a interpretação politizada dos Evangelhos, que acentuava o caráter social da pregação de Jesus Cristo.

As CEB passaram a congregar trabalhadores agrícolas, posseiros, peões, pequenos proprietários, operários, aposentados, desempregados e outras pessoas das camadas mais baixas da sociedade. Reunidas com agentes pastorais, como padres, religiosos ou leigos, essas pessoas se mobilizaram e começaram a discutir os problemas de seus bairros, reivindicar direito de moradia, exigir melhores condições econômicas e sociais. Muitas conquistas foram obtidas como resultado desse trabalho. Nos anos 1990, as CEB perderam sua força, mas sua atuação serviu para mostrar que era possível ter a Igreja a serviço do povo e não o contrário, como aconteceu muitas vezes na história das religiões.

Fonte: Pasquim, nº 345, 6-12 de fevereiro de 1976.

Os fradinhos, mais conhecidos como Fradim, personagens de Henfil inspirados pelos dominicanos da Teologia da Dominação. Baixim e Cumprido, um cruel e o outro ingênuo, retratam a situação política do Brasil na década de 1970, sufocado pela repressão e pela censura.

Religião oficial *versus* religiosidade popular

O acirrado controle religioso empreendido por Portugal gerou cultos clandestinos entre a população da colônia, adepta das crenças indígenas e africanas, mesmo já tendo incorporado elementos do catolicismo. Essa fusão de crenças deu origem a uma religiosidade popular autêntica, que desafiava as proibições estabelecidas pelo tribunal do Santo Ofício.

Na prática, essas formas de crença se constituíram numa diversidade religiosa que somente em meados do século XX pôde se manifestar sem o risco de perseguição.

Protagonistas dessa resistência cultural, os escravos negros, originários de diferentes nações africanas, buscavam identificar seus deuses com santos católicos. Era uma falsa submissão, para burlar os perseguidores. Mas o sofrimento dos negros em suas práticas religiosas também ocorria em relação aos protestantes e cristãos novos. Estes últimos eram alvo constante do furor da Inquisição.

As perseguições geralmente se basearam em algumas práticas cotidianas dos judeus que os delatavam, como vestir roupas limpas aos sábados, não trabalhar nesse dia, não comer carne de porco e certos pescados, e repudiar as imagens de santos. A ironia é que às vezes essas práticas eram seguidas apenas por força do hábito, como herança dos costumes familiares, sem que houvesse de fato muita consciência de seus significados.

A invasão dos holandeses e a liberdade religiosa

O respeito à crença dos judeus, dos protestantes e dos negros africanos aconteceu pela primeira vez, e de forma nunca vista em qualquer colônia portuguesa, no período em que os holandeses dominaram o Nordeste, de 1630 a 1654.

Interessados nas regiões produtoras de açúcar, os holandeses, em 1624, invadiram a Bahia, mas foram expulsos um ano depois. Em 1630,

© Germano Luders/Abril Imagens

Contra os perigos do trânsito, o motorista deste carro se protege com fitinhas do Senhor do Bonfim, patuá de Omolu e santinho de Cosme e Damião, em Salvador, BA.

© Moacyr Lopes Junior/Folha Imagem

Vista aérea de multidão de fiéis da Igreja Messiânica Mundial do Brasil, durante culto ao Dia de Finados, em 2000, no Santuário do Solo Sagrado, que fica na beira da represa de Guarapiranga, em São Paulo.

atacaram Pernambuco, utilizando 52 navios e quatro mil soldados, e estendendo facilmente seu domínio pelo litoral, desde o Maranhão até Sergipe.

Mas para manter os engenhos de açúcar funcionando os holandeses precisavam de escravos. Então, com apoio político e financeiro da Companhia das Índias Ocidentais, invadiram algumas regiões da África para obtê-los. A Companhia nomeou o conde Maurício de Nassau para governar as terras conquistadas pelos portugueses na América a partir de 1637.

O novo governador cumpriu bem seu papel: conquistou o apoio dos senhores de engenho, fornecendo-lhes escravos, garantindo financiamento para a produção e bons preços para o açúcar produzido. E reativou os engenhos abandonados.

Apesar desse aparente sucesso, começaram os problemas de convivência entre holandeses e colonos portugueses a partir de 1640. Portugal tinha se libertado do domínio espanhol e Nassau tinha deixado o governo da região, dando brecha a uma política mais exigente dos banqueiros holandeses.

Em 1645, começou a Insurreição Pernambucana, que uniu fazendeiros, negros, índios e autoridades portuguesas na luta para expulsar os holandeses – o que aconteceu definitivamente em 1653. A partir daí, a Holanda passou a plantar cana em suas colônias na América Central, quebrando o monopólio português de produção do açúcar.

Com a expulsão dos holandeses, a religião católica voltou a ser a única permitida na América portuguesa. Os moradores que haviam aderido ao protestantismo foram perseguidos. A sinagoga construída em Recife foi fechada. E os cultos africanos severamente reprimidos.

A independência política do Brasil, proclamada em 1822, fez do catolicismo a religião oficial durante todo o período imperial. A liberdade religiosa só veio com a proclamação da República, em 1889, com a separação formal entre a Igreja e o Estado. Mesmo assim, persistiu na

> Fanatismo e intolerância

Estava tudo certo para o concurso de Miss Mundo, marcado para o dia 7 de dezembro de 2002, em Abuja, capital da Nigéria. As candidatas já estavam hospedadas na cidade, quando um jornal nigeriano, *This Day*, escreveu um artigo elogiando a beleza das moças. Em determinado momento, o jornalista afirmou que as concorrentes eram tão bonitas que, "se Maomé tivesse oportunidade, provavelmente escolheria uma esposa entre elas".

O jornal percebeu que, ao publicar essa frase, fora desrespeitoso em relação a Maomé, o principal profeta do Islamismo, religião professada pela maioria da população nigeriana. Mas quando decidiu pedir desculpas era tarde demais. Uma grande quantidade de muçulmanos já havia saído às ruas de todo o país, promovendo um verdadeiro quebra-quebra. Os manifestantes tinham como alvo principal os cristãos, aos quais atacavam e matavam indiscriminadamente. O saldo trágico – mais de cem pessoas mortas e outras quinhentas feridas – serviu para mostrar como o fanatismo e a intolerância religiosa são perigosos e podem provocar verdadeiras tragédias quando levados ao extremo.

Não é apenas entre os muçulmanos que temos exemplos de fanatismo ou intolerância religiosa. O problema se manifesta em diversas partes do mundo, com diferentes graus de intensidade. Na Irlanda do Norte, católicos e protestantes enfrentam um conflito secular movido por divergências religiosas. No Sri Lanka, hinduístas e budistas matam-se uns aos outros por causa da política e da religião.

Mesmo no Brasil, o fanatismo religioso, aliado a graves questões sociais, esteve no cerne de graves episódios da História. São os casos da Revolta dos Muckers (1873-1874), em que João Maurer e sua mulher Jacobina tornaram-se líderes religiosos de uma comunidade de colonos alemães em São Leopoldo, no Rio Grande do Sul; da Guerra de Canudos (1896-1897), em que Antônio Conselheiro transformou-se em líder político e religioso de uma multidão de miseráveis no interior da Bahia; e da Guerra do Contestado (1912-1916), na divisa de Santa Catarina e Paraná, em que uma população de homens, mulheres e crianças pobres passou a seguir lideranças religiosas, como o monge José Maria ou a virgem Maria Rosa, de 15 anos, que dizia ser vidente. Em todos eles, o Exército foi acionado para dispersar os agrupamentos religiosos e lhes dar um desfecho trágico, promovendo verdadeiros massacres populacionais.

© Reprodução

Adesivo com mensagem evangélica imitando o chicletes Adams, encontrado à venda em shopping evangélico de Belo Horizonte, MG, em 1994.

sociedade brasileira um sentimento de discriminação contra os praticantes de outras religiões que não a católica.

Durante o século XX, mudanças de toda ordem ocorreram no mundo e na sociedade brasileira, disparadas pela industrialização. Ao lado das conquistas proporcionadas pelas máquinas, veio a exploração da mão de obra humana, a baixa remuneração dos assalariados, dando continuidade ao distanciamento entre as classes sociais.

Nem a religião católica, por tanto tempo hegemônica no Brasil, tem conseguido influenciar significativamente o sistema socioeconômico na busca de melhores condições de vida para as camadas mais pobres. De qualquer modo, esse quadro político, econômico e social vem trazendo mudanças nos hábitos religiosos do brasileiro.

O catolicismo pode estar perdendo sua força entre a população brasileira, apesar dos esforços realizados pela Igreja nos últimos anos, numa tentativa de reaproximação com seus fiéis que inclui até concessões ao estilo evangélico nas cerimônias católicas. Entre as principais iniciativas da Igreja Católica, o Movimento de Renovação Carismática vem conquistando adeptos em todas as classes sociais e tem promovido o retorno de muitos fiéis que tinham abandonado a religião ou simplesmente deixado de frequentar as missas.

Desde sempre, no Brasil e no mundo, a religião é uma questão que está muito aquém do divino. É bastante humana, porque severamente influenciada por questões políticas e econômicas.

> *Tenda dos milagres* – Jorge Amado

Em *Tenda dos milagres*, romance de 1969, o escritor Jorge Amado conta o drama do bedel da Faculdade de Medicina de Salvador, Pedro Archanjo, que, ao pesquisar a História da Bahia, descobre que diversas famílias importantes do Estado têm ascendência negra. A revelação provoca a fúria dos catedráticos da escola e dos defensores de ideias racistas. Pedro Archanjo é expulso da faculdade e acaba preso. O trecho da página seguinte mostra como a polícia contribuiu para acirrar a intolerância religiosa na região, perseguindo os seguidores de crenças e costumes africanos. →

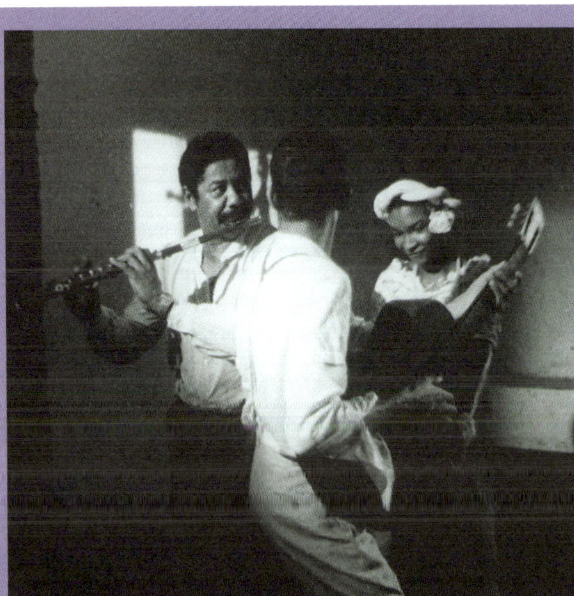

© Divulgação

Manuel do Bonfim, Jards Macalé e Janete Ribeiro em cena do filme *Tenda dos milagres*, de Nelson Pereira dos Santos, 1977.

atividades

1 O Brasil é um país cristão: mais de 90% da população brasileira afirma seguir os preceitos do Cristianismo. No entanto, um terço dos cristãos diz acreditar em mais de uma religião, como o espiritismo, a umbanda, ou alguma outra crença de origem africana. Procure na região onde você mora pessoas que são adeptas de duas ou mais religiões e faça uma entrevista com elas. Procure levantar as diferenças entre essas crenças e, ao final, elabore um quadro comparativo.

2 É comum no Brasil passar a noite de 31 de dezembro na praia, esperando a chegada do ano-novo. Nessa ocasião, muitas pessoas costumam levar oferendas que são deixadas na beira do mar. Elas estão prestando uma homenagem a Iemanjá, a rainha dos mares e oceanos, segundo os seguidores do candomblé. A crença em Iemanjá é consequência da influência africana em nossa cultura. Pesquise outros orixás africanos cultuados em nosso país e produza um texto a esse respeito.

3 A expansão de igrejas protestantes no Brasil, especialmente evangélicas, batistas e presbiterianas, é um fenômeno ainda pouco estudado e mal compreendido. Essa situação se expressa não só pelo número de templos espalhados pelo país, mas também no crescimento de programas de rádio e de televisão.
De que forma esse retorno à religiosidade se manifesta entre as pessoas de sua convivência (familiares, vizinhos, colegas de escola)? Elabore uma tabela com os nomes desses conhecidos seus e as religiões que eles praticam. Aproveite para obter informações sobre o tempo que dedicam a essas crenças, se assistem a programas religiosos e quantas vezes por mês comparecem aos cultos. O aprofundamento desse conhecimento pode alimentar um debate em classe sobre a tolerância religiosa hoje.

De 1920 a 1926, enquanto durou o reinado do todo-poderoso delegado auxiliar, os costumes de origem negra, sem exceção, das vendedoras de comida até os orixás, foram objeto de violência contínua e crescente. O delegado mantinha-se disposto a acabar com as tradições populares, a porrete e a facão, a bala se preciso.

O samba de roda foi exilado para o fim do mundo, ruelas e casebres perdidos. As escolas de capoeira fecharam suas portas, quase todas. Budião andou uns tempos escondido, Valdeloir comeu da banda podre. Com os capoeiristas, a coisa fiava mais fino, os secretas não os enfrentavam de peito aberto, tinham medo. De longe e pelas costas, era mais seguro. De quando em vez o corpo de um capoeirista aparecia crivado de balas na madrugada, tiros de tocaia, obra da malta de facínoras. Assim morreram Neco Dendê, Porco Espinho, João Grauçá, Cassiano do Boné.

Entre as vítimas de atropelos e brutalidades, nesse período de fúria desatada, encontrava-se o pai de santo Procópio Xavier de Souza, babalorixá do Ilé Ogunjá, um dos grandes candomblés da Bahia. Enfrentou Pedrito e foi por ele perseguido e castigado sem tréguas. Constantemente preso, tinha nas costas as marcas de chicote de couro cru, lanhos de sangue. Nada o abateu, não se deixou derrotar. O povo cantava nas ruas:

"Procópio tava na sala
Esperando santo chegá
Quando chegou seu Pedrito
Procópio passa pra cá."

"Galinha tem força n'asa
O galo no esporão
Procópio no candomblé
Pedrito é no facão."

Procópio não silenciou os atabaques, não fugiu de casa para o mato ou para o Rio de Janeiro. A roda das feitas diminuiu, de enorme ficou pequena, ogãs se recolheram à espera de melhores tempos. Procópio prosseguiu:

– Meu santo ninguém vai me impedir de festejar.

Jorge Amado, *Tenda dos milagres*, Rio de Janeiro, Record, 1985, pp. 273-274.

mulheres votam em mulheres: uma escolha feminina?

5

Durante o século XX, as mulheres conquistaram, no Brasil, assim como em quase todo o mundo, uma série de direitos – a começar pelo simples direito de votar. Mas as estatísticas revelam um quadro generalizado de discriminação: ganham menos do que os homens, mesmo executando as mesmas tarefas; sofrem ainda mais do que os homens com o desemprego; e, cada vez mais, tornam-se chefes de famílias, sofrendo o desgaste de assumirem a vida profissional e doméstica.

Entre as explicações para o fato de o Brasil ter uma péssima distribuição de renda (o que nos coloca entre os campeões mundiais nessa matéria) está a discriminação salarial contra as mulheres. Na escala da discriminação, a mulher negra é a maior vítima: ganha menos que o negro, que, por sua vez, ganha menos do que a mulher branca.

Demorou para que o poder público resolvesse combater a violência, até certa época aceita como natural, do homem contra a mulher. Só em 1980 surgiram as primeiras delegacias especializadas para cuidar desse assunto. Era usual nas delegacias comuns mulheres estupradas serem acusadas de terem seduzido os homens.

Até 1930, quase não se via uma mulher escrevendo na imprensa. A exceção foi Patrícia Galvão, conhecida como Pagu, um dos símbolos nacionais, talvez o maior, da liberação feminina no Brasil. Pelo jornal, estimulava as mulheres a se rebelarem; o jornal foi fechado e ela saiu pelo mundo, enviando artigos para publicações brasileiras. Voltou para o Brasil, deportada da França, apontada como comunista.

Demorou também até que uma escritora merecesse assento na Academia Brasileira de Letras, o que era, por estatuto, proibido. Em 1976, a cearense Rachel de Queiroz conseguiu uma vaga histórica naquele clube até então apenas de homens. No seu livro *Memorial de Maria Moura* aparecem as limitações da condição feminina. "É, eu me sentia encurralada. E o meu coração me pedia para sair dali. Sentia que tinha acabado o meu tempo no Limoeiro. Que me adiantava ficar no sítio, me aguentando a ferro e fogo, sem recursos, mulher sozinha, nova? (...) O mundo lá fora era grande e eu não conhecia nada para além das extremas do nosso sítio. E tinha loucura por conhecer esse mundo."

mulheres votam em mulheres: uma escolha feminina?

Participação política feminina

Água misteriosa, obra do pintor suíço Ernst Bieler em estilo Art Nouveau.

Fonte: BLACK, J. Anderson e GARLAND, Madge, *A history of Fashion*, Londres, Orbis, 1985, p. 223.

Rio Grande do Norte – Lages, 1929. Alzira Soriano, fazendeira, tornava-se a primeira mulher eleita para uma prefeitura no Brasil. Mas o seu mandato foi cassado pelo Senado, que considerou ilegal sua candidatura. Pela legislação em vigor, as mulheres não tinham o direito de votar nem de serem votadas.

Os oligarcas conservadores que dominavam o sistema político opunham-se a qualquer modernização que pudesse colocar em risco sua perpetuação no poder. Por isso, restringiam o direito ao voto a vários grupos sociais, entre os quais as mulheres.

Contudo, já havia algum tempo que elas buscavam a democratização do Estado brasileiro, incluindo sua participação política nas causas sociais. Essas e outras questões sobre a condição feminina tornavam-se cada vez mais relevantes em outras partes do mundo.

O papel da mulher no mundo

A história da mulher na política do mundo e do Brasil pode ser recuperada a partir da Europa e dos Estados Unidos, na época da Revolução Industrial e durante o século XIX e início do século XX. Nas centenas de fábricas que lá havia, milhares de operários eram demitidos para seus lugares serem ocupados por mulheres, contratadas por salários mais baixos.

> A bancada feminina no Congresso

Encerrada a contagem dos votos das eleições parlamentares de 2002, uma constatação se verificou facilmente: as mulheres vêm conquistando um espaço cada vez maior na vida pública brasileira. No pleito de 1998 haviam sido eleitas 106 deputadas estaduais e distritais em todo o Brasil; no de 2002, esse número aumentou 25,5% e passou para 133. Crescimento semelhante verificou-se no Congresso. Na Câmara dos Deputados, a bancada feminina, que, em 1998, era constituída por 32 representantes, aumentou para 37, ou seja, ficou 15% maior. Mas foi no Senado, entretanto, que as mulheres registraram maior expansão, 100%: em 1998, haviam sido eleitas cinco senadoras; em 2002, esse número dobrou para dez.

Muito desse crescimento se deveu à aprovação, em 1996, de uma lei estabelecendo que os partidos políticos deviam reservar pelo menos 30% de suas candidaturas a qualquer um dos sexos. Como esses partidos possuíam grande presença masculina, eles passaram a dispor um terço de suas candidaturas para o público feminino. Isso fez surgir um número maior de candidatas postulando a um cargo público, aumentando, assim, o leque de opções do eleitor que desejava votar em uma mulher para representá-lo na Assembleia Estadual ou no Congresso Nacional.

© Joedson Alves/AE

Marina Silva, senadora reeleita pelo Estado do Acre para o segundo mandato, do qual se afastou em fevereiro de 2003 para assumir o cargo de Ministra do Meio Ambiente no Governo Lula.

O trabalho de costura exigia destreza manual das mulheres, que eram a maioria nesta fábrica de chapéus em Manchester, Inglaterra, no final do século XIX.

Apesar de aquele ser um tempo de grandes progressos científicos, a sociedade da mecanização e da linha de montagem sujeitava essas trabalhadoras a uma série de desigualdades de tratamento em relação ao homem que ainda hoje precisam ser superadas.

Homens e mulheres eram explorados no sistema das fábricas. A jornada de trabalho atingia de quinze a dezesseis horas por dia, em ambientes insalubres e inseguros. Não havia descanso semanal nem férias ou aposentadoria. Para enfrentar essa situação, milhões de trabalhadores se mobilizaram no decorrer desse período, pois queriam reduzir a jornada e valorizar a mão de obra.

As mulheres, que participaram ativamente dessas lutas, almejavam a melhoria das condições de vida em geral. Inclusive porque, quando os homens perdiam seus empregos, elas iam para as fábricas, mas nem por isso deixavam de cuidar de suas casas.

Entretanto, o sol brilhava diferente para as mulheres da elite, que se beneficiavam do progresso material garantido pela industrialização. No final do século XIX, a sociedade vivia o apogeu da *belle époque*, a burguesia provava um novo estilo de vida, temperado pelo movimento artístico *Art noveau*. Os homens eram *almofadinhas*, as mulheres, *melindrosas*, e ambos frequentavam salões de festas, cafés, cinemas e teatros.

Foi nesse contexto que as mulheres das classes mais ricas passaram a buscar outros tipos de vantagens. Elas queriam se libertar de alguns preconceitos que vigoravam até então. Queriam, por exemplo, sair sozinhas, estudar e ir a festas.

As mulheres das classes mais pobres, por sua vez, participavam das lutas por melhores condições de vida e pela igualdade de direitos concedidos aos homens no trabalho, em casa e no lazer.

O papel da mulher no Brasil

Nessa época, a sociedade brasileira tinha uma organização patriarcal. O círculo familiar espelhava a ordem sociopolítica, por isso o homem era considerado o "chefe da família", sendo detentor do poder e da propriedade.

Mesmo as mulheres das elites pouco participavam da vida social. Viviam fechadas em casa e só saíam para as atividades religiosas. Raríssimas tinham acesso à educação formal e nenhuma delas tinha direitos. Quando muito, algumas participavam das decisões, no papel de "conselheiras dos maridos". Mas somente entre as paredes de suas casas.

> Carlota, a primeira deputada

O Brasil possui, atualmente, mulheres ocupando cargos de vereadora, prefeita, deputada, senadora e governadora. É uma situação bem diferente da que existia no país de setenta anos atrás. Até então, as mulheres sempre estiveram alijadas da política nacional: não podiam votar e muito menos candidatar-se a algum cargo da esfera pública; afinal, política era "coisa de homem".

Isso não significava, no entanto, que elas aceitassem passivamente a situação. Muitas feministas começaram a enfrentar obstáculos e a lutar pela conquista de seus direitos. Foi o caso da professora Leolinda Daltro, que fundou, em 1910, o Partido Feminino Republicano, por meio do qual defendia que os cargos públicos fossem abertos a todos, sem qualquer distinção de sexo. Outra ativista foi a bióloga Berta Lutz, que chegou a fundar, em 1920, no Rio de Janeiro, a Liga para a Emancipação Internacional da Mulher e, dois anos depois, a Federação Brasileira pelo Progresso Feminino.

Mas as mudanças pleiteadas só começaram a se tornar realidade depois da Revolução de 1930, que pôs fim à República Velha no país. O novo presidente, Getúlio Vargas, apoiou a introdução do direito de voto às mulheres no Código Eleitoral. O resultado dessa conquista pôde ser sentido de imediato. Nas eleições para a Constituinte de 1934, a médica Carlota Pereira de Queirós, de São Paulo, tornou-se a primeira deputada federal da História do Brasil. Em seu discurso de posse, em 13 de março de 1934, justificou assim a sua presença no Congresso: "Não há muitos anos, o lar era a unidade produtora da sociedade. Tudo se fabricava ali: o açúcar, o azeite, a farinha, o pão, o tecido. E, como única operária, a mulher nele imperava, empregando todas as suas atividades. Mas as condições de vida mudaram. (...) Através do funcionalismo e da indústria, ela [a mulher] passou a colaborar na esfera econômica. (...) Essa nova situação despertou-lhes o interesse pelas atividades políticas e administrativas, pelas questões sociais. O lugar que ocupo neste momento, nada mais significa, portanto, do que o fruto dessa evolução".

Instalação da Assembleia Constituinte de 1934, da qual participou Carlota Pereira de Queirós, a primeira mulher eleita deputada federal.

> A mulher trabalhadora no Brasil

Ao longo dos últimos anos, as mulheres vêm conquistando, cada vez mais, um espaço maior na sociedade: ocuparam novos postos no mercado de trabalho, obtiveram maior participação nas esferas políticas, estão com maior poder de consumo. No entanto, apesar de todos esses avanços, as mulheres ainda são vítimas de desigualdades quando comparadas com os homens.

No Brasil há 32,8 milhões de mulheres que trabalham fora de casa. Elas representam hoje 40,3% da mão de obra economicamente ativa, um índice quase dez pontos percentuais maior do que nos anos 1980. Elas estão presentes em todos os setores produtivos, concentrando-se, principalmente, na área de serviços – educação, saúde, limpeza –, que chega a reunir 29,4% de todas as trabalhadoras. A agricultura emprega 20,4% das mulheres, as atividades sociais reúnem 17,4%, o comércio, 13,5% e a indústria, 9%.

Segundo pesquisa feita pelo PNAD/IBGE, em 2001, enquanto o salário médio de um trabalhador do sexo masculino era da ordem de R$ 618,00, o de uma mulher ficava na faixa de R$ 390,00. Mas isso não é tudo. Os empregos das mulheres também estão concentrados nos níveis de renda mais baixo e, enquanto há 20,8% dos homens com um rendimento mensal igual ou inferior ao salário mínimo, entre as mulheres esse índice é de 28,8%. Também é maior a participação feminina na taxa de desemprego. Elas representam 53,2% dos trabalhadores desempregados do Brasil.

Apesar desses problemas, algumas disparidades vêm, gradativamente, diminuindo. De acordo com uma pesquisa da Fundação Seade, em 1989, as mulheres ocupavam 16% dos cargos de gerência no Estado de São Paulo. Em 2000, esse percentual quase dobrou, chegando a 30%.

© Antonio Carlos Mafalda/Folha Imagem

Mulher boia-fria em final de safra, na região de Sertãozinho, SP, em 28 de outubro de 1984.

Enfim, além de dependerem economicamente dos patriarcas, as mulheres eram condenadas à ignorância e à imaturidade. Muito jovens trocavam a autoridade paterna pela do marido, em casamentos geralmente arranjados pela família.

Nas camadas inferiores da população, era comum as mulheres não serem oficialmente casadas – o preço cobrado pela Igreja para formalizar os matrimônios era bastante alto. Elas geralmente trabalhavam, ajudando na sobrevivência da família, algumas chefiando a casa. Muitas tinham como forma de rendimento a prostituição, tanto nas cidades quanto nos arraiais do interior do país.

A mulher brasileira dessa época submetia-se a dois estereótipos principais. Umas eram as brancas, da elite, que no interior da casa-grande viam o crescimento dos negócios do marido. Outras eram as negras e mulatas, subordinadas sexuais, escravas ou alforriadas, que esperavam obter pequenos favores a partir da benevolência masculina.

É fato que existiam em todo o país diversos outros tipos femininos que não foram devidamente valorizados pela História tradicional. Na época da exploração do ouro em Minas Gerais, durante o século XVIII, houve mulheres que atuaram em atividades econômicas de pequena produção agrícola ou artesanal. Isso porque os homens migravam para as regiões mineradoras, ausentando-se por muito tempo do lar.

Então aconteceu, também no Brasil, o surto industrial no final do século XIX e início do século XX. As mulheres deixaram definitivamente o interior das casas e integraram-se ao mercado de trabalho. Ingressavam na dura vida operária.

Uma política feminina

Até o início do século XX, no mundo, as necessidades das mulheres pobres confundiam-se com as questões da classe trabalhadora em geral. Mas elas foram se conscientizando da natureza específica de alguns de seus problemas e passaram a lutar por novas conquistas. Questionavam as desigualdades civis, trabalhistas e políticas.

Na década de 1960, surgiu nos Estados Unidos o Movimento para a Libertação da Mulher, buscando transformações mais profundas na sociedade. Temas como sexualidade, liberdade do corpo e casamento começavam a ser incluídos nas pautas de discussão das mulheres, à medida que o movimento feminista se fortalecia.

No Brasil, a luta das mulheres pelo direito à participação no processo eleitoral fez história. Nos tempos da chamada República Velha, de 1889 a 1930, a sociedade brasileira era refém de um sistema eleitoral que garantia a continuidade do poder dos coronéis, os oligarcas rurais.

Eles armavam seus capangas, que coagiam as pessoas a votarem em

© Reprodução/AE

Mulheres exercendo o direito ao voto, em 1934.

© AE

Mulher boia-fria, em 23 de novembro de 1983, MG.

determinados candidatos, ou concediam favores aos eleitores, com o mesmo fim. Era o chamado "voto de cabresto". Outra prática do período era adulterar os resultados das eleições, tirando qualquer chance de governo aos candidatos de oposição.

A reação organizada contra esse sistema veio dos oficiais de baixas patentes do Exército, por meio do movimento chamado Tenentismo, durante a década de 1920. Buscavam reformas liberais e nacionalistas, em benefício da classe média. Esse movimento encontrou resistência dos oligarcas tradicionais, que continuavam restringindo o direito ao voto de enorme número de cidadãos.

> A grande Pagu

Ela era muito mais do que a musa dos modernistas. Bonita, culta, politizada, a jornalista e escritora Patrícia Galvão (1910-1962), mais conhecida como Pagu, foi uma mulher que esteve à frente de seu tempo e participou intensamente dos principais debates de sua época. Ela não apenas defendeu as reformas feministas em discussão no Brasil nas primeiras décadas do século XX. Foi mais além: propôs que essas conquistas deveriam acontecer juntamente com uma mudança da estrutura social vigente, que relegava à mulher um papel secundário na sociedade.

Em 1931, numa época em que não era comum encontrar mulher escrevendo na imprensa, Pagu lançou, juntamente com Oswald de Andrade – com quem foi casada por dois anos e teve um filho –, um jornal assumidamente panfletário, o *Homem do Povo.* Provocativo, esse pasquim durou apenas oito números, e nele Pagu assinava uma coluna em que insuflava as mulheres a terem uma postura mais ativa e revolucionária na sociedade. Depois que o jornal foi empastelado, Pagu partiu em uma viagem ao redor mundo, e escreveu artigos para os jornais cariocas *Correio da Manhã* e *Diário de Notícias,* e o *Diário da Noite*, de São Paulo. Realizou entrevistas com Freud, acompanhou a posse do último imperador chinês, Pu-Yi, entrevistou artistas de Hollywood e, em 1934, foi deportada da França de volta para o Brasil, sob a acusação de ser comunista.

Militante do Partido Comunista do Brasil, Pagu conheceu os porões da ditadura do Estado Novo. Em 1935, foi presa, acusada de ter participado da Intentona Comunista. Ficou quatro anos e meio na cadeia e ao ser libertada, em 1940, rompeu com o PCB, criticando os stalinistas por defenderem a teoria do partido único.

Livre novamente, Pagu continuou se dedicando ao jornalismo, à literatura e à tradução de peças teatrais, apresentando pela primeira vez ao público brasileiro textos de dramaturgos como Fernando Arrabal e Eugene Ionesco. Vítima de câncer, Pagu morreu em 1962, em Santos, onde vivia com o marido Geraldo Ferraz. Como definiu o crítico Augusto de Campos, "Pagu foi uma revolucionária urbana e culta (...). Aparece a nossos olhos como a imagem da nova mulher brasileira".

© Arquivo Nacional

Participantes do 1º Congresso da Federação Brasileira pelo Progresso Feminino, em 1922. Berta Lutz, presidente da FBPF, é a quarta mulher sentada, da esquerda para a direita.

A luta das mulheres brasileiras pelo direito à participação no processo eleitoral começou antes de 1900. Em 1910, foi fundado o Partido Republicano Feminino, que discutia o voto da mulher. Em 1918, nasceu a Liga para a Emancipação Feminina, entidade que cresceu e deu origem à Federação Brasileira pelo Progresso Feminino, em 1922. Nesse mesmo ano ocorreu o 1º Congresso Feminista no Rio de Janeiro, com apoio de vários políticos favoráveis ao voto das mulheres.

Ao longo da década de 1920, a luta feminina por direitos políticos obteve muitos avanços. As mulheres brasileiras foram positivamente influenciadas pelos movimentos feministas internacionais.

Em Mossoró, no Rio Grande do Norte, uma mulher chamada Celina Guimarães Viana aproveitou-se de brechas existentes na legislação eleitoral (que não determinava o sexo dos portadores de títulos de eleitor) e tornou-se a primeira mulher da América do Sul a obter um título eleitoral, em 25 de novembro de 1927.

O curioso é que a ascensão feminina na política deu-se no Rio Grande do Norte, tradicionalmente considerado um dos estados mais conservadores e machistas de todo o país. Ali, Juvenal Lamartine, senador e candidato a governador do Estado, aderiu à causa feminista. Em 1929, as mulheres participaram das eleições potiguares.

Os votos femininos apurados na eleição foram vitoriosos. Mas imediatamente impugnados pela Comissão de Poderes do Senado, que cassou o mandato de Alzira Soriano, o fato mais marcante do período.

Em 1930, sob a presidência Washington Luís, o país estava em campanha para eleger o novo chefe de governo. O clima era de insatisfação e violência; houve muitos crimes e fraude nas eleições, que deram a vitória ao paulista Júlio Prestes. Getúlio Vargas era o candidato da oposição e tinha como vice de chapa João Pessoa, que foi assassinado.

Esses fatos deram novo curso à História brasileira: formou-se um movimento militar, Washington Luís foi derrubado e Júlio Prestes, impedido de tomar posse. Getúlio Vargas foi colocado no poder. Era a Revolução de 1930.

Getúlio era apoiado por várias lideranças feministas, entre elas Berta Lutz, indicada por ele para discutir o anteprojeto da Constituição, em 1932. Em 1933, Vargas instituiu o novo Código Eleitoral por decreto, prevendo o voto feminino nas eleições da Assembleia Constituinte daquele ano.

Várias mulheres abraçavam a vida política, mas, curiosamente, algumas eram antifeministas. A primeira mulher a ocupar cargo político com reconhecimento do Estado foi a médica Carlota Pereira de Queirós, deputada por São Paulo na Assembleia Nacional Constituinte de 1933. Ela se opôs a várias propostas apresentadas pelo movimento feminista, sempre alegando questões religiosas.

A Igreja também considerava a emancipação da mulher uma ameaça à estabilidade familiar. Do mesmo modo, os meios de comunicação fortaleciam o sistema político-social antiprogressista, colocando a mulher emancipada como alvo de sátiras e caricaturas.

Apesar disso, em 1935 foram eleitas cinco deputadas para as assembleias constituintes estaduais no Amazonas, Alagoas, Sergipe, Bahia e São Paulo. A Constituição de 1934 havia consagrado o princípio da igualdade entre os sexos, mas quatro décadas se seguiram e, durante esse período, somente dez mulheres foram eleitas para a Câmara Federal, algumas apenas como suplentes.

Em 1982 – ano em que o Partido dos Trabalhadores concorreu no processo eleitoral pela primeira vez –, a participação política feminina se ampliou: foram eleitas oito mulheres para o Congresso Nacional. Várias mulheres também passaram a ocupar chefias em Ministérios, Secretarias estaduais e nas prefeituras de algumas cidades.

Nessa década, surgiram os Conselhos Estaduais e Municipais da Condição Feminina, e em 1985 foi instituído o Conselho Nacional dos Direitos das Mulheres. Nas eleições de 1986, 26 mulheres foram eleitas para a Assembleia Nacional Constituinte. Na Constituição de 1988, elas garantiram a inclusão de 85% das reivindicações apresentadas pelo movimento feminista, ampliando a cidadania feminina.

Em 1996, foi incluído nas eleições o sistema de cotas, determinando o mínimo de 30% das vagas de cada partido para candidatas mulheres. Aumentou bastante a presença feminina em postos dos poderes Executivo e Legislativo. São destaque as conquistas de prefeituras de grandes cidades, como São Paulo, Florianópolis, Maceió, Natal – e em governos estaduais, como no Maranhão e Rio Grande do Norte.

Retrato de Pagu, pintado em 1932 por Cândido Portinari.

> Rachel de Queiroz, a primeira "imortal"

Fundada em 1897, a Academia Brasileira de Letras foi, ao longo de quase oito décadas, um reduto exclusivamente masculino. Apenas em 1976 seus membros permitiram que mulheres disputassem uma vaga. Essa abertura dos estatutos deu logo resultado. No ano seguinte, Rachel de Queiroz concorreu e conquistou a cadeira anteriormente ocupada por Cândido Mota Filho. No dia 4 de novembro, a escritora cearense tornou-se a primeira mulher a ter o direito de tomar o tradicional chá da ABL na condição de "imortal". O trecho abaixo faz parte do livro *Memorial de Maria Moura*, de 1992, com o qual a autora declarou ter encerrado sua carreira de romancista.

É, eu me sentia encurralada. E o meu coração me pedia para sair dali. Sentia que tinha acabado o meu tempo no Limoeiro. Que me adiantava ficar no sítio, me aguentando a ferro e fogo, sem recursos, mulher sozinha, nova? Qualquer um podia tentar pôr a minha pessoa debaixo da mão.

Mas esse meu desejo de ir embora não tem nada a ver com o meu amor pela casa e pela terra: aqui nasci e me criei. Acontece que sempre chega a hora de largar o ninho. Do pinto quebrar a casca e pular do ovo.

O mundo lá fora era grande e eu não conhecia nada para além das extremas do nosso sítio. E tinha loucura por conhecer esse mundo.

Quando menina, ainda, saía pela mata com os moleques, matando passarinho de baladeira, pescando piaba no açudinho, usando como puçá o pano da saia. Mas, depois de moça, a gente fica presa dentro das quatro paredes de casa. O mais que saí é até o quintal para dar milho às galinhas, uma fugidinha ao roçado antes do sol quente, trazer maxixe ou melancia, umas vagens de feijão-verde. O curral é proibido, vive cheio de homem. E ainda tem o touro, fazendo pouca-vergonha com as vacas. Fica até feio uma moça ver aquilo.

Rachel de Queiroz, *Memorial de Maria Moura*, São Paulo, Siciliano, 1992, p. 62.

O feminino hoje no Brasil

Por meio de muitas pressões sociais, de lutas localizadas e dispersas, por meios formais e informais, personalidades e pessoas comuns são co-autoras de vitórias pelas causas femininas. Hoje, sabemos que aumentou o nível de instrução da mulher, embora seu índice de escolaridade ainda seja baixo, o que agrava sua má remuneração no mercado de trabalho.

Em 1980 foram criadas Delegacias Especiais de Atendimento à Mulher em alguns estados, para garantir maior proteção contra a violência praticada por homens. Alguns direitos trabalhistas foram conquistados na década de 1990, como a licença-maternidade equivalente a 120 dias e a licença-paternidade de cinco dias. Os trabalhadores rurais e as empregadas domésticas conquistaram o direito à previdência social. Oficializou-se o direito ao título de propriedade de terra mesmo para mulheres casadas. E passou a ser garantida legalmente a formação profissional para jovens mulheres, entre 16 e 21 anos, em situação de risco social.

Na área da saúde, em 1983, foi criado o Programa de Assistência Integral à Mulher – Paim – para atender aos casos de doenças epidemiológicas sexualmente transmissíveis. O Paim prevê ainda garantias parciais à mulher para a realização de abortos em casos especiais.

O processo de emancipação feminina, que começou a ganhar formato significativo na Revolução Industrial, progride a cada nova época, no Brasil e no mundo. Ele contou e deverá contar com atitudes e ações de mulheres pioneiras que se impõem na sociedade para fazer valiosa diferença. São cidadãs que se tornaram personalidades.

© Divulgação

Cartaz da campanha de prevenção contra o câncer de colo uterino, lançada pelo Ministério da Saúde em 1998.

atividades

1 Ao longo da História diversas mulheres do Brasil e do exterior se destacaram na luta por um mundo mais justo e fraterno. Converse com parentes, amigos mais velhos ou consulte artigos da imprensa para descobrir quais mulheres de sua região lutaram pela garantia dos direitos de cidadão. Em grupo, trace um perfil dessa pessoa.

2 Em agosto de 2001, após 25 anos de tramitação, o Congresso Nacional aprovou um novo Código Civil brasileiro para substituir a legislação de 1916. De acordo com a antiga lei, o homem tinha vários privilégios em relação à mulher, sendo, por isso, considerado o "chefe da família". Faça uma pesquisa sobre o novo Código Civil que passou a vigorar em janeiro de 2003 e veja o que diz a lei em relação aos direitos da mulher: ela continuou subordinada ao marido?

3 Como foi a participação feminina nas últimas eleições em seu Estado e Município? Houve candidatas vitoriosas nas disputas para cargos majoritários (presidente, governador, prefeito, senador) e para cargos proporcionais (deputado federal, deputado estadual, vereador)? Identifique, no discurso ou nas propostas das candidatas mais conhecidas (mesmo que não tenham sido eleitas), alguns pontos vinculados a reivindicações especificamente femininas. Elabore um texto posicionando-se a respeito desses pontos. Os melhores textos da classe podem ser divulgados em publicações da escola ou da comunidade (impressos ou internet), além de, é claro, serem enviados aos partidos políticos e às candidatas. Isso certamente contribuirá para o exercício e desenvolvimento da cidadania.

Glória Pires em cena da minissérie *Memorial de Maria Moura,* exibida pela Rede Globo de Televisão, em 1994. Adaptação para a TV da obra homônima de Rachel de Queiroz.

aprender a aprender como exigência do futuro

6

O Brasil entrou no terceiro milênio com uma grande parte de seus habitantes vivendo na condição de analfabetos funcionais. Estima-se que componham a metade dos 170 milhões de brasileiros. O que significa, em poucas palavras, que eles são capazes de ler um texto mais sofisticado, mas pouco conseguem entender, o que os deixa marginalizados numa sociedade que exige cada vez mais preparo dos trabalhadores.

A crise da educação brasileira vem de muito longe. Começou quando se montava, ainda timidamente, um sistema escolar, administrado pelos jesuítas. Veio uma ordem de Portugal, expulsando os jesuítas, que ensinavam a ler e a escrever crianças e adolescentes de praticamente todas as povoações. Na época, não se colocou nada no lugar. Ocorre que os mais ricos podiam bancar tutores para seus filhos.

Calcula-se que os analfabetos totais, que não sabem ler nada, sejam cerca de 22 milhões de brasileiros. A educação é o melhor reflexo da sociedade desigual – e também um fator que alimenta essa desigualdade, já que impede a formação de trabalhadores habilitados a aumentar seus salários. As melhores faculdades públicas, gratuitas, são privilégio de uns poucos, a maioria deles beneficiados por escolas privadas. Essa disparidade levou algumas universidades a criar o sistema de cotas para negros e alunos de escolas públicas para tentar contrabalançar as facilidades dos estudantes de maior poder aquisitivo.

Curiosamente, numa nação elitista e que cultua o diploma universitário, um operário com educação formal precária e incompleta tornou-se presidente da República, naquela típica exceção que apenas confirma a regra.

> Analfabeto, eu?

Saber ler e escrever significa ser capaz de decifrar os códigos do mundo. É basicamente por meio da leitura e da escrita que as pessoas se informam sobre os acontecimentos cotidianos em revistas e jornais, que registram suas sensações e opiniões em textos, cartas e e-mails e, principalmente, que entram em contato com todo o legado da História da humanidade registrado nos livros. É devido a essa importância que um dos principais indicadores para calcular o desenvolvimento de um país é o índice de analfabetismo.

No caso do Brasil, pode-se dizer que, de modo geral, nossa História é marcada pela quase completa ausência de preocupação com a educação formal. Durante o período colonial quase toda a população era analfabeta. No Império e início da República, o analfabetismo atingia 80% da população. No século XX, esses números foram diminuindo, mas, mesmo assim, a quantidade de analfabetos no Brasil é elevada.

Segundo dados de 1999 do Instituto Brasileiro de Geografia e Estatística, 13,8% da população do país não sabe ler nem escrever, isso significa que 22,8 milhões de pessoas com mais de 15 anos não tiveram o mínimo acesso à educação. Esses números colocam o Brasil na vergonhosa posição de oitava nação do continente americano em taxa de analfabetismo.

Nossa situação fica ainda mais grave quando se contabiliza nesses dados o número de analfabetos funcionais, ou seja, aquelas pessoas com mais de 15 anos que têm menos de quatro anos de escolaridade e que sabem assinar o nome mas não conseguem ler um texto minimamente elaborado. Segundo o IBGE, elas chegam a 30,5% da população, ou seja, hoje, os analfabetos funcionais são quase metade dos 170 milhões de brasileiros.

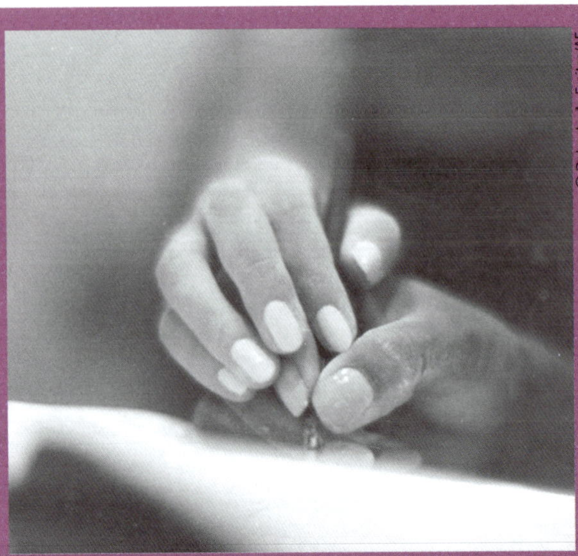

© Rolando de Freitas/AE

aprender a aprender como exigência do futuro

© Domingos Peixoto/O Globo

Pais tentam garantir matrícula para os seus filhos, na Escola Estadual André Maurois, no Rio de Janeiro, 1997.

Há vagas?

Em dezembro de 2000, uma notícia no jornal O Globo (RJ) era encabeçada pela manchete: "Mães passam o dia na fila em porta de escola". E o texto começava assim: "Com cadeiras e restos de ceia de Natal, elas esperam conseguir vagas hoje para os filhos".

Se correr o bicho pega, se ficar...

De acordo com a legislação brasileira, as crianças de 7 a 14 anos têm direito assegurado à educação gratuita. Mas os familiares dessas crianças passam horas em filas, diante de escolas, tentando conseguir uma vaga no ensino fundamental da rede pública. Muitas vezes nem se consegue ter o nome das crianças na lista de espera.

Em alguns bairros de classe média na cidade de São Paulo, por exemplo, sobram vagas nas escolas de educação infantil; na periferia, há déficit. Elas faltam justamente nas regiões mais pobres, onde a população cresce com maior rapidez. As autoridades dizem que vagas não faltam, mas elas nem sempre estão onde o estudante precisa. E se a criança não consegue um banco numa escola próxima de sua casa, resta aos seus pais o custo do transporte e o receio de terem o filho longe, exposto à violência das cidades. Se correr o bicho pega, se ficar...

Também não é cor-de-rosa o quadro da educação brasileira pelo interior dos estados. O que se vê são peças em branco e preto movendo-se no tabuleiro da exclusão social, cujo jogo se armou em 1549. Era o tempo em que a Coroa passava a contar com o apoio dos jesuítas na conversão dos povos conquistados e na educação religiosa dos colonos. A Companhia de Jesus regulava as instituições de ensino – e a cultura – também em Portugal.

A catequese tinha o intuito de tornar os índios cristãos, mas também de "amansá-los", pois eles deveriam colaborar com os colonos portugueses, obtendo riquezas para o Reino. Com o tempo a população da colônia aumentou e os religiosos passaram a se dedicar também, e principalmente, ao ensino dos filhos das elites coloniais.

Do século XVI ao XVIII, era a Coroa que doava subsídios aos jesuítas para ensinarem as "primeiras letras" e o latim às crianças. Eles fundavam colégios em quase todas as vilas que surgiam. Isso transformou a ordem religiosa em uma instituição com grande poder dentro do país. Ou seja: os jesuítas agiam com grande autonomia e não respeitavam as determinações vindas dos governos. Então começaram a surgir muitos conflitos entre eles e o governo do rei José I (1750-1777), representado por seu Primeiro-ministro, o Marquês de Pombal.

© Sergio Falci/Abril Imagens

Alunos da Escola Municipal Edison Pzani, que atende crianças da favela de Vila Fátima, em Belo Horizonte, MG.

© CPDOC/FGV

Estudantes do primário (1ª a 4ª série do ensino fundamental) do Instituto de Educação, entre 1932 e 1938. A instituição foi criada no Rio de Janeiro pelo educador Anísio Teixeira, que deu aulas de Filosofia da Educação para o curso de formação de professores. Teixeira foi presidente da Associação Brasileira de Educação e um dos signatários do Manifesto dos Pioneiros da Educação Nova. É de sua autoria o livro *"Educação progressiva: uma introdução à filosofia da educação"*.

> Escola nova

Na hierarquia dos problemas nacionais, nenhum sobreleva em importância e gravidade o da educação. Nem mesmo os de caráter econômico lhe podem disputar a primazia nos planos de reconstrução nacional. Pois, se a evolução orgânica do sistema cultural de um país depende de suas condições econômicas, é impossível desenvolver as forças econômicas ou de produção, sem o preparo intensivo das forças culturais (...).

O parágrafo acima bem que poderia ter sido extraído dos programas políticos de muitos partidos da atualidade; no entanto, em 2002, esse texto completou exatos setenta anos. Ele consta da abertura do manifesto *A construção educacional do Brasil - Manifesto dos Pioneiros da Educação Nova*, redigido pelo educador Fernando de Azevedo e assinado por mais 25 pessoas, entre as quais estão intelectuais do porte de Anísio Teixeira, Afrânio Peixoto e Lourenço Filho. O documento reunia as principais ideias da Escola Nova, movimento surgido no país nos anos 1920, e pioneiro em reconhecer o papel de destaque que a educação desempenha na formação do indivíduo.

Em uma época em que três de cada quatro brasileiros eram analfabetos, os escolanovistas foram os primeiros a defender uma completa renovação da educação nacional. Para eles, o ensino deveria ser público, gratuito, obrigatório e sem qualquer segregação para permitir a integração dos grupos sociais; todos os professores deveriam ter formação universitária e a educação precisaria atender às diversas fases do crescimento humano.

Muitas de suas propostas acabaram incorporadas nas reformas educacionais promovidas durante o governo de Getúlio Vargas (1930-1945) e as discussões levantadas por esses educadores abriram o caminho para a criação da Universidade de São Paulo (USP), em 1934, que viria se tornar a maior universidade do país.

© Embrafilme/Divulgação

Lilian Lemmertz e Marcos Taquechel em cena do filme *Lição de amor*, dirigido por Lauro Escorel (1976), em adaptação para o cinema do livro *Amar, verbo intransitivo*, de Mário de Andrade.

> *Amar, verbo intransitivo* – Mário de Andrade

Uma das características históricas do sistema educacional brasileiro foi a falta de estabelecimentos educacionais. Por causa disso, a maior parte da população colonial, imperial e do início da República era analfabeta. As famílias de posses buscavam nas preceptoras uma alternativa à falta de ensino formal. Essas moças, quase sempre de origem estrangeira, se responsabilizavam pelo ensino das disciplinas, línguas, música e etiqueta. Na obra *Amar, verbo intransitivo*, do escritor modernista brasileiro Mário de Andrade, a preceptora Elza é contratada oficialmente para ministrar aulas de alemão e piano para o jovem Carlos; porém, sua tarefa principal é fazer a iniciação sexual do rapaz. Leia um trecho da obra:

A porta do quarto se abriu e eles saíram no corredor. Calçando as luvas Sousa Costa largou por despedida:
– Está frio.
Ela muito correta e simples:
– Estes fins de inverno são perigosos em São Paulo.
Lembrando mais uma coisa reteve a mão de adeus que o outro lhe estendia.
– E, senhor... sua esposa? está avisada?
– Não! A senhorita compreende... ela é mãe. Esta nossa educação brasileira... Além do mais com três meninas em casa!...
– Peço-lhe que avise sua esposa, senhor. Não posso compreender tantos mistérios. Se é para bem do rapaz.
– Mas senhorita...

Marquês de Pombal

Sebastião José de Carvalho e Melo recebeu o título de Marquês de Pombal (uma cidade portuguesa) em 1769. A administração desse Primeiro-ministro português foi marcada por grandes transformações: foram criadas escolas técnicas e de comércio, formada mão de obra qualificada, estimulado o desenvolvimento do artesanato local. A ideia era diminuir a dependência portuguesa em relação aos produtos importados da Inglaterra.

Pombal agia inspirado pelos princípios do Iluminismo – que nasceu na Europa nesse século XVIII –, um conjunto de ideias defendidas por filósofos segundo as quais o desenvolvimento social e o progresso humano somente seriam atingidos por meio da razão (racionalismo), da liberdade individual (liberalismo) e do desenvolvimento das ciências. A França e a Inglaterra capitaneavam o movimento, deflagrando reformas que envolviam questões econômicas e políticas e repercutiam na educação das diferentes classes sociais.

As ideias iluministas contribuíam para a ascensão da burguesia, por se oporem ao absolutismo monárquico e à influência católica na organização da educação e da cultura. Rejeitavam a submissão total à autoridade do Estado e da Igreja, não aceitavam a visão teocêntrica do período medieval, eram contra a servidão feudal, o regime absolutista e o mercantilismo, por limitarem o direito à propriedade.

Se para Portugal as ações pombalinas visavam alavancar o progresso, a mudança no sistema educacional na América portuguesa significou um retrocesso. Objetivando o controle total das atividades realizadas na colônia, o marquês, em 1757, decretou leis que acabavam com a administração dos padres sobre os aldeamentos indígenas. Na época da exploração do ouro, os religiosos já tinham sido proibidos de entrar na região das minas. Há décadas o governo temia perder o controle sobre as riquezas existentes e acusava a Igreja de enriquecer à custa dos indígenas.

A partir de 1759, as missões jesuíticas não podiam mais existir independentes do governo. As maiores delas foram transformadas em vilas e os jesuítas foram expulsos do Brasil. As terras e demais propriedades dos religiosos foram confiscadas. Todos os colégios foram fechados e a educação passou a ser responsabilidade de leigos indicados pelo governo.

Essas mudanças acarretaram uma grande desorganização no sistema de ensino que os padres haviam organizado. Os jesuítas tinham formado uma rede – assemelhada em parte a algumas empresas educacionais nos dias de hoje – espalhada pelas capitais e o interior. Diante de uma população de quase quatro milhões de habitantes, a Companhia de Jesus mantinha 36 missões e escolas de ler e escrever em quase todas as povoações e aldeias. Tinham dezoito escolas de nível secundário entre colégios e seminários pelos pontos mais importantes da colônia. Supõe-se que no ano de sua expulsão os jesuítas atendiam cerca de dois mil filhos de colonos (média de uma única grande escola, hoje, pública ou particular).

A reforma de Pombal, porém, jamais chegou a constituir uma alternativa consistente ao sistema de ensino dos jesuítas. Na verdade, originou a desconcertante exclusão educacional que se mantém até hoje. Atualmente são os mesmos filhos das elites e outros da classe média que podem garantir vagas em escolas particulares. Além das classes sociais mais baixas, grande parte dos que tiveram o poder aquisitivo diminuído na última década debandou para as escolas públicas.

Entretanto, clamando por um ensino de melhor qualidade, por salários mais elevados para os professores e investimento mais pesado na formação do docente, com garantia de boas condições de trabalho, dentro e fora da escola, o sistema de ensino público no Brasil beira o colapso. Pede mais investimento dos governos, mais recursos financeiros e mais boa vontade.

© João Ramid/Abril Imagens

Manifestação estudantil pela melhoria do ensino público, no Congresso Nacional, em Brasília, DF, maio de 1988.

– Desculpe insistir. É preciso avisá-la. Não me agradaria ser tomada por aventureira, sou séria. E tenho 35 anos, senhor. Certamente não irei se sua esposa não souber o que vou fazer lá. Tenho a profissão que uma fraqueza me permitiu exercer, nada mais nada menos. É uma profissão.

(...)

Mesmo para as meninas, três: Maria Luísa com doze anos, Laurita com sete, Aldinha com cinco, Elza já dera completo conhecimento de si estrangulando a curiosidade delas. Já determinara as horas de lição de Maria Luísa e Carlos. Já dispusera os vestidos, os chapéus e os sapatos no guarda-roupa. No jardim, fizera as meninas pronunciarem muitas vezes Fräulein. Assim deviam lhe chamar.

(...) Fräulein é que percebeu muito bem a mudança do rapaz, finalmente! Carecia agora se reter um pouco, mesmo voltar pra trás. Avançara por demais porque ele tardava. Devia guardar-se outra vez. As coisas principiam pelo princípio.

(...) Fräulein engole quase um remorso porque se apanha a divagar. Queixumes do deus encarcerado. O homem-da-vida quer apagar tantas nuvens e afirma ríspido que não trata-se de nada disso: a profissão dela se resume a ensinar primeiros passos, a abrir olhos, de modo a prevenir os inexperientes da cilada das mãos rapaces.

(...) Foram encontrar Sousa Costa na biblioteca. Ele tirou os olhos da carta, ergueu a caneta, vendo elas entrarem.

– O senhor me prometeu contar a sua esposa a razão da minha presença aqui. Lamento profundamente que não o tenha feito, senhor Sousa Costa.

Sousa Costa encafifou, desacochado por se ver colhido em falta. Riscou uma desculpa sem inteligência:

– Queira desculpar, Fräulein. Vivo tão atribulado com os meus negócios! Demais: isso é uma coisa de tão pouca importância!... Laura, Fräulein tem o meu consentimento. Você sabe: hoje esses mocinhos... é tão perigoso! Podem cair nas mãos de alguma exploradora! A cidade... (...) Você compreende... meu dever é salvar o nosso filho... Por isso! Fräulein prepara o rapaz. E evitamos quem sabe? até um desastre!... UM DESASTRE!

Repetia o "desastre" satisfeito por ter chegado ao fim da explicação.

Passeava de canto a canto. Assim se fingem as cóleras, e os machos se impõem, enganando a própria vergonha. Dona Laura sentara numa poltrona, maravilhada. (...)

Mário de Andrade, *Amar, verbo intransitivo*, 17. ed. Belo Horizonte, Itatiaia, 2002.

© AE

A defesa do ensino público e gratuito pelo movimento estudantil brasileiro faz parte da História dos estudantes no século XX, como demonstram estas normalistas, em fevereiro de 1960.

> Ensino público e gratuito perde espaço

Apenas 7,7% dos brasileiros entre 18 e 24 anos estão na universidade, segundo dados do Censo da Educação Superior, realizado em 2000, pelo Ministério da Educação. Se considerarmos os estudantes com mais de 24 anos, esse número sobe para 13% mas, ainda assim, é um dos mais baixos de toda a América Latina. Dos 2,69 milhões de estudantes de nível superior no país, 887 mil (33%) estão matriculados nas faculdades públicas estaduais ou federais gratuitas, e 1,8 milhão (67%) frequenta os cursos da rede privada, muitos deles considerados de qualidade inferior.

Essa diferença de 34 pontos percentuais entre os alunos da rede pública e privada já foi menor. Em 1994, por exemplo, ela era de apenas 17,2 pontos percentuais: 58,4% dos alunos frequentavam faculdades privadas e 41,6%, as públicas. Uma das razões para essa expansão se deve às mudanças promovidas pelo Ministério da Educação nos anos 1990, que permitiram a ampliação das vagas oferecidas pelas faculdades particulares.

Hoje, das 1.180 instituições de nível superior existentes no Brasil, apenas 20% são públicas e enfrentam uma série de dificuldades. No período de 1995 a 2000, as universidades federais, por exemplo, tiveram uma redução de 72% de suas verbas e estão com um déficit de sete mil professores e vinte mil funcionários. Ainda assim, há onze professores para cada aluno, ao passo que na rede privada essa proporção é maior: 17,3 professores por estudante.

Um estudo feito em 1998 pela Fapesp, em São Paulo, revela que os professores nas universidades estaduais e federais no Estado são mais bem preparados que os das instituições particulares. Segundo o levantamento, 88% possuem mestrado e 69% concluíram o doutorado; entre os professores da rede particular, esses índices são de 39% e 19%, respectivamente.

Escola pública e de boa qualidade para todos!

Faz anos que a educação figura como uma das prioridades dos programas de governo de todos os partidos políticos. Mas num sistema público deficitário são milhares os "sem-vaga", da educação infantil ao ensino universitário.

É também grave a notícia sobre a quantidade de crianças que completam o ensino fundamental sem saber ler nem escrever – estima-se que isso ocorra, em certas regiões, com 75% dos alunos de 4ª série. E milhares de jovens saem do ensino médio sem condições mínimas de frequentar uma faculdade. Muitos ingressam nas "fábricas de diploma", faculdades particulares de baixa qualidade que se espalham pelo país.

Ingressar em boas universidades públicas é privilégio de poucos, e eles não são os candidatos de baixa renda. Estes costumam ter os piores resultados nas provas, confirmando a estreita correlação entre pobreza e aprendizado.

O roteiro ideal para esse filme da educação brasileira seria a democratização do ensino superior, com o aumento das instituições públicas e a melhoria da qualidade da educação básica (ensino fundamental e ensino médio). Esses alunos teriam as mesmas condições de disputar as vagas com os jovens das escolas particulares. E poderiam, recém-formados, ingressar com boas condições de disputa no mercado de trabalho cada vez mais competitivo e globalizado.

Neste início de século XXI, a página educacional brasileira é um retrato desbotado de sua história. A reforma pombalina resultou em uma educação colonial abandonada. Estudar se tornou privilégio das elites com recursos para pagar professores particulares e enviar os filhos para as universidades europeias. Mas hoje, até mesmo para os ricos, essa alternativa está fora de questão.

A manchete que os brasileiros gostariam de ver estampada na primeira página dos jornais de amanhã, em lugar daquela de *O Globo* ("Mães passam o dia na fila em porta de escola"), seria: "Garantido o direito à escola pública e de boa qualidade para todos".

atividades

1 Na opinião de algumas pessoas mais velhas, a escola pública antigamente "era puxada", ou seja, oferecia uma educação de qualidade, que preparava o aluno para prosseguir seus estudos em nível superior. E hoje, como ela é vista?
Com a classe dividida em grupos, você e seus colegas podem elaborar um levantamento de opiniões sobre a qualidade de ensino oferecido em sua cidade. Quais são as melhores escolas? Por que elas têm essa fama? Como as escolas públicas são classificadas? Alunos oriundos de escolas públicas podem ter sucesso na disputa por vagas em boas universidades? Com essas questões, relacione as ideias de professores, funcionários, membros da família, vizinhos e outros adultos com quem você convive. As respostas obtidas por todos os grupos podem ser organizadas na forma de painel, com o objetivo de embasar um debate sobre a importância da escola pública de qualidade para a melhoria da qualidade de vida das pessoas menos favorecidas.

2 Sob a orientação de seu professor, faça uma pesquisa nos órgãos de imprensa ou junto às empresas de sua cidade ou região para descobrir quais desses órgãos ou dessas empresas participam ou contribuem de alguma forma para o processo de erradicação do analfabetismo no país.

3 A informática e a internet têm contribuído substancialmente para o desenvolvimento da humanidade. Mas segundo vários educadores, esses benefícios muitas vezes se transformam em situação de risco, pois inúmeros alunos acabam por abandonar o hábito de ler livros, pesquisar em biblioteca e escrever à mão. Discuta essas questões com os seus colegas e tentem identificar de que maneira a tecnologia afetou o seu processo de aprendizagem.

© Carlos Namba/Abril Imagens

Chegada a São Paulo dos 1.200 estudantes presos durante o 30º Congresso da UNE (União Nacional dos Estudantes), realizado clandestinamente em outubro de 1968, em Ibiúna, SP.

> O papel político dos estudantes

"Estudante é para estudar, trabalhador é para trabalhar". Com esse lema, os militares que governavam o Brasil desde 1964 davam um claro recado aos jovens estudantes que protestavam contra a ditadura: eles deveriam concentrar suas atenções na sala de aula e deixar as questões políticas de lado. O alvo principal da mensagem eram os integrantes da União Nacional dos Estudantes, a UNE, entidade fundada em 1938 para representar os alunos de ensino superior do Brasil e que, a partir de 1964, tornou-se uma das vozes mais atuantes na luta pelo retorno à democracia no país.

Os estudantes não se intimidaram com a repressão, nem mesmo quando o governo colocou a UNE na ilegalidade, no final de 1964. Em 1966, por exemplo, milhares deles saíram às ruas protestando contra o regime militar. Durante o 28º Congresso da UNE realizado naquele ano, clandestinamente, em Belo Horizonte, eles instituíram 22 de setembro como o "Dia Nacional de Luta contra a Ditadura" e conseguiram levar mais de 50 mil jovens às ruas de todo o país.

O confronto entre os estudantes e a ditadura acirrou-se em 1968, quando o estudante Edson Luís de Lima, de 17 anos, foi morto por policiais militares enquanto participava de uma passeata no Rio de Janeiro. Sua morte provocou uma verdadeira batalha campal, em que estudantes atiravam pedras na polícia e recebiam em troca bombas de gás lacrimogêneo. Três meses depois, esses mesmos jovens juntaram-se a intelectuais, artistas e religiosos, e organizaram na capital carioca a Passeata dos Cem Mil, uma das maiores manifestações ocorridas contra o regime militar.

A desforra dos generais veio em seguida: em outubro, um Congresso da UNE realizado clandestinamente em Ibiúna, cidade próxima à capital de São Paulo, foi invadido pela polícia e todos os seus integrantes acabaram presos, entre eles as principais lideranças estudantis, como Luís Travassos, presidente da UNE, José Dirceu, presidente da UEE (União Estadual dos Estudantes) e Vladimir Palmeira, presidente da UME (União Metropolitana dos Estudantes). Os três só foram soltos um ano depois, quando trocados pelo embaixador dos Estados Unidos no Brasil, Charles B. Elbrick, sequestrado pela Aliança Libertadora Nacional e pelo MR-8.

A prisão e o exílio dessas lideranças enfraqueceu o movimento estudantil, que só retornou às ruas em 1977 e mais uma vez foi vítima da repressão. No dia 22 de setembro daquele ano, a Polícia Militar de São Paulo invadiu o prédio da Pontifícia Universidade Católica de São Paulo, onde estava sendo realizado o Terceiro Encontro Nacional dos Estudantes e prendeu 845 pessoas. Novamente, os estudantes provavam que suas manifestações continuavam um incômodo à ditadura militar.

lutar para morar com dignidade

7

Imagine se, de repente, um milhão de pessoas, todas com bom poder aquisitivo, viessem morar em São Paulo, com sua população de dez milhões de habitantes. Previsível o caos imobiliário: explosão dos preços dos aluguéis e dos imóveis, mais gente expulsa para a periferia. Tal cenário, de filme de ficção, já ocorreu proporcionalmente no Brasil, quando, no começo do século XVIII, chegou ao Rio, então com menos de cem mil habitantes, a elite portuguesa. Com a Corte vieram dez mil portugueses que, na marra, confiscaram as casas e produziram a primeira versão dos sem-teto brasileiros. A falta de moradia nunca mais sairia da lista de temores dos brasileiros, que passaram a cultuar a casa própria como um sonho. Ao contrário, esse problema se tornaria, como sabemos, cada vez pior.

Migrações e imigrações fizeram grandes cidades brasileiras, especialmente São Paulo, baterem recordes mundiais de crescimento urbano, num movimento tão caótico quanto veloz, moldando, para sempre, nossa paisagem com cortiços e favelas, símbolos da exclusão social. Em 1820, apenas 20% das pessoas viviam nas cidades e vilas. Em 2000, 28 regiões metropolitanas abrigavam 67,9 milhões de habitantes, 40% de toda a população. Mais de 4,4 milhões vivem em favelas, sem contar os cortiços, onde se espremem, em espaços reduzidos, várias famílias.

Poucos romances retratam com tanta riqueza o que é viver espremido como a obra *O cortiço*, de Aluísio Azevedo, contando sobre as condições de moradia no Rio de Janeiro, ao final do século XIX: "... das portas surgiam cabeças congestionadas de sono; ouviam-se amplos bocejos, fortes como o marulhar das ondas; pigarreava-se grosso por toda a parte; começavam as xícaras a tilintar; o cheiro quente do café aquecia, suplantando todos os outros; trocavam-se de janela para janela as primeiras palavras, os bons-dias; reatavam-se conversas interrompidas à noite; a pequenada cá fora traquinava já, e lá dentro das casas vinham choros abafados de crianças que ainda não andam".

> Bota abaixo!

"O Rio civiliza-se."

Esse *slogan*, criado pelo cronista Figueiredo Pimentel, passou a ser uma das frases preferidas de parte da população carioca entre os anos de 1902 e 1906, período no qual Rodrigues Alves presidiu o Brasil. Era desejo do chefe da nação transformar as ruas apertadas, as vielas sujas e as calçadas estreitas da capital federal em praças, avenidas amplas, com bulevares e jardins iguais aos da Europa. Assim, enquanto Oswaldo Cruz promovia uma reforma sanitária buscando extinguir os ratos e controlar as doenças tropicais que assolavam o Rio de Janeiro, o prefeito Pereira Passos cuidou das mudanças urbanísticas.

O governo desapropriou e destruiu com rapidez os prédios e casarões do centro da cidade, provocando um aumento exorbitante dos aluguéis. Grande parte da população pobre viu-se sem teto, de repente, e foi obrigada a se mudar para os subúrbios e favelas. Ao mesmo tempo, com a construção da avenida Beira-Mar, os mais ricos passaram a erguer mansões nas regiões do Botafogo, Jardim Botânico e Gávea. Aos poucos, a cidade se dividia entre o norte dos pobres e o centro-sul dos ricos.

No aluir das paredes, no ruir das pedras, no esfarelar do barro, havia um longo gemido. Era o gemido soturno e lamentoso do Passado, do Atraso, do Opróbrio. A cidade colonial, imunda, retrógrada, emperrada nas suas velhas tradições, estava soluçando no soluçar daqueles apodrecidos materiais que desabavam. Mas o hino claro das picaretas abafava esse protesto imponente. Com que alegria cantavam elas – as picaretas regeneradoras! E como as almas dos que ali estavam compreendiam bem o que elas diziam, no seu clamor incessante e rítmico, celebrando a vitória da higiene, do bom gosto e da arte!

Olavo Bilac, "Crônica", 1904. In: Nicolau Sevcenko, *Literatura como missão*, São Paulo, Brasiliense, 1995, pp. 30-31.

lutar para morar com dignidade

A Corte portuguesa desembarca em nossas terras

Brasil, março de 1808. As letras "P. R." foram afixadas nas portas das melhores casas do Rio de Janeiro. Era o confisco do príncipe regente, para alojar os milhares de acompanhantes da família real portuguesa, que deixara a Corte para se estabelecer no Brasil. A população da colônia referia-se a essas iniciais como "ponha-se na rua" e "prédio roubado". Havia insatisfação geral, a população local estava despreparada para receber uma Corte tão numerosa, numa cidade que nunca havia passado por qualquer política de urbanização.

Houve manifestações populares e, como resposta, o uso da força para combatê-las. As condições de moradia, que já não eram boas, pioraram muito devido aos privilégios desfrutados pelas elites. Nada mais natural, portanto, que a população desfavorecida recebesse com desconfiança os membros da Corte.

Inglaterra, França, Portugal...

Causas políticas e econômicas provocaram a debandada da Corte e comitiva para o Brasil colonial. Era início do século XIX e Portugal continuava refém econômico da Inglaterra, em troca de apoio político para se libertar da Espanha, pois tanto o reino quanto as colônias portuguesas tinham sido incorporados ao império espanhol, por problemas

Pão de açúcar, 1925, ilustração de Tarsila do Amaral para o livro *Pau-brasil*, de Oswald de Andrade.

© Divulgação

Marco Nanini e Marieta Severo em cena do filme *Carlota Joaquina*, 1994, direção de Carla Camurati.

sucessórios, no período de 1580 a 1640. Tradicional inimiga da Espanha, a Inglaterra, em troca de ajuda militar a Portugal, instalou ali seus comerciantes e garantiu vantagens em território lusitano.

Sendo os primeiros a realizar a Revolução Industrial, os ingleses dominavam todo o comércio europeu. Na França, porém, Napoleão Bonaparte reagiu, proibindo – pela força de seu poderio militar – qualquer país de comerciar com os ingleses. Mas com uma economia dependente da Inglaterra, era impossível a Portugal e suas colônias cumprir a exigência francesa. Se a Coroa lusitana aderisse ao bloqueio comercial imposto pelos franceses, havia o risco de os ingleses invadirem as colônias portuguesas para negociar diretamente com seus habitantes.

Entre a cruz e a espada, o Governo português deixava a França em banho-maria e continuava submisso à economia inglesa. Cansados de esperar uma decisão a seu favor, os franceses invadiram Portugal. Em 29 de novembro de 1807, a família real portuguesa fugiu de Lisboa para o Brasil. Mais de dez mil membros da Corte, entre nobres, clérigos, militares, funcionários de alto escalão e membros da elite comerciante

© Coleção Pereira Passos, Arquivo Geral da Cidade do Rio de Janeiro

Construção da avenida Central. Centenas de casas foram destruídas para a abertura da avenida. A transformação do Rio de Janeiro afastou grande parte da população do centro para os morros e periferia. Fotografias de Augusto Malta, 1906.

Panorama da cidade do Rio de Janeiro vista do terraço do Morro da Conceição, aquarela de Thomas Ender, quando veio ao Brasil em 1917 com a Missão Austríaca, e acompanhou a noiva de Dom Pedro, a arquiduquesa Leopoldina.

© Academia de Belas Artes de Viena

embarcaram nas naus, abarrotando-as com metade das moedas que circulavam em Portugal, com obras de arte, mobílias caras e todo tipo de objeto de valor.

Somente nove anos depois Napoleão seria derrotado por uma aliança de ingleses, prussianos, russos e austríacos. Mas a Corte portuguesa permaneceu no Brasil, sem atentar para a ruína econômica de Portugal e para o novo contexto político na Europa, marcado por ideias iluministas e liberais. Em Portugal, eclodiram movimentos revolucionários, apoiados pela burguesia comercial. Uma Junta Provisória de governo foi instituída em Lisboa, subordinando a Coroa ao seu poder. Por isso, pressionado pelas Cortes de Lisboa, D. João VI (que havia sido coroado rei em 1818) viu-se forçado a retornar a Portugal.

A Corte dá um novo perfil urbano à colônia

A chegada da Corte e sua permanência no Rio de Janeiro, de 1808 a 1821, mudou definitivamente o perfil da colônia. Foram introduzidos novos hábitos culturais, comerciais e industriais, surgiram novas forças sociais no cenário político e econômico brasileiro. Seis dias após o desembarque, D. João assinou um decreto que abria os portos brasileiros às "nações amigas", dando início à importação direta de produtos ingleses, que por isso ficaram mais baratos. Era o fim do monopólio comercial português, não só no Brasil, mas em todas as suas colônias.

Por esse motivo a abertura dos portos foi considerada como um dos passos decisivos para o processo que levaria à independência do Brasil. Em outras palavras, ela representava uma liberdade comercial que as colônias nunca tiveram.

Enquanto isso, a população do Rio de Janeiro crescia rapidamente. Em poucos anos aumentou cerca de 50% e continuou a passos acelerados (em 1819, mais de 110 mil pessoas viviam na capital, superando a população de Salvador, até então a maior cidade brasileira). Para agravar o aumento populacional, começou também, embora timidamente ainda, a imigração de europeus para o Brasil.

A cidade tornava-se um centro de poder político e econômico. A população mais rica reinstalou-se com rapidez, mas a população pobre, desalojada, ficou sem ter para onde ir. No início, as moradias dos ricos e as dos pobres ficavam relativamente perto umas das outras, as diferenças entre elas não se davam pela geografia, mas principalmente pela aparência das construções.

> Cortiço e favela

Ter uma casa própria é um dos maiores sonhos dos brasileiros. Muitos passam grande parte da vida economizando para dar um sinal de entrada em um imóvel e parcelam o restante da dívida ao longo de vários anos. Outros, no entanto, por estarem desempregados ou por ganharem um salário insuficiente para garantir o seu sustento e de sua família, mal conseguem ter onde morar. Se não podem pagar um aluguel, vão viver em favelas, cortiços ou ainda invadir um terreno para tentar construir seu lar.

De acordo com dados do Censo de 2000 e do Pnad (Pesquisa Nacional por Amostra de Domicílios) – ambos realizados pelo IBGE –, dos 54 milhões de domicílios existentes no Brasil, 40,5 milhões são próprios. Porém, estudiosos afirmam que esses números escondem uma realidade: muitos desses imóveis estão em terrenos invadidos, construídos em locais sem infraestrutura e situados longe de áreas que possuem atendimento básico de saúde, educação e transporte. Em 2001, por exemplo, uma conferência da ONU sobre assentamentos humanos revelou que das 4,4 milhões de unidades habitacionais construídas entre 1995 e 1999 no Brasil, 3,7 milhões foram erguidas por famílias pobres e, na maioria das vezes, em loteamentos irregulares, nas periferias das grandes cidades, em lugares onde são comuns enchentes ou desmoronamentos.

As favelas e os cortiços são a outra face desse grave problema de déficit habitacional no país. Mais de 4,4 milhões de pessoas vivem em favelas no Brasil. Elas são encontradas nas capitais e nas cidades de porte médio. No Rio de Janeiro, por exemplo, de cada três habitantes, pelo menos um é favelado. Quanto aos cortiços, existem cerca de trinta mil domicílios nessa situação. Neles, em um único cômodo chegam a viver mais de oito pessoas. Muitas dessas residências não dispõem de água, luz e esgoto, ameaçando a saúde de seus moradores.

© Oscar Cabral/Abril Imagens

Favela Dona Marta, no Rio de Janeiro, em fevereiro de 1996.

As classes sociais menos favorecidas buscavam morar perto de seus locais de trabalho. Dada a escassez dos meios de transporte coletivo, a elas restava aproximar-se ao máximo do centro da cidade. Foi assim que surgiram as habitações coletivas em torno do núcleo central da capital. Eram precárias, insalubres, chamadas popularmente de cortiços – a única alternativa para as pessoas mais pobres.

A população dos cortiços existentes crescia, enquanto novos se formavam. Começava a degradação das condições de higiene e as doenças se propagavam com rapidez. Novos bairros iam rodeando o núcleo central, mas sem melhoramentos urbanísticos – faltavam ruas estruturadas, água, meios de transporte e segurança pública.

Efervescência cultural

Em nenhum momento houve, por parte do governo, preocupação em desenvolver uma política habitacional voltada para o saneamento e embelezamento das principais ruas ou que apontasse soluções para a crise de moradias populares.

As elites que viviam na cidade também optaram por viver na região central. Preferiram construir suas residências com maior luxo no centro, mesmo sendo vizinhos das construções mais antigas já degradadas, vizinhos dos cortiços, das moradias ainda mais precárias (os "mocambos") e do comércio agitado.

Pavimentação, aquarela de Jean-Baptiste Debret, 1824, publicada em *Viagem pitoresca e histórica ao Brasil*, Paris, Raymundo Castro Maya Ed., livro que reúne aquarelas e desenhos que não foram reproduzidos na edição Firmin Didot, 1834.

Fonte: MOURA, Carlos Eugênio Marcondes de, *A travessia da Calunga Grande: três séculos de imagens sobre o negro no Brasil (1637-1899)*, São Paulo, Edusp, Imprensa Oficial, 2000, p. 323.

> Estatuto da Cidade

Morar em uma cidade arborizada, bonita, em que todos tenham fácil acesso ao transporte público, à educação, ao lazer e à moradia é um sonho de grande parte da população. Mas a realidade não é bem essa. Muitas cidades crescem de forma desordenada, sem um planejamento que garanta uma infraestrutura urbanística a todos os seus moradores. É comum encontrar pessoas que vivem em assentamentos irregulares, ilegais ou clandestinos. Por outro lado, temos um grande número de terrenos desocupados em regiões que oferecem completa infraestrutura e que se encontram nas mãos de pessoas que lucram com a especulação imobiliária.

Em julho de 2001, o Governo Federal sancionou uma lei que estabelece novas regras para o uso do solo urbano. Trata-se do Estatuto da Cidade, que tramitou por onze anos no Congresso Nacional e foi considerado por muitos especialistas um grande avanço na questão da política urbana do país. O novo Estatuto tem por objetivo fazer com que as cidades cumpram a sua função de garantir qualidade de vida e justiça social a toda população, como prevê a Constituição de 1988.

Com a nova lei, as prefeituras dispõem de instrumentos legais para controlar e orientar o desenvolvimento das cidades. O Estatuto estabelece, por exemplo, que municípios com mais de vinte mil habitantes devem organizar um Plano Diretor elaborado pelos vereadores em conjunto com a população, obrigatoriamente. Para impedir a especulação imobiliária e evitar que as pessoas de renda mais baixa sejam obrigadas a se estabelecer em regiões periféricas e sem infraestrutura, as prefeituras podem aplicar aumentos progressivos no Imposto Predial e Territorial Urbano (IPTU) dos terrenos ociosos; grandes obras só poderão ser construídas depois de ter sido feito um estudo de impacto urbanístico e os moradores de favela poderão conquistar a regularidade do terreno de suas casas por meio do usucapião urbano.

Todos esses avanços, no entanto, só irão se tornar realidade se as cidades puserem em prática as determinações da nova lei. Por isso, cabe a nós vigiarmos os nossos prefeitos e vereadores e exigirmos que cumpram o que estabelece o Estatuto. Dessa maneira, poderemos ver concretizado o sonho de viver em uma cidade mais bonita, agradável e justa.

> *O cortiço* – Aluísio Azevedo

A obra *O cortiço* é considerada como um dos melhores romances do Naturalismo no Brasil. A escola naturalista defendia a ideia de que a literatura tinha por função ser uma cópia fiel da realidade. O autor do romance, o maranhense Aluísio Azevedo, busca, por meio de uma linguagem coloquial, simples e direta, descrever o cotidiano de uma dessas precárias habitações populares do Rio de Janeiro na segunda metade do século XIX:

Eram cinco horas da manhã e o cortiço acordava, abrindo, não os olhos, mas a sua infinidade de portas e janelas alinhadas.

Um acordar alegre e farto de quem dormiu de uma assentada sete horas de chumbo. Como que se sentiam ainda na indolência da neblina as derradeiras notas da última guitarra da noite antecedente, dissolvendo-se à luz loura e tenra da aurora, que nem um suspiro de saudade perdido em terra alheia.

A roupa lavada, que ficara de véspera nos coradouros, umedecia o ar e punha-lhe um farto acre de sabão ordinário. As pedras do chão, esbranquiçadas no lugar da lavagem e em alguns pontos azuladas pelo anil, mostravam uma palidez grisalha e triste, feitas de acumulações de espumas secas.

Entretanto, das portas surgiam cabeças congestionadas de sono; ouviam-se amplos bocejos, fortes como o marulhar das ondas; pigarreava-se grosso por toda a parte; começavam as xícaras a tilintar; o cheiro quente do café aquecia, suplantando todos os outros; trocavam-se de janela para janela as primeiras palavras, os bons-dias; reatavam-se conversas interrompidas à noite; a pequenada cá fora traquinava já, e lá dentro das casas vinham choros abafados de crianças que ainda não andam. No confuso rumor que se formava, destacavam-se risos, sons de vozes que altercavam, sem se saber onde, grasnar de marrecos, cantar de galos, cacarejar de galinhas. De alguns quartos saíam mulheres que vinham pendurar cá fora, na parede, a gaiola do papagaio, e os louros, à semelhança dos donos, cumprimentavam-se ruidosamente, espanejando-se à luz nova do dia.

Aluísio Azevedo, *O cortiço*, 36. ed., São Paulo, Ática, 2002, p. 35.

O governo sabia que era preciso dotar a cidade de equipamentos públicos, realizar intervenções urbanísticas, patrocinar um conjunto de melhoramentos para satisfazer a Corte e a elite colonial. Por isso adotou-se, pela primeira vez na América, uma política de urbanização que alterou o cotidiano da cidade. Foram fundados o Museu Nacional, o Observatório Astronômico e a Biblioteca Real. Foram construídos o Real Teatro de São João e o Jardim Botânico, e criadas a Academia Real Militar e a Academia da Marinha, seguindo os novos estilos arquitetônicos europeus.

Na área educacional, o governo criou a Escola de Comércio e a Escola Real de Ciências, Artes e Ofícios. Além disso, surgiu o ensino superior, com a fundação do colégio de Medicina e Cirurgia. O governo instalou a Imprensa Régia, que passou a publicar o jornal *A Gazeta do Rio de Janeiro*, além de editar textos de vários escritores brasileiros e traduzir importantes obras científicas publicadas na Europa.

O Rio de Janeiro passou por uma grande efervescência cultural. Realizavam-se saraus, festas e apresentações teatrais. Eram frequentes as recepções para artistas, cientistas, escritores, pintores e viajantes europeus que "redescobriram" o Brasil após a transferência da Corte portuguesa para cá. Muitos deles vinham em missões científicas e culturais patrocinadas pelos governos de seus países.

Os visitantes geralmente demonstravam estar impressionados com as belezas naturais do Rio de Janeiro. O viajante europeu vinha de um universo cultural muito diverso da realidade que se apresentava na América portuguesa. Ao conhecer de perto a cidade, observavam que as ruas eram sujas e lamacentas, com lixo atirado das próprias casas. Reclamavam do calor que tornava insuportável caminhar por uma cidade temperada pelo mau cheiro.

Rugendas, Von Martius, Koster, Chamberlain e Saint-Hilaire visitaram nossas terras nessa época. Esses viajantes deixaram depoimentos e realizaram importantes estudos sobre seus habitantes (inclusive negros e índios), sobre a vegetação, a fauna, os minerais, as paisagens. Com isso atualizaram a visão europeia sobre essa parte do mundo, até então fechada dentro do sistema colonial.

Em 1816, o Brasil recebeu um grupo de artistas franceses ("Missão francesa") contratados como professores para atuar na recém-criada Academia de Belas-Artes. Entre eles, destacou-se o pintor Jean-Baptiste Debret, que produziu vários quadros retratando cenas do dia a dia do Rio de Janeiro e são importantes testemunhos do cotidiano da cidade.

Quanto à moradia, somente em 1882 e 1888 instrumentos legais passaram a estimular a iniciativa privada na construção de casas na periferia, em torno das ferrovias que estavam sendo construídas para o transporte do café, do Vale do Paraíba até o porto do Rio de Janeiro. Só no final do século XIX foram adotadas medidas de combate às más condições sanitárias dos cortiços, que resultaria em importantes intervenções urbanísticas realizadas no início do século XX.

Transformações urbanas

Em torno de 1820, cerca de 20% da população brasileira concentrava--se nas cidades e vilas espalhadas pela colônia. As construções urbanas típicas eram os sobrados e os mocambos. Os primeiros eram construções de dois pavimentos, o andar térreo geralmente usado para algum tipo de atividade comercial e o pavimento superior usado como moradia. Esse tipo de construção é característico de todos os núcleos urbanos brasileiros, dos quais o Rio de Janeiro é o principal representante.

Ali, as transformações urbanísticas continuavam e os conjuntos arquitetônicos formados por aglomerações de sobrados na região central da cidade foram desaparecendo. Hoje, restam ainda inúmeros casarões com suas características preservadas, reafirmando sua importância no contexto urbano carioca. Eles também podem ser observados, e em maior número, em Ouro Preto (MG), Salvador (BA), Olinda (PE) e São Luís (MA).

Os mocambos, por sua vez, eram as construções precárias construídas por pessoas de baixa condição social nas imediações da região central das cidades. Eles foram incorporados ao panorama urbano do centro expandido e passaram a ser vizinhos dos cortiços e das moradias das famílias mais ricas, numa mistura social que fazia conviverem pessoas de todas as classes sociais e funções econômicas nos mesmos espaços.

No período de transição do século XIX para o século XX, e do Império para a República, o crescimento caótico tornou insuportáveis as condições de vida na cidade do Rio de Janeiro. Com plenos poderes concedidos pelo presidente Rodrigues Alves, o prefeito Pereira Passos desenvolveu uma política de demolição de cortiços, alargamento de ruas e avenidas, construção de novos prédios públicos e erradicação de doenças por meio da vacinação obrigatória da população mais pobre.

De 1890 a 1920, a população aumentou em ritmo vertiginoso – o número de habitantes da cidade duplicou nesses trinta anos. Os proprietários dos casarões da região central passaram a redividi-los internamente em inúmeros cubículos, que eram alugados a famílias

Avenida Central (atual Rio Branco), sentido norte, na altura da rua São José, c. 1907, após a reforma de Pereira Passos.

Moradores sem-teto do viaduto Santo Amaro, no Brooklin, em São Paulo, em 13 de dezembro de 2001. A Prefeitura de São Paulo, na ocasião, pretendia removê-los para casas alugadas.

> Sem um lugar para morar

Em fevereiro de 2002, um grupo de sem-teto invadiu um terreno em Ananindeua, na Grande Belém, no Pará, com o objetivo de se estabelecer no lugar e erguer moradias para aquela população. A Polícia Militar, no entanto, foi acionada para impedir a ação daquele grupo de homens e mulheres e fazer a reintegração de posse do imóvel. Os ânimos acirraram-se e policiais e invasores acabaram entrando em um conflito, que deixou um saldo de pelo menos sessenta pessoas feridas, quatro delas em estado grave.

Esse acontecimento serve para ilustrar um dos graves problemas do Brasil: o déficit habitacional. Dos 174,7 milhões de indivíduos que compõem a população brasileira, cerca de 20,2 milhões são afetados pelo problema da falta de moradia. Ou seja, temos em nosso país uma quantidade de pessoas igual ao total da população de Portugal, juntamente com a da República Tcheca, que vive em cortiços e favelas, em imóveis antigos considerados inadequados para habitação ou em residências cujos aluguéis são exorbitantes.

Relatório divulgado em 2000 pelo BID (Banco Interamericano de Desenvolvimento) revela que, enquanto a população brasileira aumentou 15,6% entre 1991 e 2000, o déficit habitacional no país cresceu 21,7% no mesmo período. A maior carência de moradias é nos centros urbanos, onde o índice atinge 81,4%, fato que estimula a invasão de terrenos. Outro fator que contribuiu para aumentar o número de sem-teto no país foi o aumento excessivo dos aluguéis. Ainda segundo o BID, em 2002, cerca de 1,2 milhão de famílias comprometia mais de um terço de sua renda mensal para o pagamento de aluguel. Em 1991, esse número era de 380 mil famílias. O mais paradoxal disso tudo é que existem cerca de seis milhões de residências vagas em todo o Brasil, número suficiente para atender 90% da população de sem-teto do país.

> Superpopulação no Brasil

Em 1950, cerca de um terço da população mundial vivia nas cidades. O restante habitava as zonas rurais de seus países. Em 2000, essa porcentagem subiu para 47% e, segundo projeções da ONU (Organização das Nações Unidas), em 2030, 60% das pessoas do planeta estarão morando na zona urbana.

Uma das principais causas desse êxodo rural deve-se ao fato de os moradores do campo não serem, muitas vezes, beneficiados com políticas agrárias e investimentos governamentais para o setor da agropecuária. Em função disso, preferem abandonar o campo e viver nos grandes centros, onde acreditam que terão melhores condições de vida. Entretanto, essa migração interna provoca um inchaço das cidades. Com isso, o acesso aos serviços públicos torna-se mais difícil, há um número cada vez maior de pessoas em busca de empregos e a pobreza aumenta, obrigando muitas famílias a viver em favelas, cortiços ou loteamentos clandestinos.

Isso se verifica, principalmente, entre os países subdesenvolvidos ou em desenvolvimento, como é o caso do Brasil. De acordo com o Censo de 2000, 81,23% dos brasileiros vivem em áreas urbanas. Dos 5.561 municípios pesquisados, apenas 13 apresentam população com mais de 1 milhão de habitantes. Lideram a lista São Paulo (10,4 milhões), Rio de Janeiro (5,8 milhões), Salvador (2,4 milhões), Belo Horizonte (2,2 milhões) e Fortaleza (2,1 milhões)

© Lalo de Almeida/Folha Imagem

Jardim Vista Alegre, loteamento clandestino na região de Vila Brasilândia, na divisa com o Parque Estadual da Cantareira, São Paulo, em 14 de dezembro de 2000.

inteiras, para atender à demanda de moradia. Eles se tornaram pardieiros tumultuados, que alojavam a maior parte da população urbana. E nas ruas, era o mesmo torvelinho, todos lutando por oportunidades cada vez mais escassas de trabalho.

A industrialização, a verticalização e o crescimento caótico, seguidos de aumento populacional e degradação da qualidade de vida, são processos que atingiram não só o Rio de Janeiro mas também São Paulo, e em menor grau, a maioria das capitais brasileiras, ao longo do século XX.

Hoje, em pleno século XXI, nas grandes capitais e cidades de médio e grande porte, as pessoas mais ricas estão se deslocando para condomínios e bairros de alto padrão distantes do centro das cidades. Paralelamente, empresas fecham ou se mudam para regiões periféricas, deixando grande quantidade de prédios abandonados.

Com o surgimento de movimentos sociais organizados em torno de lutas por moradia, esses prédios têm sido alvo de ocupações por famílias carentes. A estratégia de ocupar e negociar vem forçando o poder público a redirecionar parte de seus investimentos para atender a essa população sem-teto. Além disso, discute-se a implementação de reformas urbanas que visam revalorizar e reocupar os centros das cidades, que já contam com infraestrutura implantada (água, luz, telefone, gás, transporte fácil etc.).

As grandes cidades brasileiras apresentam alto déficit habitacional e, mesmo com o desenvolvimento de políticas públicas de construção de moradias populares, observa-se uma grande quantidade de pessoas morando em favelas e cortiços. Em São Paulo, por exemplo, calcula-se que cerca de dois milhões de pessoas vivem nestes tipos de habitações precárias.

No Rio de Janeiro, essa situação traduz-se no crescimento das favelas e ocupação de áreas de risco nas encostas dos morros cariocas, o que faz uma chuva mais forte provocar tragédias, em função de desabamentos de casas e deslizamentos de terra. Só no Rio, o número de moradores dessas áreas chega a mais de um milhão de pessoas.

Esse número vem aumentando em função dos altos preços de aluguéis e do desemprego gerado por crises econômicas cíclicas. Também se verifica crescimento nos números dos moradores de rua, que ocupam os baixos de viadutos e pontes, ou simplesmente abrigam-se sob marquises e coberturas de edifícios no centro da cidade. Proprietários particulares e o poder público chegam a desenvolver uma "arquitetura antimorador de rua", com grades, pisos irregulares e peças pontiagudas.

O déficit de moradias populares que se via no Rio de Janeiro de 1808 continua a ocorrer na atualidade não só ali, mas, de um modo geral, em todas as capitais brasileiras. A política pública habitacional é ainda muito tímida para as necessidades do nosso povo, que está sempre buscando alternativas de moradia, quase todas muito aquém do que merece a sua dignidade.

atividades

1 De acordo com o Decreto-Lei nº 2.162, de 1º de maio de 1940, todo trabalhador passaria a receber um salário que deveria suprir seus gastos e de sua família com alimentação, moradia, saúde, transporte e educação. Atualmente, segundo a Pesquisa sobre Orçamento Familiar do IBGE, o item moradia constitui o principal gasto familiar no Brasil. Faça uma pesquisa junto à imprensa e órgãos como IBGE, SEADE, FIPE, Fundação João Pinheiro, e descubra qual o comprometimento financeiro médio de uma família com a habitação. Aproveite para saber de quanto deveria ser um salário mínimo que desse conta de suprir os gastos de um trabalhador com a habitação no país.

2 Moradores de rua são pessoas alijadas do direito básico do ser humano: o de viver embaixo de um teto que lhe proteja do frio, da chuva e do abandono. Símbolo máximo da exclusão social de nosso país, muitos estão nessa situação devido ao desemprego ou por causa de um salário incompatível com as suas necessidades. Outros, como muitas crianças e adolescentes, foram para esses locais para fugir da violência familiar ou da fome. Junte um grupo de amigos e procure fazer um mapeamento da situação de pessoas que vivem dessa forma na sua cidade. Um bom caminho inicial são as igrejas, que normalmente prestam assistência a essas pessoas, e universidades, que muitas vezes desenvolvem trabalho sobre o tema. O resultado do trabalho pode servir para mobilizar sua escola ou a comunidade a fazer algum trabalho social com eles.

3 Que tipo de política habitacional vem sendo realizada em sua cidade? Têm sido realizados investimentos dos governos federal, estadual e/ou municipal na construção de moradias populares e erradicação de favelas e cortiços? Se houver moradias em terrenos alagados, como palafitas, que providências têm sido tomadas para melhorar as condições de vida das famílias que ali residem?
Com um grupo de colegas, obtenha informações sobre esses investimentos (ou a ausência deles) junto aos órgãos públicos (prefeitura, por exemplo). Divulgue-as na escola e discuta em classe as formas de cobrar do poder público investimento em moradias, apoiando ações de ONGs, associações de moradores, iniciativa privada etc.

O crescimento das cidades nos últimos anos vem fazendo com que os limites entre elas se confundam cada vez mais, provocando o surgimento das chamadas regiões metropolitanas. Em 2000, o Brasil apresentava 28 regiões metropolitanas, onde se concentravam 67,9 milhões de habitantes, ou seja, 40% de toda a população brasileira. Diversos problemas decorrentes da urbanização podem ser encontrados nessas regiões. As cidades de São Paulo e Rio de Janeiro, dois dos principais polos de atração de imigrantes, por exemplo, são os municípios com o maior número de favelas no país, possuindo, respectivamente, 612 e 513 aglomerações do gênero.

No entanto, foi na capital paraense que o processo de favelização apresentou um grande salto. A região metropolitana de Belém teve um crescimento populacional da ordem de 2,82% ao ano entre 1991 e 2000, o sexto mais alto índice das regiões metropolitanas brasileiras. Nesse período, a população passou de 1,40 milhão para 1,79. Na mesma época, no entanto, o número de favelas em Belém do Pará cresceu 365%, fazendo a cidade figurar na lista dos dez municípios com a maior quantidade de favelas no país.

reforma agrária – terra para quem nela trabalha

8

O mesmo país que exporta aviões e computadores, produtos que exigem extrema sofisticação tecnológica, transformou a fome num dos principais pontos de sua agenda social. Esse absurdo – produzirmos aparelhos tecnologicamente complexos e ainda convivermos com altos graus de subnutrição – se explica, em parte, por outro absurdo maior. O Brasil tem abundância de terras, mas o Movimento dos Trabalhadores Rurais Sem-Terra do Brasil (MST) é uma das mais visíveis facetas da insatisfação nacional contra a miséria, no geral, e contra a desigualdade agrária, no particular. A manutenção da desigualdade no campo esteve e está associada à violência, provocando a morte de muitos camponeses.

Para entender como o Brasil, com tantas terras férteis, tecnologia e uma renda que nos distancia das nações mais pobres, consegue apresentar níveis tão indigentes de desnutrição – muito maior do que muitos países bastante mais pobres –, devemos ir bem para trás no tempo. Negros, índios, mulheres, trabalhadores formaram parte do elenco de nossos principais atores da exclusão, mas, certamente, um dos cenários foi a terra concentrada nas mãos de poucos, o que já vem desde a chegada dos portugueses no Brasil.

Com a economia voltada à exportação, as propriedades viviam basicamente da monocultura – a cana-de-açúcar, por exemplo. Mais tarde, leis impediam que os mais pobres tivessem condições de comprar terras (era a Lei de Terras, de 1850), justamente para garantir mão de obra, escassa com o fim da escravidão.

reforma agrária – terra para quem nela trabalha

> A concentração fundiária e suas origens

Para diversos setores da sociedade, um dos principais responsáveis pelas desigualdades sociais no Brasil é a concentração de terras nas mãos de poucos indivíduos. Os números fortalecem ainda mais essa tese: segundo o Censo Agropecuário do Instituto Brasileiro de Geografia e Estatística (IBGE), apenas 1% das propriedades agrárias são consideradas grandes, com mais de mil hectares. No entanto, essas poucas propriedades somam 45,1% de toda a área, ou seja, poucas pessoas são donas de enormes extensões territoriais. Mas por que o Brasil possui essa característica agrária tão perniciosa e desumana? A resposta está ligada, principalmente, à forma como a elite brasileira vem conduzindo a política agrária no país nos últimos 500 anos.

Após a chegada dos portugueses, foi implantado um modelo de colonização que privilegiou a concentração de terras nas fazendas monocultoras. No século XIX, prevendo o fim da escravidão, a elite que comandava a economia e a política do país tratou de criar uma lei para lhe garantir privilégios econômicos e mão de obra abundante e barata. Surgiu, assim, a Lei nº 601, também conhecida como Lei de Terras (1850). Ela determinava que o acesso às terras devolutas só poderia acontecer por meio de compra e os terrenos seriam vendidos em grandes lotes. Tudo isso para impedir que os mais pobres adquirissem um deles. O governo determinou que o dinheiro da venda destas terras financiaria a imigração, o que reduziria o valor da mão de obra no Brasil.

© Evelson de Freitas/Folha Imagem

Acampamento do MST na fazenda São João, em Teodoro Sampaio, SP, com aproximadamente 700 famílias.

Lei de Terras

O sonho de ser um proprietário de terra – não para ter um local de lazer nem para acumular capital, mas para nela morar, plantar, tirar dali a sobrevivência e ter um suporte à sua dignidade como cidadão – já era muito forte no Brasil do século XIX. Notadamente por sermos, naquele tempo, uma sociedade rural. O momento, mais precisamente, era o ano de 1850, quando se deu a proibição do tráfico negreiro no Brasil.

Voltando o olhar para o mundo, tínhamos, na época, a Inglaterra como forte defensora da abolição do tráfico e do trabalho escravos. Mas sem mérito nenhum, pois a Era Industrial já havia começado naquele país e seus navios dominavam o mercado mundial, portanto se o trabalho assalariado fosse difundido, seu público consumidor seria ampliado. O Brasil, um dos maiores consumidores de mão de obra escrava, na América, estava na mira dos ingleses.

Foi então que em 1850 se decretou – pelo menos oficialmente – o fim do tráfico negreiro no Brasil. E no mesmo ano, foi aprovada a Lei de Terras, instituindo que as terras, até então obtidas por herança familiar ou doação do governo, poderiam ser adquiridas por meio de compra. Ou seja, havia uma nova mercadoria na praça. Mas o sonho desse tipo de propriedade, que passaria a caber a todos, seria realizado por poucos.

Posse e propriedade de terras no Brasil

Antes da chegada dos portugueses, no modo de vida dos índios que habitavam estas terras, não existia a ideia de propriedade do solo. Os conflitos agrários começaram com a chegada do europeu e de sua

Mapa das capitanias hereditárias no manuscrito "Roteiro de todos os sinais que há na costa do Brasil", de autoria de Luís Teixeira, cerca de 1586.

Trabalhadores imigrantes no Rio de Janeiro, c.1895.

> Brasil: o país tem fome de acabar com a fome!

Ao longo da última década, a produção agropecuária brasileira experimentou um verdadeiro salto de produtividade: no início dos anos de 1990, um hectare de terra rendia 1,9 tonelada de arroz. Em 2002, o mesmo hectare produziu 3,3 toneladas desse alimento. Expansão semelhante aconteceu com outras culturas, como o milho e a soja, por exemplo. Diversos fatores, entre eles, o uso de máquinas modernas e a aplicação de sementes melhoradas, ajudam a explicar o sucesso do setor. →

© Gilco Lima/Abril Imagens

Moradora de Lagoa da Volta, SE, mostra os cactos que irá cozinhar para comer, 1983.

concepção de propriedade privada, que os levou a apossar-se das terras indígenas e se valer da exploração de sua mão de obra. Milhares de índios morreram por conta disso e hoje os poucos povos que resistiram estão em áreas muito restritas, com a manutenção de suas tradições sociais e culturais comprometidas. Por isso eles lutam pela demarcação de suas terras: é uma questão de sobrevivência.

Desde abril de 1500, o uso e a posse das terras na América portuguesa tinha como finalidade obter, com o menor custo possível, grandes quantidades de produtos para serem revendidos na Europa. Para gerar essas riquezas, a Coroa portuguesa dividiu o território da colônia em capitanias hereditárias, doando-as para pessoas de sua confiança e que tivessem posses suficientes para realizar sua exploração por meio do trabalho escravo.

A escravização dos índios foi sucedida pela importação de escravos negros da África, que se tornaram a mão de obra mais comum no Brasil até fins do século XIX.

Além dos escravos, porém, o Brasil colonial conheceu a figura dos *agregados*, homens livres e pobres que podiam morar e lavrar pequenos lotes de terra, pagando por seu uso com parte da produção ou com a realização de serviços eventuais para os proprietários chamados donatários e sesmeiros. Nas vizinhanças dos latifúndios havia também os *posseiros* – ocupantes de terra tolerados pelos proprietários porque forneciam a eles parte dos alimentos produzidos.

Entretanto, a proibição do tráfico de escravos provocou uma brusca mudança no panorama social brasileiro. A mão de obra escrava ia deixando de existir, fosse pela morte, fosse pela fuga progressiva dos negros. Gradativamente foi sendo substituída pela mão de obra dos trabalhadores europeus. Tornou-se intenso o incentivo à imigração, incrementada a partir das últimas décadas do século XIX.

Os grandes fazendeiros e o governo foram os principais incentivadores dessa vinda de europeus, principalmente para atuarem nas plantações de café da região Sudeste. Com a imigração surgiram, então, dois novos tipos de ocupantes de terras no Brasil: os *parceiros* e os *colonos*.

No sistema de parceria, os imigrantes europeus tinham suas despesas de viagem custeadas pelos fazendeiros e deviam pagar pelo uso da terra, entregando parte do que produziam ao proprietário. Considerada pelos governos europeus da época como um novo tipo de escravidão, a parceria foi substituída pelo regime de colonato.

Com os colonos, surgiram as relações assalariadas no campo – eles eram empregados permanentes, remunerados parte em dinheiro e parte com o direito de uso da terra, para cultivos de subsistência. Caso houvesse algum excedente, os colonos poderiam vendê-lo, o que faziam geralmente para os próprios donos das terras.

Quanto à remuneração desses colonos, era tão mesquinha quanto é hoje no campo. Por isso eles não conseguiam acumular capital e continuavam excluídos da possibilidade de se tornarem proprietários de

© Cleo Velleda/Folha Imagem

Boias-frias a caminho da lavoura, em Ribeirão Preto, SP, 1996.

terra. Elas permaneciam nas mãos dos latifundiários, os mesmos que mantinham o controle político do governo e a tradição da divisão de terras em grandes propriedades, desde o início da colonização no século XVI. Imigrantes e colonos favoreceram, portanto, aos interesses dos fazendeiros, substituindo a baixo custo o trabalho escravo.

Concentração das propriedades de terras

A concentração de terras nas mãos de poucos proprietários é um fenômeno que remonta à Antiguidade. Poucas pessoas ou grupos familiares, além de se apropriarem das terras e suas riquezas, passavam a acumular poder político e privilégios sociais. E assim, por meio de leis, regulamentações, contratos ou pelo uso da força, sempre impediram que os trabalhadores tivessem a posse de terras para sobreviver e livrar-se do domínio político dos poderosos.

A partir da década de 1950, a modernização tecnológica possibilitou a mecanização da agricultura. Muitos fazendeiros substituíram os trabalhadores residentes nas terras por assalariados trazidos de fora das propriedades. Assim nasceram os *boias-frias*, que realizam serviços temporários, geralmente na época das colheitas, sendo dispensados em seguida.

Entretanto, apesar de a agropecuária estar vivendo um período de crescimento vertiginoso, um dos maiores problemas enfrentados pelos brasileiros é o da fome.

Ao assumir a presidência do Brasil, em janeiro de 2003, Luiz Inácio Lula da Silva afirmou que se sentirá realizado se em seu governo conseguir que todos os brasileiros tenham três refeições por dia. A tarefa parece não ser fácil, afinal, 23 milhões de pessoas passam fome no Brasil. Isso significa que existe no país uma população maior que a da Austrália que, ao final de um dia, conseguiu suprir apenas 25% de suas necessidades calóricas para sobrevivência, uma vez que não tem dinheiro para se alimentar.

O mais paradoxal é que todos os dias 39 mil toneladas de comida em condições de serem aproveitadas vão para o lixo. São alimentos que se encontram perto da data de validade, que foram esquecidos na geladeira ou com a aparência não muito bonita, que ninguém quer comprar ou consumir. De qualquer forma, se fossem utilizados, poderiam matar a fome de pelo menos 19 milhões de brasileiros.

Muitas empresas preferem jogar fora essa comida pois temem sofrer problemas com a justiça caso doem alimentos para alguém e essa pessoa venha a passar mal ou morrer por causa disso. Para evitar que tal situação continue acontecendo, existe na Câmara Federal um projeto que isenta de responsabilidade civil quem fizer doações do gênero. O projeto, apresentado em 1996, encontrava-se parado, aguardando votação até o início de 2003.

Enquanto a legislação não é modificada, algumas empresas estaduais, como os Ceasas, e organizações não governamentais procuram alternativas para saciar a fome dessa população carente. Elas transformam verduras e legumes que não seriam mais vendidos em sopas enlatadas ou então organizam a coleta de alimentos e levam para instituições de caridade. Embora muitas vezes isolados, esses esforços mostram que o problema da fome no Brasil pode ter solução. Basta um pouco de vontade de toda a sociedade.

> O olhar do fotógrafo, do escritor, do músico

Em 1997, Sebastião Salgado, um dos mais consagrados fotógrafos brasileiros da atualidade, lançou o livro *Terra*. Nessa obra, ele retratou a miséria em que vive grande parcela da população do país. O livro foi publicado juntamente com um CD de Chico Buarque e conta com um prefácio do escritor português José Saramago a respeito do massacre de Eldorado dos Carajás, ocorrido em 17 de abril de 1996, no Pará, quando policiais militares assassinaram 19 trabalhadores rurais. Leia um trecho do prefácio:

(...) Posto diante de todos estes homens reunidos, de todas estas mulheres, de todas estas crianças (sede fecundos, multiplicai-vos e enchei a terra, assim lhes fora mandado), cujo suor não nascia do trabalho que não tinham, mas da agonia insuportável de não o ter, Deus arrependeu-se dos males que havia feito e permitido, a um ponto tal que, num arrebato de contrição, quis mudar o seu nome para um outro mais humano. Falando à multidão, anunciou: "A partir de hoje chamar-me-eis Justiça". E a multidão respondeu-lhe: "Justiça, já nós a temos, e não nos atende". Disse Deus: "Sendo assim, tomarei o nome de Direito". E a multidão tornou a responder-lhe: "Direito, já nós o temos, e não nos conhece". E Deus: "Nesse caso, ficarei com o nome de Caridade, que é um nome bonito". Disse a multidão: "Não necessitamos caridade, o que queremos é uma Justiça que se cumpra e um Direito que nos respeite". Então, Deus compreendeu que nunca tivera, verdadeiramente, no mundo que julgara ser seu, o lugar de majestade que havia imaginado, que tudo fora, afinal, uma ilusão, que também ele tinha sido vítima de enganos, como aqueles de que se estavam queixando as mulheres, os homens e as crianças, e, humilhado, retirou-se para a eternidade. A penúltima imagem que ainda viu foi a de espingardas apontadas à multidão, o penúltimo som que ainda ouviu foi o dos disparos, mas na última imagem já havia corpos caídos sangrando, e o último som estava cheio de gritos e de lágrimas. (...)

José Saramago, in Sebastião Salgado, *Terra*, São Paulo, Companhia das Letras, 1997, pp. 10-11.

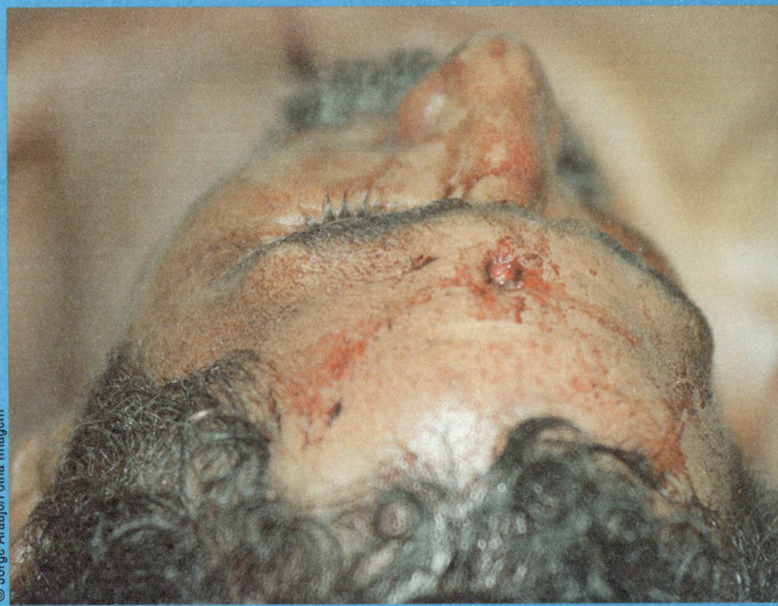

© Jorge Araújo/Folha Imagem

Uma das 19 vítimas do massacre de trabalhadores sem-terra em Eldorado dos Carajás, PA, em 26 de abril de 1996.

O excedente de mão de obra no campo, que perdeu seu local de moradia e trabalho nas fazendas, teve como alternativa deslocar-se para as cidades em busca de novas atividades e melhores condições de vida.

Hoje o Brasil apresenta um dos maiores índices de concentração das propriedades de terra em todo o mundo. Os grandes proprietários vêm desenvolvendo produções em alta escala, em suas fazendas, uma vez que o trabalho, antes realizado por homens, passou a ser realizado por máquinas. Isso gera ainda mais lucros aos proprietários. Assim, a parcela da população camponesa composta por pequenos produtores agrícolas encontra dificuldades cada vez maiores em se integrar à economia de mercado. Muitos acabam vendendo suas terras e migrando para as cidades.

Reforma agrária e movimentos camponeses

A modernização tecnológica da agricultura não contribuiu para alterar a distribuição das terras no meio rural brasileiro. Enquanto áreas enormes permanecem improdutivas, cerca de cinco milhões de famílias de trabalhadores rurais lutam com dificuldades para sobreviver. Por isso as injustiças sociais no campo se agravam. A reforma agrária – definida como um conjunto de medidas para redistribuir as terras, aumentando a produção e o número de proprietários – ainda provoca muitas discussões, mas, cada vez mais, a divisão das terras em pequenas unidades de produção de alimentos vem sendo vista como a melhor alternativa para resolver os graves problemas sociais do campo e diminuir o desemprego e o crescimento da miséria nas cidades.

Apesar das leis existentes no Brasil para promover a reforma agrária, na prática a situação caminha muito lentamente. Por trás dessa lentidão, há uma polêmica que se arrasta desde os anos 1950: afinal, para que deve servir a terra? Ela deve ser usada apenas conforme os interesses do proprietário, com a função de obter lucro? Os latifúndios não deveriam ser explorados para gerar produtos fundamentais ao consumo e ao progresso social? Uma coisa é certa: a quantidade de terras improdutivas, segundo a classificação do próprio Incra (Instituto Nacional de Colonização e Reforma Agrária), seria mais do que suficiente para atender às necessidades de assentamento das famílias de trabalhadores sem-terra.

Os trabalhadores rurais sem propriedade, os chamados sem-terra, nunca ficaram esperando que a reforma agrária caísse do céu. Toda a história brasileira registra as lutas dos camponeses pela posse de terras, inclusive os quilombos, que podem ser entendidos como parte dessa luta.

Com a proclamação da República, em 1889, as terras desocupadas da União foram transferidas para os Estados. As terras ocupadas por posseiros, antigos agregados e pequenos proprietários foram ameaçadas de serem incorporadas ao patrimônio dos latifundiários, que exerciam os poderes locais e eram chamados *coronéis*, por terem postos de comando na Guarda Nacional.

Manifestação de sem-terra no centro de São Paulo. Fotografia feita por Marlene Bergamo quando acompanhava o fotógrafo Sebastião Salgado na cobertura da movimentação dos sem-terra para seu projeto sobre o deslocamento de populações.

Os coronéis, por sua vez, desenvolveram uma política clientelista, ou seja, concediam presentes, vantagens e até lotes de terra aos habitantes de sua região em troca de votos, uma prática aplicada ainda hoje, mesmo que de forma mais discreta. O período da República Velha (1889-1930) coincidiu com o apogeu do coronelismo e com a eclosão de vários conflitos pela posse de terras, misturando religiosidade, cangaço, economia e política.

Atualmente, os conflitos sociais relacionados à posse e ao uso da terra aparecem cada vez mais nas manchetes dos meios de comunicação, com frequentes notícias de assassinatos – e a corda arrebentando sempre do lado mais fraco. Reforma agrária, fome, seca, terras improdutivas, Movimento dos Sem-Terra e destruição do meio ambiente são assuntos presentes no cotidiano nacional e nos mostram alguns dos graves problemas do campo.

Entre 1985 e 1997, segundo relatórios da CPT (Comissão Pastoral da Terra, organismo ligado à Igreja Católica), mais de mil trabalhadores rurais, advogados, líderes sindicais e religiosos ligados aos movimentos populares foram mortos em conflitos relacionados às disputas pela propriedade da terra. Nesse período, a violência e a impunidade andaram juntas, pois foram realizados somente 56 julgamentos, nos quais apenas dez mandantes – todos latifundiários – foram condenados. Muitos estão foragidos.

Um dos casos de maior repercussão foi o assassinato de Chico Mendes, em 1988. Líder dos seringueiros no Acre, Chico Mendes defendia a floresta amazônica contra a devastação provocada pelo desmatamento feito por grandes empresas. Os mandantes do crime foram julgados e condenados, mas ficaram alguns anos foragidos. Só foram presos depois de uma grande pressão internacional para o governo tomar providências.

Mais recentemente, dois massacres de trabalhadores que realizavam ocupações de terra em Corumbiara, em Rondônia (agosto de 1995), e Eldorado dos Carajás, no Pará (abril de 1996), nos mostram a gravidade dos conflitos hoje existentes. Cálculos aproximados do MST (Movimento dos Sem-Terra) indicam que cerca de cinquenta mil famílias vivem acampadas em beiras de estradas, preparando-se para realizar ocupações em áreas improdutivas. Os sem-terra buscam, dessa forma, acelerar as ações governamentais para a desapropriação e seu assentamento nessas terras, para fazer delas uma fonte de vida.

> Ligas Camponesas e MST: o conflito no campo ontem e hoje

Em 1991, a fundação sueca Right Livelihood concedeu o prêmio Nobel Alternativo ao Movimento dos Trabalhadores Rurais Sem-Terra do Brasil (MST) "por sua valente ação em favor da entrega de terra a famílias brasileiras sem campos de lavoura". Se a ação do MST vinha sendo valorizada no exterior, internamente, o movimento era rechaçado por grande parte da mídia e das elites do país, acusado de ser um grupo de baderneiros sem ocupação.

Criado oficialmente em 1981 por trabalhadores rurais e religiosos das comunidades eclesiais de base e da Comissão Pastoral da Terra do Rio Grande do Sul, o MST promoveu seu primeiro encontro nacional em 1984, em Cascavel (PR). De lá para cá, passou a atuar em defesa de uma camada da população brasileira que vive completamente alijada do poder. Alegando o constante descaso das elites e do governo para a grave questão agrária do Brasil, o MST procurou chamar a atenção do país e do mundo para a sua causa por meio da invasão de terras.

Historicamente, pode-se dizer que o MST é uma continuidade de um movimento articulado na década de 1950, no interior de Pernambuco, as Ligas Camponesas. Criadas pelo advogado Francisco Julião, as Ligas tinham como principal objetivo a luta pelos direitos do trabalhador rural e, principalmente, a reforma agrária no país. Naquele momento, o nordestino vivia relações completamente desumanas com os donos da terra. Para arrendar uma área, por exemplo, o camponês e sua família se submetiam ao regime de *cambão*, ou seja, durante um ano, trabalhavam dez dias de graça para o fazendeiro e depois eram dispensados sem qualquer indenização. Graças às Ligas, os camponeses obtiveram conquistas como férias, folgas semanais, aumentos. Com alto grau de organização, elas se espalharam por vários estados, mas foram colocadas na ilegalidade, em 1964, após o golpe militar.

atividades

1 Um dos maiores problemas na efetivação da reforma agrária tem sido o elevado índice de abandono das terras pelos agricultores: cerca de 30%. Quase sempre, os motivos apontados são os de que não basta fornecer a terra, é preciso criar uma rede de apoio aos agricultores como financiamento para plantio e colheita, criação de escolas para as crianças assentadas, transporte para escoar a produção, sistema de saúde, comunicação etc. Faça uma pesquisa junto a entidades envolvidas com essa questão, como o Banco da Terra, MST, Confederação Nacional dos Trabalhadores na Agricultura (Contag), Frente Sul da Agricultura Familiar ou então em outras fontes, como jornais, revistas, *sites* e livros, e aponte as experiências mais bem-sucedidas de fixação do homem no campo, explicando por que elas deram certo.

2 Os conflitos pela posse da terra já vitimaram trabalhadores rurais, padres, advogados e simpatizantes da causa agrária no Brasil. Pesquise em jornais ou em órgãos como a Comissão Pastoral da Terra, da CNBB, em quais estados há maior número de conflitos no campo e tente descobrir quais deles tiveram grandes repercussões. Procure levantar também o número de pessoas ligadas ao movimento pela terra assassinadas nos últimos vinte anos e se informe se algum criminoso foi condenado pela Justiça. Reúna os dados coletados e promova um debate a respeito da violência no campo com os colegas de sua classe.

3 Qual é a importância da agricultura familiar para o abastecimento de alimentos na cidade onde você vive? Pergunte aos feirantes, donos de mercearias e quitandas, gerentes de supermercados, comerciantes em mercados municipais: quem são os fornecedores de alimentos não industrializados?
De posse dessas informações, relacione a situação da agricultura e pecuária locais com o fornecimento de alimentos baratos para a população. Comente o impacto que teria uma reforma agrária em sua região.
Os melhores textos da classe podem ser enviados para jornais, revistas, ONGs, órgãos públicos, contribuindo para ampliar a discussão sobre reforma agrária.

© Folha Imagem

Manifestação pela reforma agrária organizada pelas Ligas Camponesas, início da década de 1960.

© Evelson de Freitas/Folha Imagem

Acampamento do MST na fazenda São João, em Teodoro Sampaio, SP, com aproximadamente 700 famílias, década de 1990.

N.° 1 SENTINELA
DA LIBERDADE
A' BEIRA DO MAR
DA PRAIA GRANDE.

Alerta Está.

TERÇA FEIRA 5 DE AGOSTO DE 1823.

SEntinella de Pernambuco = Passe palavra = Não posso, porque já gritei por varias vezes, e o Camarada do Pão de Assucar não me responde; calumniosos denunciantes . . . . . estão desapiedadamente administrando sobre o *roseo* = *Latea bigorna do Camarada arrependido* misteriosas pancadas

independência política e a luta dos povos pela autodeterminação

9

Você certamente já viu o quadro intitulado *O grito do Ipiranga*, do pintor Pedro Américo, que retratou o momento em que Dom Pedro teria proclamado, em 7 de setembro de 1822, a independência do Brasil. Entre a pintura e a realidade há pouquíssimos pontos em comum. Em vez de um garboso cavalo, provavelmente Dom Pedro estava montado em uma pouco altiva mula; dificilmente ele estaria usando aquela charmosa vestimenta, imprópria para a viagem que fizera pela Serra do Mar. A guarda de honra, exposta no quadro, nem sequer existia naqueles tempos.

Assim como o quadro, nossa independência é cercada de ilusões. Certamente, ela não foi conquistada pela vontade de um único indivíduo que, às margens do riacho Ipiranga, teria gritado "Independência ou morte!" – e sabe-se lá quem é que se sacrificaria pela independência. Além disso, para se ver livre de Portugal, o Brasil teve de lhe pagar uma gigantesca indenização, o que obrigou o país a pedir empréstimos à Inglaterra, de quem se tornou financeiramente dependente.

Com o Brasil politicamente independente, Dom Pedro tentou replicar, por conta própria, a opressão que vinha da metrópole. Por conta disso, enfrentou, internamente, movimentos liberais em várias partes do país, todos contrários ao absolutismo, sistema político no qual o poder não está nas mãos dos cidadãos. Pedia-se, por exemplo, liberdade de imprensa. Uma das reações foi liderada por Frei Caneca, em Pernambuco, reprimida com dureza pelo poder central. "Para desgraça deste Império, realizaram-se os temores dos que sabiam pesar o perigo da força armada nas mãos de um príncipe jovem, rodeado de lisonjeiros sem caráter...", dizia o frei. Lisonjeiros era, na época, um jeito elegante de chamar os "puxa-sacos".

Até hoje se discute o que é independência e até onde o Brasil, com enormes dívidas internas e externas, é realmente independente.

independência política e a luta dos povos pela autodeterminação

> Nadando contra a corrente liberal

A partir do século XVIII, uma série de acontecimentos sacudiram o mundo e colocaram em xeque a velha concepção de que o poder de governar os homens era um presente divino. Para os iluministas, o governo de um país não devia depender da vontade de uma única pessoa, mas ser resultado de convenções estabelecidas por seus próprios habitantes. Para executar tal tarefa, um grupo de representantes populares deveria se reunir em uma Assembleia Constituinte e elaborar a lei máxima de seu povo.

Sintonizados com ideias como essas, que provocaram revoluções na França, nos Estados Unidos e até mesmo no Haiti, muitos brasileiros passaram a questionar o excessivo poder do imperador D. Pedro I. Em 1822, não restou a ele outra saída a não ser convocar uma Assembleia para redigir a primeira Constituição brasileira. No entanto, o imperador alertava: só aprovaria a Carta Magna se ela fosse "digna dele", o que significava que ele não queria ver seu poder pulverizado.

A maioria dos constituintes, contudo, achava que a Constituição só teria sentido se fosse soberana e alegava que cabia a eles o dever de elaborar as leis e ao imperador, a obrigação de cumpri-las e respeitá-las. Insatisfeito por não ver seus desejos atendidos, D. Pedro mandou cercar o prédio e dissolver a Assembleia Constituinte. Vários deputados foram presos e muitas pessoas perseguidas e expulsas do país.

O imperador deixou a cargo de dez assessores a tarefa de elaborar uma Constituição para o país. Em um mês, eles apresentaram uma Carta em que, a exemplo das modernas nações europeias, o poder dividia-se em três instâncias: Executivo, Legislativo e Judiciário. No entanto, de forma única na História, os assessores criaram um quarto poder, o Moderador, que se encontrava acima dos outros três e era comandado pelo próprio imperador. Por meio dele, D. Pedro adquiriu poderes quase absolutos: podia nomear senadores, dissolver o parlamento, suspender juízes e, como se não bastasse, estava proibido de ser responsabilizado por qualquer um dos seus atos. O Poder Moderador só desapareceu com a proclamação da República, em 1889.

Procura-se um carrasco

Quando ele era jovem, vendia canecas pelas ruas de Recife. Homem feito, Joaquim do Amor Divino Rabelo foi condenado à morte por enforcamento, em janeiro de 1825. Mas nenhum carrasco quis executar sua sentença e nenhum preso aceitou a oferta de liberdade para executar o serviço. Nem mesmo após serem surrados. Porque aquele homem era frei – a crendice popular dizia que quem matasse um padre seria abatido pelo azar –, e porque a população o respeitava.

Conhecido como Frei Caneca, Rabelo foi condenado porque acreditava no direito de os povos decidirem seu destino político, mesmo que para isso fosse necessário fazer uma revolução. Seu crime foi participar ativamente das revoluções liberais ocorridas no Brasil. Mesmo sendo preso após a derrota da Revolução Pernambucana de 1817, o frei voltou a incitar o povo contra os desmandos do governo e, em 1824, foi um dos líderes da Confederação do Equador. No jornal Typhis Pernambucano, *criticava a Constituição outorgada pelo imperador D. Pedro I em 1824, pois ela "não garante a independência do Brasil, ameaça sua integridade e oprime a liberdade dos povos", dizia ele.*

Preso, Frei Caneca foi o único líder a não ser imediatamente executado. Foi preciso que o bispo de Salvador o despojasse da sua função de padre, para que alguém o fuzilasse. Morreu como morreram outros que lutaram pela verdadeira independência de seu povo.

Essas lutas continuam sendo ainda hoje notícia em vários cantos do mundo: Timor, Chechênia, Tibet, Iugoslávia, Irlanda do Norte, Palestina e muitos outros. Em comum, todas elas têm como ideal a formação de um Estado independente de seus dominadores, defendendo o direito de o povo decidir livremente seu destino.

Lutas como essas vêm sendo travadas de forma permanente ao longo da História, nem sempre com sucesso, levando à morte muitos de seus líderes. Apesar disso, as lutas continuam. A esperança de vitória na busca pela liberdade sempre fala mais alto.

Frei Caneca – Revolução de 1817, painel pintado em 1981 por Cícero Dias, no qual se vê a seguinte narrativa: 1 – Frei Caneca e revolucionários embarcam para a Bahia; 2 – Combate no Engenho Utinga; 3 – Frei Caneca levanta gente no campo; 4 – Cabeça do Padre João Ribeiro; 5 – Luta no Recife.

Os desmandos da monarquia absolutista no Brasil

As lutas dos brasileiros por liberdade nos idos de 1800 também foram influenciadas pelas ideias iluministas europeias. O combate às monarquias absolutistas na Europa e aos privilégios da nobreza e do clero teve como ponto alto a Revolução Francesa de 1789. As ideias de Liberdade, Igualdade e Fraternidade espalharam-se pelo mundo, influenciando também o Brasil.

Até 1808, tinham ocorrido várias rebeliões contra as exigências do governo português, mas poucas delas tinham sonhado com uma independência da colônia. Com a vinda da família real portuguesa para cá, fugindo da invasão de Portugal pelas tropas de Napoleão Bonaparte, o autoritarismo do governo e os privilégios da Corte tornaram-se mais visíveis.

A pompa da Corte era sustentada, no Brasil, pela cobrança de impostos sobre os moradores das províncias. As elites coloniais, beneficiadas com migalhas concedidas pelo governo do príncipe regente D. João, cumpriam seu papel de impedir que o sentimento de revolta se espalhasse. Com a agricultura em crise e o declínio das atividades mineradoras, o aumento dos impostos provocava mais desigualdade social. Em contrapartida, surgiam conspirações. Em Pernambuco, pensou-se na emancipação da província e na proclamação da República.

As lutas pela Independência

Planos de revolta são chamarizes para denúncia. Foi por isso que, em 1817, o governo da província de Pernambuco mandou prender alguns conspiradores, entre eles o capitão José de Barros Lima. Ele reagiu à prisão, matando o oficial encarregado de prendê-lo. Esse fato fez explodir uma revolta popular com a participação de padres, comerciantes, militares, advogados, artesãos, funcionários públicos, trabalhadores do comércio e até mesmo alguns senhores de engenho.

Os revolucionários pernambucanos tomaram o poder e redigiram uma Constituição provisória, que garantia a liberdade de imprensa, de pensamento e credo religioso. Por esse motivo, a rebelião foi considerada liberal e antiabsolutista. Criou-se uma bandeira própria para

Constituição de 1824: encadernação com o brasão do Império e uma versão em miniatura.

1 – Arcabuzamento de Frei Caneca; 2 – Frei Carlos pede silêncio a Frei Caneca; 3 – Não há quem queira enforcá-lo; 4 – Luta na Boa Vista; 5 – Degradação de Frei Caneca; 6 – Frei Caneca condenado à forca; 7 – Retirada para o interior; 8 – Frei Caneca na cadeia; 9 – Frei Caneca ensina geometria; 10 – Frei Caneca divulga o *Typhis* (jornal político de Pernambuco); 11 – Infância de Frei Caneca; 12 – Vista do Recife no século XIX.

o território rebelado, mas, 75 dias depois, a revolução foi fulminantemente reprimida. O governo mobilizou tropas e navios do Rio de Janeiro e da Bahia para derrotá-la.

Foram presos e julgados 124 revolucionários. Sete foram condenados à morte e tiveram seus corpos esquartejados. Alguns morreram na prisão e outros foram anistiados em 1821, entre eles Cipriano Barata (que já havia sido preso por participar da Conjuração Baiana de 1798) e o Frei Caneca.

Fim do absolutismo em Portugal

Após a derrota definitiva de Napoleão Bonaparte em 1815, a Europa passou por uma reorganização política. Os países vencedores – Inglaterra, Áustria, Rússia e Prússia – realizaram o Congresso de Viena, em que decidiram combater as ideias liberais e redefinir as fronteiras dos países invadidos pelas tropas napoleônicas. Como só poderiam participar do Congresso governos instalados em seus próprios territórios, foi proposto que o Brasil se transformasse em Reino Unido a Portugal. Essa medida enfraqueceria qualquer movimento de emancipação brasileira e também evitaria que a Corte precisasse retornar ao continente europeu.

Com a criação do Reino Unido de Portugal, Brasil e Algarves, em 1815, o Brasil deixou a condição colonial. No ano seguinte, com a morte de D. Maria I, o príncipe regente foi coroado rei, passando a chamar-se D. João VI.

Apesar das restrições às ideias liberais, revolucionários portugueses tomaram o poder na cidade do Porto, em agosto de 1820. Camponeses, artesãos, funcionários e tropas, liderados pela burguesia comercial, instauraram um governo provisório e elaboraram uma Constituição. Para recuperar o monopólio comercial com o Brasil, decidiram acabar com o privilégio concedido por D. João VI à Inglaterra, e passaram a exigir a volta da família real. O movimento foi apoiado por vários grupos brasileiros, que acreditavam que essas mudanças limitariam o poder do rei, facilitando a Independência do Brasil.

Em 26 de abril de 1821, D. João VI e sua comitiva, com cerca de quatro mil pessoas, partiram para Portugal, deixando aqui o príncipe D. Pedro de Alcântara como regente do Brasil. Nos meses seguintes, um governo

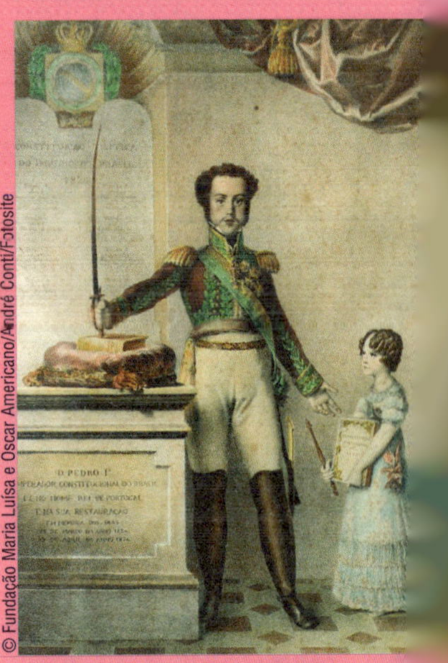

© Fundação Maria Luísa e Oscar Americano/André Conti/Fotosite

Com a morte de seu pai, Dom João VI, Dom Pedro I, imperador do Brasil, tornou-se também rei de Portugal, com o título de Pedro IV. Ficou nesta condição apenas oito dias, durante os quais outorgou a Carta Constitucional de 1826, à imagem da Constituição brasileira de 1824. Abdicou do reino de Portugal em favor de sua filha, dona Maria da Glória, que tinha, na ocasião, sete anos, como se vê na pintura *Alegoria às Constituições do Brasil (1824) e de Portugal (1826)*, litografia de Domingo Antonio de Sequeira.

> Crime e castigo

Em 8 de julho de 1817, o capitão-general Luís do Rego Barreto, governador recém-empossado de Pernambuco, mandou que fosse lida a sentença contra os principais acusados de participarem da Revolução Pernambucana: "As sobreditas penas se executem nos réus, os quais todos depois de mortos terão cortadas as mãos e decepadas as cabeças, e se pregarão em postes a saber: a cabeça do primeiro réu (Domingos Teotônio Jorge) na Soledade e as mãos no quartel; a cabeça do segundo (José de Barros Lima) em Olinda e as mãos no quartel; a cabeça do terceiro (Padre Pedro de Souza Tenório) em Itamaracá e as mãos em Goiânia; e os restos de seus cadáveres serão ligados a caudas de cavalos e arrastados até o cemitério".

© Egberto Nogueira/Abril Imagens

Restos de homem, de 1941, um dos desenhos que Portinari fez para ilustrar as memórias de Hans Staden. A sentença contra os acusados da Revolução Pernambucana lembra a tão combatida antropofagia. Após matá-los e esquartejá-los, só faltava ao Império comer os corpos de seus oponentes, para adquirir sua coragem.

Fonte: *Portinari devora Hans Staden*, São Paulo, Editora Terceiro Nome, 1998.

Penas semelhantes – sempre contando com algumas adaptações dos executores – foram imputadas a Joaquim José da Silva Xavier – o Tiradentes, Felipe dos Santos, Jerônimo Barbalho Bezerra, Manoel Beckman, Antônio Pereira, Anastácio Pereira e muitas outras pessoas que, nos tempos do Brasil Colônia e Império, ousaram questionar o poder central. Para a Coroa, esses crimes eram cometidos contra a pessoa do rei ou imperador sendo, por isso, considerados como de "lesa-majestade". Como forma de intimidação popular, determinava-se que a punição deveria ser o mais ritualesca e rigorosa possível. Assim, além de ser executado, os bens do condenado eram confiscados e sua casa demolida ou queimada. Afinal, não bastava destruir o seu corpo, o fundamental era destruir sua memória.

revolucionário instalou-se em Lisboa e obrigou D. João VI a jurar obediência à Constituição.

O fim do absolutismo em Portugal, entretanto, não melhorou a situação dos brasileiros. Foram adotadas medidas político-administrativas bastante duras em relação ao Brasil. Repartições e tribunais foram extintos, centenas de funcionários foram demitidos. As províncias passaram a se subordinar política e militarmente a Lisboa e não mais ao Rio de Janeiro. Tropas mais ligadas ao regente D. Pedro foram enviadas de volta para Portugal, e foram restabelecidos privilégios aos comerciantes e à marinha portuguesa nos portos brasileiros.

O objetivo dessa política era enfraquecer a autoridade de D. Pedro e forçá-lo a voltar para Portugal, submetendo novamente o Brasil às restrições coloniais, pois a burguesia portuguesa dependia do comércio brasileiro para restabelecer sua economia.

Porém, apesar de suas diferenças, grupos de brasileiros democratas, aristocratas, liberais e conservadores mobilizaram-se e, numa demonstração de força política, impediram o embarque forçado de D. Pedro. Conseguiram oito mil assinaturas (a população total do Brasil era de aproximadamente quatro milhões de habitantes) pedindo ao regente que permanecesse no Brasil. A decisão favorável de D. Pedro ficou conhecida como o *Dia do Fico* (9 de janeiro de 1822).

Independência! Que independência?

Em maio, estabeleceu-se que as ordens do governo português só seriam obedecidas aqui se recebessem o "cumpra-se" de D. Pedro, que aceitara o título de Defensor Perpétuo do Brasil (13 de maio de 1822).

No final de agosto de 1822, a ruptura entre Brasil e Portugal tornou-se iminente. Chegaram notícias de que os portugueses pretendiam "reduzir o Príncipe a simples delegado temporário do Soberano Congresso, com secretários de Estado nomeados em Lisboa, que passava a ser a verdadeira sede do governo do Brasil". Tal mensagem foi enviada a D. Pedro, que se encontrava em viagem de Santos para São Paulo.

O que ocorreu a seguir é conhecido somente pela versão escrita pelo próprio D. Pedro e divulgada por seus adeptos na época de sua coroação – uma versão que foi reforçada ao longo do período imperial e que se consolidou no imaginário nacional. Após ler a correspondência oficial de Lisboa, D. Pedro teria declarado formalmente a separação entre Brasil e Portugal. O episódio ficou conhecido na História brasileira como "o grito do Ipiranga" – "Independência ou morte!" –, que teria sido proferido por D. Pedro no dia 7 de setembro de 1822.

Essa forma de entender a Independência, porém, ignora o processo iniciado já em 1808, com a vinda da família real ao Brasil, fundamental para que ocorresse a mudança política. Também não considera o Brasil no contexto internacional do período, uma peça cobiçada no jogo de interesses econômicos e políticos que as principais potências da época, a França e a Inglaterra, disputavam.

A execução de Frei Caneca, ilustração de Belmonte para o livro *História do Brasil para crianças*, de Viriato Correa, lançado em 1950 pela Companhia Editora Nacional.

> O líder Frei Caneca

Frei Joaquim do Amor Divino, mais conhecido como Frei Caneca, foi um dos líderes mais engajados nas lutas liberais do Brasil. Participou de forma intensa da Revolução Pernambucana de 1817, razão pela qual passou quatro anos na cadeia. Nesse período, escreveu uma *Gramática Portuguesa* e deu aulas.

Ao sair da prisão, suas convicções antiabsolutistas só se intensificaram. Buscando combater o governo autoritário de D. Pedro I, lançou, em 25 de dezembro de 1823, o primeiro número de seu jornal *Typhis Pernambucano*, no qual conclamava os conterrâneos a se manterem alerta para a luta contra o Império pois o Brasil parecia "uma nau destroçada pela fúria oceânica, ameaçando soçobro, carecendo de ajuda decidida e abnegada de todos os seus filhos...". Dizia ele:

Não admitimos mais imposturas, conhecemos o despotismo, havemos de decepá-lo. Primeiro de todos os portugueses, concebemos a ideia de sermos livres, começamos a saborear as doçuras da liberdade e, para a defendermos e conservá-la, aventuramos afoitamente o amor da vida: somos indomáveis, e ainda nos jactamos de pisar sobre os ossos dos companheiros de Nassau. (...)Para desgraça deste Império, realizaram-se os temores dos que sabiam pesar o perigo da força armada nas mãos de um príncipe jovem, rodeado de lisonjeiros sem caráter, inimigos encarniçados do Brasil (...) já está à porta o tempo de muito nos honrarmos do sangue africano.

Frei Caneca, *Jornal Typhis Pernambucano*. In: Nelson Werneck Sodré, *História da Imprensa no Brasil*, 3. ed., São Paulo, Martins Fontes, 1983, pp. 89-90.

> Um retrato da independência

Em 14 de janeiro de 1886, o pintor Pedro Américo foi contratado pelo governo da província de São Paulo para executar um trabalho comemorativo da proclamação da Independência. O quadro foi exposto, primeiramente, em Florença, em 8 de abril de 1888. Em 14 de julho desse mesmo ano, a obra foi entregue, ficando conhecida por diferentes nomes: *O grito do Ipiranga* (mais conhecido), *O grito do príncipe* e *Proclamação da Independência*.

Atualmente exposto no Museu Paulista – no bairro paulistano do Ipiranga –, é motivo de controvérsia pelo romantismo com que retratou a cena do “grito do Ipiranga”, considerada uma mistificação histórica que ressaltou o papel “heroico” de D. Pedro. O “produto” final foi uma interpretação do fato ocorrido mais de 65 anos antes, servindo aos interesses dos defensores da monarquia, que se encontrava em crise e buscava reforçar o ideal de nação forjada pela ação da real família de Bragança.

Como todos os documentos produzidos pela humanidade, uma pintura nunca é o registro fiel do que aconteceu. É, antes de tudo, a manifestação de um olhar, pessoal ou de um grupo, sobre algo que aconteceu, é um registro simbólico, é uma interpretação da realidade.

Pintor, desenhista e escritor, Pedro Américo de Figueiredo e Melo nasceu na Paraíba (1843) e faleceu em Florença, Itália (1905). Aos onze anos de idade, foi contratado para trabalhar como desenhista nas viagens do naturalista francês Louis Jacques Brunet pelo sertão brasileiro. Destacou-se nos estudos na Academia Imperial de Belas-Artes e recebeu em 1859 uma bolsa de estudos do imperador D. Pedro II para se aperfeiçoar na Escola de Belas-Artes de Paris. Em Florença, realizou suas mais famosas pinturas. Celebrizou-se pelas telas *Batalha de Avaí* (passagem ocorrida durante a guerra da Tríplice Aliança contra o Paraguai) e *O grito do Ipiranga*.

No centro do quadro, no topo de uma colina verde, acima de todos, destaca-se a figura de D. Pedro. Montado num elegante cavalo castanho-escuro e vestido com uma farda majestosa, ele empunha a espada para o alto. Diante e abaixo dele, uma numerosa guarda de honra usa fardas brancas. Montados em cavalos agitados, os soldados parecem estar prontos para entrar em combate. À esquerda, um pouco afastado da cena principal, um carreteiro solitário observa, numa postura que demonstra espanto ou surpresa. Ao lado e atrás do príncipe, alguns →

O grito do Ipiranga, pintura de 1976, de José Antônio da Silva.

É como se tudo tivesse dependido da vontade de um só homem. Daí a construção heroica da imagem de D. Pedro, mas a Independência – e esta é a visão da maioria dos historiadores – não alterou o quadro social brasileiro. Não significou uma independência econômica do país nem promoveu as necessárias transformações que pudessem tirar da miséria a maioria do povo brasileiro e eliminar a escravidão.

A assinatura do tratado de reconhecimento da Independência por parte de Portugal só ocorreu no dia 29 de agosto de 1825, após um longo e delicado processo de negociação que contou com a intermediação dos ingleses. Após várias concessões, o governo brasileiro ainda precisou dar a Portugal uma indenização de dois milhões de libras. Para pagá-la, contraiu um empréstimo com os ingleses, que o concederam em troca da continuidade de seu domínio sobre o nosso mercado. Assim, as elites brasileiras obtiveram o reconhecimento de sua independência política, mas permanecendo dependentes no plano econômico.

Mais recentemente, o episódio do grito de “Independência ou morte!” tem sido alvo de piadas sobre os motivos que teriam feito a comitiva de D. Pedro parar à beira do riacho do Ipiranga. O folclore popular refere-se a uma indisposição estomacal do príncipe regente, que teria obrigado a comitiva a fazer uma parada, propiciando o encontro com os mensageiros vindos do Rio de Janeiro naquele local. Também já foi dito que a viagem a São Paulo fazia parte de uma visita rotineira de D. Pedro a Domitila de Castro, a Marquesa de Santos, que seria sua amante naquela época. Mas não são esses fatos que contam para a História nacional.

Hoje, a maioria dos historiadores considera que o 7 de setembro ocorreu em função de um pacto entre as elites brasileiras, que desejavam impedir uma participação popular que alterasse o quadro social existente. Assim, somente com outras lutas poderiam ser conquistadas uma independência econômica do país e as transformações que tirassem da miséria a maioria do povo brasileiro e eliminassem a escravidão da população negra.

Explode outra revolução

Em 1823, uma assembleia foi convocada para fazer as leis brasileiras. Entretanto, quando o imperador percebeu que a maioria dos deputados tinha ideias liberais que limitariam seus poderes, destituiu o grupo e impôs uma Constituição, no ano seguinte, concentrando grande autonomia em suas mãos.

Como continuasse a defender os interesses políticos transmitidos por seu pai, D. Pedro I afastou os políticos que não aceitaram seu governo absolutista e autoritário. Com isso, logo perdeu, também, o apoio popular. As manifestações de resistência e protesto ocorreram durante todo o seu governo. Os jornais do país pregavam abertamente ideias revolucionárias.

Foram meses de agitação. Em julho de 1824, apoiados por brigadas populares armadas, os liberais tomaram o poder em Pernambuco e proclamaram uma República. Em pouco tempo, receberam a adesão do Ceará, Paraíba e Rio Grande do Norte. Em seus manifestos, os revolucionários declaravam a intenção de abolir o tráfico negreiro, criticavam a monarquia absolutista e repudiavam a reunificação de Brasil e Portugal que julgavam ser desejada pelo imperador.

No início, o movimento era apoiado pelas elites. Porém, ao perceber que os setores mais populares constituíam a liderança do movimento, elas ficaram com medo de perder suas riquezas e propriedades, e deixaram de dar suporte armado às forças revolucionárias. Desse modo, abriram as portas à repressão dos exércitos do imperador.

Para armar seus soldados e combater a revolução, o governo emprestou muito dinheiro da Inglaterra. Isso era uma aparente contradição, pois a Inglaterra era defensora das ideias liberais e contra a concentração de poderes nas mãos de reis e imperadores. Mas não podia pôr em risco o seu domínio do mercado consumidor brasileiro.

A repressão foi violenta e chegou a Pernambuco por terra e mar. Os revolucionários não resistiram às tropas leais ao imperador e recuaram em direção ao interior. Renderam-se no dia 29 de novembro de 1824. A Confederação do Equador – como foi chamado o movimento – durou exatos 150 dias, o dobro da revolução que eclodira também em Pernambuco, sete anos antes, em 1817.

Um tribunal militar foi criado para punir os revolucionários. Dezesseis líderes foram executados sumariamente, assim que foram capturados. Alguns conseguiram fugir, como Paes de Andrade, que se abrigou no navio Tweed e seguiu para a Inglaterra, voltando para o Brasil somente após a renúncia de D. Pedro I, em 1831.

→ civis, vestidos com roupas escuras, parecem bem menos agitados que a guarda. Ao fundo, uma casa simples, árvores e o riacho do Ipiranga, sob um céu mesclado de azul, branco e violeta, como o de um final de tarde.

Certamente, D. Pedro não montava um cavalo, uma vez que para subir a Serra do Mar, a montaria usada na época eram as mulas. Provavelmente, vestia uma farda simples, mais confortável para o tipo de viagem que empreendia, e a colina em que se encontra deveria estar bem distante do riacho. A guarda voluntária que acompanhava D. Pedro também não usaria roupas brancas. Esta cor pode ter sido escolhida pelo artista para contrastar com as cores do solo e dos cavalos. A guarda de honra que foi representada não existia no dia 7 de setembro de 1822, tendo sido criada por decreto em 1º de dezembro daquele ano. Apesar do aparente movimento da situação retratada, todas as linhas do quadro convergem para o príncipe, incluindo o olhar do carreteiro ("povo") que, do canto da tela, observa a cena central, na qual o "herói" comanda o "acontecimento".

O grito do Ipiranga, pintura de 1888, de Pedro Américo.

A execução de Frei Caneca atestou a popularidade dos líderes revolucionários e deu uma dimensão maior aos fatos ocorridos em Pernambuco. A derrota da Confederação não impediu, entretanto, que ocorressem outros protestos contra o absolutismo monárquico, reafirmando o direito que todo cidadão tem de se rebelar contra a tirania política.

A conquista da Independência plena, entretanto, foi um processo lento, e há quem diga que ele ainda não se completou. Do ponto de vista político-econômico, a Independência que começou com a chegada da família real em 1808 permaneceu inacabada durante muito tempo. Em 1822, o Brasil deixou de ser governado pelo rei de Portugal para começar a ser governado por um rei português que aqui vivia. Somente após a renúncia de D. Pedro I é que o país conheceu os primeiros governantes brasileiros. Entretanto, eles representavam exclusivamente os interesses das elites nacionais, sendo necessário muito tempo antes que o poder político fosse exercido por pessoas comprometidas com as causas populares.

Ex-voto de Pedro I, encomendado pela imperatriz D. Leopoldina quando o imperador sofreu uma queda de cavalo. Foi concluído por Félix Taunay, s.d.

Por isso, houve várias outras revoltas para tentar libertar o povo da submissão imposta pelas classes dominantes. Apesar da repressão constantemente desencadeada contra esse tipo de movimento, prosseguem as lutas contra as diferentes formas de opressão, pelo direito à autodeterminação dos povos, pela conquista da cidadania plena.

> O Rio de Janeiro na época da independência

Em 1808, ao tornar-se a sede do governo português, o Rio de Janeiro passou por grandes transformações. Para acomodar mais de dez mil membros da Corte recém-chegada foram requisitadas duas mil casas por tempo indeterminado. Nas portas, tabuletas com as letras "P. R"., Propriedade Real, eram ironicamente traduzidas pelo povo como "Ponha-se na Rua" ou "Prédio Roubado". O rico negociante Elias Antônio Lopes pôs à disposição do príncipe regente a sua chácara, a Quinta da Boa Vista, depois denominada Palácio de São Cristóvão.

Atendendo às novas necessidades, construíram-se bairros luxuosos e foram incentivadas a construção de sobrados em vez de casas térreas. Pântanos foram drenados, terrenos baldios tornaram-se praças, novas ruas surgiram e as antigas foram pavimentadas. Era necessário endireitar as ruas para que nelas pudessem transitar "carruagens emparelhadas" que substituíam as tradicionais cadeirinhas de arruar.

Outras grandes obras foram necessárias para promover as manifestações culturais da elite europeia. Entre elas, destacaram-se: a Biblioteca Real, em 1810 (hoje, Biblioteca Nacional); o Real Teatro São João, em 1813 (hoje, João Caetano), o Horto Real, em 1811 (hoje, Jardim Botânico); o Instituto Vacínico e o Laboratório Químico, onde se realizavam pesquisas científicas e a aclimatação de plantas estrangeiras; o Observatório Astronômico; o Museu Real, em 1818 (hoje, Museu Nacional); a Escola de Medicina, em 1808 (também fundada em Salvador, Bahia); e a Escola Real de Ciências, Artes e Ofícios, além de outras.

Atraídos pela presença da Corte, muitos europeus vieram para o Rio de Janeiro, entre eles artistas (cantores, músicos, retratistas, miniaturistas), arquitetos, cientistas e professores. Com o fim das guerras napoleônicas e o reatamento das relações diplomáticas com a

atividades

1 Pode-se dizer que no Brasil imperial um dos principais instrumentos da luta contra o absolutismo foi a imprensa. Enquanto folhas como o *Correio Brasiliense*, e a *Gazeta do Rio de Janeiro* buscavam dar sustentação à Corte, jornais como a *Sentinela da Liberdade* e o *Typhis Pernambucano* tentavam sensibilizar a população com o ideário liberal. Atualmente, discute-se muito se a imprensa é ou não imparcial. Reúna-se com os colegas de sua classe e, juntos, aprofundem esse debate. Como exercício, levem vários jornais e revistas diferentes para analisar a abordagem que cada um deles dá sobre um mesmo fato.

2 Historicamente, o termo "liberal" é usado para designar um período no qual as sociedades tomaram consciência de que a liberdade é o valor supremo do cidadão. Foi em busca desse sonho que muitos pegaram em armas e lutaram para construir um mundo menos tirânico e opressor. Atualmente, o termo liberal está muito associado ao jargão econômico. Todos os dias jornais, revistas, noticiários de rádio e TV falam a respeito da política econômica liberal ou neoliberal. Com seu grupo, faça uma pesquisa e descubra qual o principal sentido dessa palavra na atualidade.

3 Muitas das pessoas que participaram das revoluções liberais ocorridas no Brasil no final do século XVIII e início do XIX foram condenadas à morte. Atualmente, segundo a Anistia Internacional, ainda é grande o número de países que aplicam esse tipo de pena. A lista é liderada pela China, a Arábia Saudita, os Estados Unidos e o Irã. Busque informações em jornais, revistas ou em *sites* como o da ONU ou da Anistia Internacional sobre as razões pelas quais os defensores dos direitos humanos consideram a pena de morte um ato deplorável para a humanidade e promova uma discussão a respeito do assunto com a classe.

Manifestação em favor do jornalista negro Mumia Abu-Jamal, em março de 2000, em Paris. No corredor da morte desde 1982, o militante antirracismo quase foi executado, nos Estados Unidos, por duas vezes. Atualmente reivindica novo julgamento com a ajuda de advogados financiados pelos comitês nacionais e internacionais criados para ajudá-lo. Em 1968, foi ativista do Partido Panteras Negras e, na década de 1970, criticou a truculenta atuação da Polícia da Pensilvânia, o que lhe custou o emprego em uma emissora da Filadélfia. Trabalhava como taxista quando viu um jovem negro ser agredido por policiais, em dezembro de 1981. Ao tentar salvá-lo, Abu-Jamal foi ferido e um oficial foi morto. Sob acusação de assassinato, Abu-Jamal foi condenado à morte em um julgamento que se tornou um exemplo da violação dos direitos constitucionais do cidadão.

França, chegou ao Rio de Janeiro, em 1816, a Missão Artística Francesa, da qual viriam a se destacar a arquitetura de Grandjean de Montigny, a escultura e gravura de Marc Ferrez e a pintura de Jean-Baptiste Debret. Esses artistas traziam uma outra concepção estética muito diferente da que predominava no Brasil. Com eles, o Neoclassicismo sobrepôs-se ao Barroco.

No ano seguinte, o casamento do príncipe D. Pedro com uma princesa austríaca, D. Leopoldina, trouxe ao Rio de Janeiro outro grupo de artistas e naturalistas: Thomas Ender, Burchberger, Mikan, Johann Emanuel Pohl, Spix e Martius, entre outros. Este grupo não se restringiu ao Rio de Janeiro, empreendendo difíceis viagens para outras regiões (Minas Gerais, Goiás e Amazônia) para recolher espécimes que enriqueceriam os museus de História Natural, sobretudo o de Viena.

Vista do Rio de Janeiro, do Livramento, pintura de Charles Landseer, c. 1825-1826. *Fonte: Brasil 1825-1826: Charles Landseer e a Missão Britânica*, Christie, 1997, p. 41.

cores diferentes, direitos iguais

10

Todos os anos repete-se a mesma informação sobre o Brasil: somos campeões mundiais de má distribuição de renda, índice da desigualdade. Entra ano, sai ano, quase sempre a mesma situação: é gigantesca a diferença de renda entre os que estão no topo da escala e os que estão na base. Traduzindo: poucos ganham muito e muitos ganham pouco.

Há uma série de explicações para essa diferença de renda. E uma delas está justamente na escravidão. O Brasil foi a última nação independente a decretar o fim da escravidão, o que só ocorreu, em larga medida, devido à pressão internacional, mais precisamente dos ingleses. Fazendeiros argumentavam na época que o fim da escravidão afetaria a saúde econômica da nação e tentavam, de todas as maneiras, burlar as restrições legais ao tráfico.

Mais do que a própria independência, o movimento abolicionista foi a primeira grande articulação cívica brasileira. Veio o final da escravidão, mas ele não significou, de fato, a emancipação dos negros. Os negros ainda são a maioria entre os analfabetos e a minoria entre os que entram nas faculdades, trabalham igual aos brancos e ganham menos, são a maioria entre os desempregados, recebem menos educação e são mais discriminados. Os negros acabaram se mantendo na base da escala social e são as principais vítimas da má distribuição de renda.

O drama da senzala é sintetizado num poema de Castro Alves e, de certa forma, serve até os dias de hoje para falar da condição do negro: "Leitor, se não tens desprezo / De vir descer às senzalas, / Trocar tapetes e salas / Por um alcouce cruel, / Vem comigo, mas... cuidado... / Que o teu vestido bordado / Não fique no chão manchado, / No chão do imundo bordel".

> Abolicionismo

Em 1881, o jangadeiro cearense Francisco do Nascimento anunciou que não transportaria mais escravos dos antigos engenhos do Nordeste para os navios que os conduziriam ao sul do País, onde seriam vendidos para trabalhar nas fazendas de café. Mais do que um ato de rebeldia solitária, a atitude de Francisco era consequência da mobilização popular contra a vexatória situação do Brasil de ser uma das últimas nações ocidentais a ainda manter a escravidão em suas terras.

O movimento antiescravagista que tomou conta do país nos anos de 1880 teve como origem a luta da própria comunidade negra. Ao longo de três séculos, ela se opôs ao domínio branco por meio de fugas, criação de quilombos, assassinatos de feitores e senhores, e até mesmo pela realização de abortos, praticados pelas mulheres, para impedir que seus filhos nascessem escravos.

A partir de meados do século XIX, diversos setores da sociedade brasileira passaram a apoiar a causa dos negros. Inúmeros clubes e sociedades abolicionistas foram criados visando promover manifestações públicas e arrecadar fundos em festas, quermesses, teatros, leilões, bailes e cafés. Com o dinheiro, compravam-se cartas de alforria e financiavam-se fugas e transportes para os quilombos.

Jornais como a *Gazeta da Tarde* (de José do Patrocínio), *O Abolicionismo* (de Joaquim Nabuco) e a *Revista Ilustrada* (de Angelo Agostini) serviram de modelo para outras publicações que se multiplicavam em vários pontos do Brasil em prol do movimento.

Em 1884, as províncias do Ceará e Amazonas libertaram seus negros e, em 1887, o Exército comunicou ao governo imperial que não capturaria mais escravos fugitivos. Por essa época, também tornaram-se intensos os apoios e manifestos da Europa contra a escravidão. Acuado pela pressão popular e pela Inglaterra, que ansiava aumentar seu mercado consumidor de produtos industriais, o governo imperial viu-se obrigado a decretar a libertação dos escravos, em 1888.

© Reprodução

Em frente ao Paço Imperial, onde a Princesa Isabel assina a Lei Áurea, o povo do Rio de Janeiro comemora a abolição da escravidão, maio de 1888.

Fonte: www.projetomemoria.art.br

cores diferentes, direitos iguais

Brasil Colônia – Diversidade religiosa e rebeliões

© Biblioteca Nacional

Dor, xilogravura de Hansen Bahia, artista alemão que emigrou para o Brasil em 1948. A obra faz parte do álbum *Das Sklavenschift* (Navio Negreiro), publicada em 1960.

Em 1835, eles compunham um quarto da população da cidade de Salvador. Havia ali 22 mil negros escravos africanos, de várias etnias. Muitos deles eram da nação haussa, trazidos da Guiné – os chamados malês. Adeptos da religião muçulmana ou islâmica, tinham alto nível cultural. Muitos sabiam ler e escrever em árabe. Aliados a negros de origem ioruba-nagô, em 25 de janeiro daquele ano saíram às ruas para tomar a cadeia pública, o palácio do governo e os quartéis. Foi a maior rebelião urbana de escravos ocorrida na América portuguesa: a Revolta dos Malês.

O negro no lugar do índio

A escravidão já era praticada no Brasil desde o século XVI. Primeiro foram os índios, sujeitados ao poder do branco, para extrair a madeira pau-brasil e trabalhar nos latifúndios de cana-de-açúcar. Mas havia os jesuítas em favor deles e uma forte resistência por parte dos próprios indígenas, dificultando que essa dominação vingasse. E como Portugal ansiava por lucros na exploração de suas colônias, impunha-se a necessidade de mão de obra para dar conta das muitas lavouras.

Por volta de 1530, havia no reino de Portugal apenas 1,5 milhão de brancos, portanto era difícil enviar grandes quantidades de trabalhadores para suas colônias. A solução para os portugueses foi intensificar o empreendimento extremamente lucrativo a que se dedicava antes mesmo da colonização do Brasil: o comércio de escravos, negros arrancados de diversas nações da África.

Os três séculos seguintes assistiram a castigos excessivos praticados pelos senhores de escravos. O Estado português dizia que controlava esses castigos dos proprietários, mas sua mão sabia ser pesada quando

Negra-mina da região do Sudão, onde a religião oficial é até hoje o islamismo. Fotografia de Augusto Stahl, c. 1860.

Fonte: LAGO, Bia Corrêa do, *Augusto Stahl: obra completa em Pernambuco e Rio de Janeiro*, Rio de Janeiro, Editora Capivara, 2001, p. 223.

se tratava de punir os quilombolas – negros fugitivos que viviam em aldeamentos clandestinos.

Revolta dos Malês

Os negros não se submetiam sem reação. Teve influência no Brasil uma revolta ocorrida no Haiti, em 1804, quando os negros tomaram o poder. Notícias sobre massacres ocorridos naquela ilha do Caribe espalharam-se por todo o país, causando medo entre os proprietários de escravos e inspirando conspirações entre os negros (inclusive libertos).

Durante as primeiras três décadas do século XIX, já haviam ocorrido várias revoltas de escravos na Bahia, infladas não apenas pelo desejo de escapar dos maus-tratos físicos e conquistar a liberdade, mas também pela igualdade de direitos entre etnias, contra o racismo, a discriminação e a imposição do catolicismo.

Os revoltosos, negros muçulmanos e adeptos de rituais africanos, irmanaram-se, conciliando doutrinas e cultos. A divindade máxima, Olorum, era identificada pelos islâmicos como Alá. Assim coligados, numa mistura religiosa harmônica, naquela noite de 24 de janeiro de 1835, dia de Nossa Senhora da Guia, véspera da comemoração católica em homenagem ao Nosso Senhor do Bonfim, centenas de negros pegaram suas armas. Era também a data em que se encerrava o Ramadã, mês sagrado islâmico, quando se comemora a Noite de Glória, na qual se acredita que Alá prende os espíritos do mal e reordena o mundo.

Eles buscavam uma nova ordem, em que o negro tivesse uma condição de vida efetivamente humana. Porém, a glória da noite foi dos brancos: soldados atocaiados em todos os lugares – certamente avisados do levante – que surpreenderam os revoltosos. Na luta, morreram cerca de setenta negros e dez soldados. Dos 1,5 mil negros envolvidos na revolta, cerca de duzentos foram levados a julgamento, sendo quatro condenados à morte, e centenas aos açoites e à prisão. Mais de quinhentos foram deportados para a África. Vários deles morreram devido à violência do castigo físico sofrido.

Os autos registram, no processo de investigação instalado pelo governo, os nomes dos líderes negros Manuel Calafate, Aprígio e Pai Inácio. Foram eles que redigiram, em árabe, planos de arrecadação de dinheiro para compra de armas. Mas a derrota da rebelião não pôs fim às tensões entre escravos e senhores. Ela resultou em várias outras revoltas nos anos subsequentes.

> Castro Alves, poeta negro

O poeta baiano Castro Alves fez da poesia uma arma na luta pelo abolicionismo no Brasil. O trecho abaixo, extraído do poema "Tragédia no lar", de 1865, é um exemplo de como ele se utilizou da força das palavras para condenar o regime escravagista:

(...)
Leitor, se não tens desprezo
De vir descer às senzalas,
Trocar tapetes e salas
Por um alcouce cruel,
Vem comigo, mas... cuidado...
Que o teu vestido bordado
Não fique no chão manchado,
No chão do imundo bordel.

Não venhas tu que achas triste
Às vezes a própria festa.
Tu, grande, que nunca ouviste
Senão gemidos da orquestra
Por que despertar tu'alma,
Em sedas adormecida,
Esta excrescência da vida
Que ocultas com tanto esmero?
E o coração – tredo lodo,
Fezes d'ânfora doirada
Negra serpe, que enraivada,
Morde a cauda, morde o dorso
E sangra às vezes piedade,
E sangra às vezes remorso?...

Não venham esses que negam
A esmola do leproso, ao pobre.
A luva branca do nobre

Oh! senhores, não mancheis...
Os pés lá pisam em lama,
Porém as frontes são puras
Mas vós nas faces impuras
Tendes lodo, e pus nos pés.

Porém vós, que no lixo do oceano
A pérola de luz ides buscar,
Mergulhadores deste pego insano
Da sociedade, deste tredo mar.

Vinde ver como rasgam-se as entranhas
De uma raça de novos Prometeus,
Ai! vamos ver guilhotinadas almas
Da senzala nos vivos mausoléus.
(...)

"Tragédia no lar", in Castro Alves, *Espumas flutuantes e outros poemas*, 3. ed., São Paulo Ática, 1998.

Fábricas, fábricas, fábricas...

© Biblioteca Nacional

Negros acendendo lampião, em aquarela de José dos Reis Carvalho, de 1851.

© Biblioteca Nacional

Negro vendendo leite, em pintura do século XIX, de autoria desconhecida.

A partir da segunda metade do século XVIII, o panorama social, político e econômico da Europa começava a exercer um novo tipo de influência sobre a América portuguesa. A Inglaterra vivia o processo da Revolução Industrial – a mecanização substituía muitas atividades manuais do homem, e os mercados consumidores e produtores se integravam graças ao progresso dos meios de transporte.

O desenvolvimento acelerado da indústria gerou uma produção de excedentes, que levou os ingleses a ampliar os mercados consumidores para seus produtos. Como escravos não tinham dinheiro para consumir, as sociedades em que a maioria da população era escrava, como o Brasil, não tinham mercados consumidores atraentes.

Por isso, difundiu-se entre a burguesia industrial inglesa a ideia de que o trabalho escravo era nocivo aos seus interesses. Começava a pressão aos governos dos países europeus para que a escravidão fosse abolida.

Enquanto isso, dentro das fábricas inglesas, as condições de trabalho dos operários expressavam a mentalidade e até as práticas das sociedades escravistas: o lucro máximo com o mínimo custo. Como a corda quebra sempre do lado do mais fraco, o lucro máximo era dos proprietários. Aos operários cabia trabalhar muitas horas por dia em ambientes insalubres, sem descanso semanal, férias, tampouco aposentadoria. Os salários eram muito baixos. E para que a produtividade aumentasse, os trabalhadores eram coagidos com ameaça de demissão e castigos físicos.

Assim como os escravos se rebelavam contra os maus-tratos e as péssimas condições de vida, os operários também organizavam diferentes formas de protesto. Na mesma época em que as sociedades escravistas da América atingiam seu auge, as sociedades industriais na Europa assistiam ao nascimento de movimentos sociais liderados pelos operários. Em vários lugares no mundo, muitos acontecimentos vinham contribuindo para a expansão das ideias liberais, sendo o principal deles a Revolução

> Quilombolas de ontem e de hoje

Durante o período da escravidão, os quilombos eram aldeias criadas como refúgio pelos negros. Ali, eles buscavam resgatar os hábitos e costumes de suas nações de origem e conseguiam desfrutar novamente a liberdade perdida, desde que se viram obrigados a embarcar à força da África para o Brasil. Entretanto, seus moradores – os quilombolas – eram constantemente atacados pelos capitães do mato que, a mando dos senhores de terra, procuravam recuperar seus escravos fugitivos.

Hoje, cerca de dois milhões de pessoas ainda vivem em áreas remanescentes de quilombos. São negros descendentes de antigos quilombolas que, passados mais de um século do fim da escravidão, ainda lutam por verem seus direitos reconhecidos pela União. Segundo a Fundação Cultural Palmares, órgão vinculado ao Ministério da Cultura, existem em todo o Brasil 743 unidades remanescentes de quilombos, a grande maioria localizada nos estados da Bahia, Maranhão e Minas Gerais, em áreas de topografia acidentada e de difícil acesso. Boa parte delas é habitada por algumas dezenas de famílias, que sobrevivem graças à agricultura de subsistência e à criação de animais.

Segundo o artigo 68 da atual Constituição, o governo deve garantir aos moradores dessas comunidades o direito à propriedade das terras em que vivem. Para isso, no entanto, é necessário que seja enviado a essas regiões um grupo multidisciplinar formado por agrônomos, antropólogos e topógrafos, entre outros profissionais, com o objetivo de reconhecê-las como verdadeiras áreas remanescentes de quilombos. Caso isso se confirme, as terras serão demarcadas, mas seus habitantes terão de aguardar ainda a publicação desse reconhecimento no *Diário Oficial* para poderem fazer o registro definitivo no Cartório de Imóveis.

É um processo demorado. Embora tenha sido iniciado em 1995, até o início de 2003 somente 29 comunidades haviam conseguido a titularidade e outras 42 haviam sido apenas reconhecidas. As demais continuavam na espera, sendo obrigadas, muitas vezes, a enfrentar problemas com fazendeiros e grileiros, que tentam se apossar dessas terras.

Francesa, de 1789. Difundia-se a visão de que todos os homens devem ser livres, independentemente de sua raça, cor, origem e crenças.

Resistência desde o início

Se os brancos começavam a desejar o fim da escravidão, os negros há trezentos anos já lutavam pela sua liberdade.

Nem por estarem aprisionados, os escravos deixaram de resistir. Amontoados nos depósitos africanos à espera dos navios que os levariam às colônias, buscavam fugir de todas as formas, mesmo sob repressão implacável.

Do início do século XVI até a abolição da escravidão no Brasil, em 1888, os negros exerceram a resistência individual ou coletivamente.

Individualmente, uma das técnicas era fazer "corpo mole" no trabalho para causar prejuízos ao senhor. Havia também assassinatos de senhores, suicídios, abortos e infanticídios. De maneira coletiva, a fuga e a formação de quilombos foi a mais importante forma de resistência negra.

Ao longo de toda a História colonial, as fugas sempre afetaram a economia brasileira. Acentuaram, por exemplo, a crise que se iniciara em 1645, devido à concorrência com o açúcar produzido pelos holandeses nas Antilhas, depois que estes foram expulsos do Brasil. A economia colonial só conseguiu recuperar-se no final do século XVII e início do XVIII, com a descoberta de ouro em Minas Gerais, Goiás e Mato Grosso.

Devido à mineração, o eixo econômico da colônia deslocou-se do Nordeste para a região Sudeste. Ao longo do século XVIII, a atividade mineradora requereu aumento do tráfico de escravos. Foi quando a média estimada de escravos, de seis mil trazidos por ano no século anterior, saltou para quinze mil.

Nessa época, crescia a quantidade de negros e mulatos libertos que viviam nas cidades. Num movimento de resistência individual, tornavam-se livres comprando a alforria com as economias poupadas durante anos de prestação de pequenos serviços e favores aos brancos.

Mesmo sob as péssimas condições de trabalho nas minas de ouro, alguns negros chegavam a comprar sua liberdade com partículas de ouro que conseguiam esconder pelo corpo e acumular depois de longo tempo. Parte desse metal precioso também foi usada para enfeitar os templos construídos pelas irmandades e confrarias religiosas de negros.

"Para inglês ver"

No início do século XIX, muitos escravos foram levados para regiões mineradoras em agonia, para as plantações de café do Rio de Janeiro e de São Paulo. A maior parte deles, entretanto, provinha do aumento do tráfico, a despeito da oposição de nações europeias a esse tipo de comércio.

É nesse contexto que a Inglaterra se manifesta pelo fim da escravidão. Incapaz de enfrentar a pressão da potência britânica, o governo brasileiro promulgou leis que restringiam o tráfico. Em 1826, D. Pedro I firmou um

© André Penner/Abril Imagens

Mulheres da comunidade de Ivaporanduva, no Vale do Ribeira, que foi a primeira a conquistar o título de domínio de suas terras no Estado de São Paulo, no final de 2000.

© Germano Luders/Abril Imagens

Serra da Barriga, em União dos Palmares, Alagoas, em agosto de 1995. O Governo Federal tombou o local, onde foi formado o Quilombo dos Palmares, e ali criou o Parque Nacional do Zumbi.

tratado com o governo inglês estabelecendo que a partir de 1829 seria proibido o comércio de escravos com a África, e qualquer ato que desobedecesse a essa ordem seria tratado como pirataria. Em 1831, nova lei proibiu o tráfico. Dizia-se, então, que eram leis "para inglês ver": a cafeicultura se expandia e o crescimento econômico forçava o aumento do tráfico.

No século XIX, a Inglaterra dominava os mares da mesma forma que Espanha e Portugal o fizeram no início das Grandes Navegações. Mas não eram nobres os interesses dos ingleses. Ao acabar com o trabalho escravo e estimular o trabalho assalariado, eles pretendiam criar mercados consumidores para seus produtos industrializados.

Em 1845, os ingleses decidiram agir de forma ainda mais dura: foi aprovado no Parlamento britânico a Bill Aberdeen, lei que concedia aos seus navios o direito de afundar qualquer embarcação que transportasse escravos entre a África e a América. A posição do Brasil era de dependência da Inglaterra, que comprava boa parte da produção agrícola brasileira, vendia aqui seus produtos industrializados e ainda por cima emprestava dinheiro ao país.

Em função disso, o governo brasileiro foi obrigado a intensificar o combate ao tráfico, impondo, em 1850, severas punições estabelecidas pela Lei Eusébio de Queirós (Ministro da Justiça na época). Já em 1851, registrou-se a entrada de cerca de 3,4 mil escravos no Brasil, e no ano seguinte, apenas setecentos. Embora não haja estatísticas precisas, esses números indicam que gradualmente o tráfico desapareceu.

Mas a quantidade de escravos existente no país ainda era enorme. Por isso, nas quase quatro décadas que se estendem da Lei Eusébio de Queirós a Lei Áurea (1888), a luta pelo fim da escravidão no Brasil também inclui a promulgação de novas leis, como a do Ventre Livre (1871), que tornava libertos os filhos de escravos nascidos a partir de então; e a Lei do Sexagenário (1885), que alforriava os escravos com mais de 65 anos. Houve ainda uma grande campanha abolicionista, que mobilizou os estudantes, a imprensa e até instituições como o Exército.

Mesmo com a abolição, os negros hoje continuam a ter bons motivos para lutar, como o direito efetivo à igualdade das raças perante a lei, o combate ao preconceito e à discriminação, a busca de superação das desigualdades sociais herdadas do regime escravista. Apesar de todos os avanços verificados, a população negra brasileira ainda tem um longo caminho a percorrer em direção à cidadania plena.

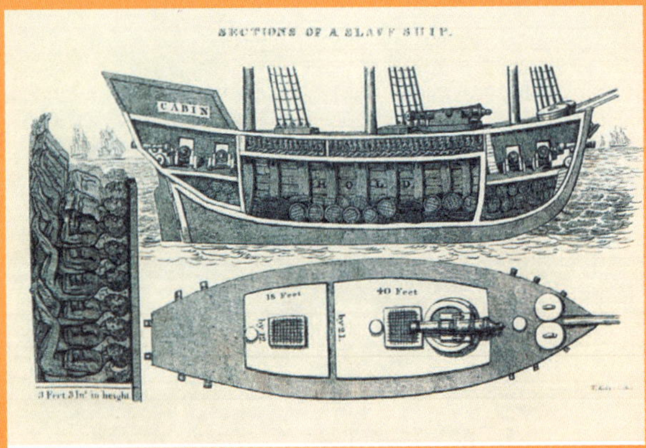

© Marcelo Breyne/Abril Imagens

Seções de um navio negreiro, litografia de Robert Walsh e T. Kelly, publicada no livro *Notices of Brazil in 1828 and 1829*, de Frederick Westley & E. H. Davis, Londres, 1930.

Fonte: MOURA, Carlos Eugênio Marcondes de, *A travessia da Calunga Grande: três séculos de imagens sobre o negro no Brasil (1637-1899)*, São Paulo, Edusp, Imprensa Oficial, 2000, p. 323.

> Navios negreiros

A compra e venda de escravos foi uma das atividades mais lucrativas e degradantes de toda a História. Estima-se que, entre os séculos XVI e XIX, foram trazidos para o Brasil de 3,6 a 6 milhões de africanos. O transporte era feito por meio de navios negreiros e a viagem, que durava até dois meses, parecia infinita para os negros que viviam uma dramática experiência em alto-mar.

O terror começava antes mesmo do embarque, nas feitorias, onde os escravos ficavam retidos pelos traficantes. Eles eram acorrentados nas mãos e nos pés e encaminhados às almadias, pequenas canoas que os levariam até o navio. Era um transporte perigoso, pois muitas vezes elas viravam e os escravos acabavam se afogando com o peso das correntes.

Ao embarcarem, os cativos eram presos nos porões para que não tentassem fugir, atirando-se ao mar. Ali ficavam amontoados cerca de seiscentos homens, mulheres e crianças que mal podiam se levantar, pois o compartimento era dividido em dois andares. Por isso, passavam a maior parte do tempo sentados um ao lado do outro, quase sem poder se mexer e sem respirar ar puro, pois navegavam no porão das embarcações, que ficava abaixo do nível do mar.

Durante o trajeto, a alimentação consistia, basicamente, de farinha e carne-seca e era comum a propagação de doenças como cólera e varíola. Assim, o índice de mortalidade dos africanos nesses navios era alto. Estima-se que, durante todo o período do tráfico negreiro, cerca de 10 a 20% dos negros tenham morrido nas viagens. Não é à toa que os navios negreiros eram também chamados tumbeiros, pois pareciam verdadeiras tumbas cruzando o oceano Atlântico.

atividades

1 A escravidão no Brasil terminou em 1888, mas ainda hoje persiste a desigualdade social entre brancos e negros. No final da década de 1990, por exemplo, os negros representavam 45% da população brasileira, mas correspondiam a 64% da população pobre e a 69% da população indigente do país, segundo dados do Instituto de Pesquisas Aplicadas (Ipea). Faça uma pesquisa para descobrir se esse quadro de desigualdade social se observa em outras situações. Procure levantar, por exemplo, qual o salário médio de um branco e de um negro; se ambos têm em média o mesmo grau de escolaridade, ou se a Justiça age da mesma maneira em relação a réus brancos e negros. Baseado nos dados apurados, reúna-se com seus colegas e, juntos, organizem um debate discutindo essa questão.

2 Entre os séculos XV e XIX, as principais nações do mundo ocidental, como Inglaterra, Portugal, Espanha e Holanda, estiveram envolvidas com a escravidão de negros africanos. Tal processo desestruturou sociedades milenares da África. Muitas delas desapareceram em função da violência praticada pelo chamado homem civilizado. Como consequência, o continente africano, embora seja rico em ouro, ferro, diamante e carvão, é hoje o mais miserável do planeta: cerca de oitocentos milhões de africanos vivem com menos de um dólar por dia; 71% dos portadores de HIV do mundo encontram-se na África; a fome e as doenças geram cada vez mais uma população debilitada e subnutrida; o analfabetismo é de 40,3%. Faça uma pesquisa a respeito das condições de vida da população africana e proponha sugestões a respeito do que seria necessário fazer para inverter esse quadro.

> Zumbi dos Palmares e a luta pela consciência negra

Durante muitos anos, o 13 de maio, dia da assinatura da Lei Áurea, foi uma data em que se festejava o fim da escravidão no Brasil. Até muito pouco tempo atrás, a abolição muitas vezes aparecia como um ato quase maternal da princesa Isabel em relação aos cativos. Nas últimas décadas, no entanto, os afrodescendentes passaram a defender a ideia de que – mais do que comemorar o fim do regime escravocrata no país – os negros precisavam de uma data que simbolizasse a luta contra a injustiça de terem sido escravizados e humilhados pelos brancos no passado, e que também lembrasse as desigualdades econômicas e sociais a que estão submetidos na sociedade atual. A escolha recaiu sobre o 20 de novembro, dia em que Zumbi, o mais importante líder negro do Brasil, morreu assassinado.

Zumbi nasceu em 1655 no Quilombo dos Palmares, o maior agrupamento de escravos negros, índios e mulatos pobres fugitivos do Brasil colonial: chegou a abrigar trinta mil pessoas em uma área de cerca de 350 km^2 na Serra da Barriga, na divisa de Pernambuco e Alagoas. Ainda bebê, Zumbi foi raptado por soldados do governo em uma das inúmeras missões encarregadas de destruir o quilombo. Entregue ao padre Antônio Melo, foi batizado com o nome de Francisco e educado para se tornar coroinha. Aos 15 anos, no entanto, fugiu de volta para Palmares e adotou o nome com que entrou para a História do Brasil.

Entre 1678 e 1694, ele foi o rei de Palmares. Enquanto esteve à frente do quilombo, Zumbi resistiu a inúmeras expedições oficiais de extermínio e organizou diversos ataques a engenhos com o objetivo de conseguir armas, munições e promover o resgate de cativos. Além disso, acertou alianças comerciais com as vilas mais próximas. Em 1694, o bandeirante Domingos Jorge Velho, contratado pela Coroa portuguesa, comandou uma expedição com mais de nove mil homens das forças pernambucana, alagoana e paulista para destruir o aldeamento. Após sangrentos combates, a população de Palmares foi exterminada. Mesmo ferido, Zumbi conseguiu escapar, mas no ano seguinte, foi delatado e morto em uma emboscada organizada pelas autoridades coloniais.

Zumbi dos Palmares, monumento de Stokely Carmichael, Rio de Janeiro, 1995.

trabalho – um emprego e um sonho de futuro melhor

11

Quando foi criado, em 1940, o salário mínimo valia 205 mil réis, o que era suficiente para se comprar uma cesta básica, capaz de alimentar, sem dificuldade, uma família. Desde então, perdeu valor: no início deste século, já não conseguia adquirir quase 80% daquela cesta básica.

Ao mesmo tempo que o trabalhador adquiriu mais direitos, saindo de uma situação próxima da escravidão, e melhoraram suas condições de trabalho (mais prevenção de acidentes, por exemplo), a renda dos empregados, comparando com a produção nacional, diminuiu e, mais grave ainda, o desemprego explodiu.

No passado, por incrível que possa parecer nos dias atuais, o desemprego não era nem remotamente uma preocupação. Tinha-se a certeza de que haveria emprego para todos, com ou sem diploma. Vivíamos tempos de veloz crescimento econômico, tendo até mesmo de atrair imigrantes por falta de mão de obra local! O crescimento caiu e, para piorar, novas máquinas foram suprindo, em segmentos industriais, a necessidade de mão de obra. É o que se chama de aumento da produtividade: menos gente produzindo mais coisas.

Dessa combinação de menos renda e mais desemprego – especialmente o desemprego entre os mais jovens – entende-se, em larga medida, por que também explodiu a violência nas regiões metropolitanas.

O quadro se agrava porque boa parte da juventude não tem a escolaridade necessária para enfrentar as novas demandas do mundo do trabalho, onde se exige aprendizagem permanente.

trabalho – um emprego e um sonho de futuro melhor

> A arqueologia do trabalho

Em outubro de 2002, depois de vinte anos sem modificações, foi relançada pelo Ministério do Trabalho a Classificação Brasileira de Ocupações (CBO), com mais de três mil ocupações catalogadas e dezoito mil títulos agrupados em seiscentas famílias ocupacionais. A listagem anterior, de 1972, não reconhecia atividades do mercado informal, e sua inclusão na CBO vai melhorar o tratamento das estatísticas de emprego pelo governo e as pesquisas do Instituto Brasileiro de Geografia e Estatística (IBGE). Sabendo que uma profissão está em extinção, o governo pode destinar recursos para a qualificação dos profissionais da área em outra atividade.

Dentre as novidades, destacaram-se o desaparecimento de profissões como a de carpinteiros de avião, extinta simplesmente porque não existe mais nenhuma parte da estrutura das aeronaves que seja feita de madeira. Já o remarcador de preços desapareceu – com o fim da inflação elevada e da introdução dos códigos de barras nos produtos – e os ocupantes dessa posição passaram a exercer outra função, a de repositor de estoques.

Também houve reclassificação de vários ofícios. O de coveiro, por exemplo, foi transformado em sepultador devido à mudança na forma de sepultamento nas grandes cidades: as antigas covas foram substituídas por jazigos de gaveta. A nova CBO promoveu ainda o reconhecimento de atividades antes desprezadas, como as prostitutas, "promovidas" a profissionais do sexo. Na CBO anterior, as profissionais do sexo não eram mencionadas, talvez não por preconceito, mas pelo caráter informal de sua ocupação.

A gaitinha do afiador de facas

Desde que aprendeu sua profissão, aos nove anos de idade, há mais de quatro décadas, Wilson Cabral Gomes caminha vários quilômetros por dia, oferecendo de casa em casa seus serviços profissionais. Hoje, também faz parte de sua dura rotina diária ser recebido com alguma desconfiança quando toca uma campainha. Cada vez mais raros, esses profissionais passam pelas ruas empurrando uma bicicleta adaptada ao serviço e tocando uma gaitinha para "chamar" a freguesia.

Mas qual é a profissão de seu Wilson? Por que ela está ficando cada vez mais rara? Seu ofício pertence ao ramo da cutelaria: o popular amolador de facas e tesouras. Ligado à roda da bicicleta ou apoiado sobre um suporte de madeira, o esmeril é o principal instrumento de trabalho para afiar as lâminas de que as pessoas precisam. A profissão de seu Wilson faz parte de um extenso rol de profissões artesanais em vias de extinção no mundo urbano-industrial. Parece ser mais barato, rápido e prático jogar fora uma faca ou tesoura sem corte do que mandar afiá-las.

© Marc Ferrez/Coleção Particular

Amolador trabalhando nas ruas do Rio de Janeiro, em 1895.

© Abril Imagens

Aluno do curso técnico do Centro Federal de Educação Tecnológica (Cefet-MG), em Belo Horizonte, 1988, quando a profissão de torneiro mecânico ainda representava uma possibilidade de emprego.

A expansão da sociedade de consumo parece estar associada em alguma medida ao desperdício e à pouca durabilidade dos produtos.

Fazem companhia aos cuteleiros vários outros profissionais como alfaiates, relojoeiros, empalhadores, sapateiros, lavadeiras, datilógrafos, ferreiros e muitos outros, substituídos pelo oceano de produtos e serviços rápidos e descartáveis do mundo moderno.

É natural que os avanços tecnológicos reorganizem o mercado de profissões. Somente nos últimos cem anos, extinguiram-se dezenas de atividades profissionais hoje consideradas curiosas, como acender lampiões ou dirigir bondes.

A novidade é a velocidade com que isso vem ocorrendo, a cada ano, levando milhares de trabalhadores a perderem seus empregos pela pura extinção da atividade que desempenhavam. Devido às dificuldades de se requalificarem e aprenderem novos ofícios com rapidez, eles passam a buscar a sobrevivência no mercado de trabalho informal, como o comércio ambulante. Ou apenas engrossam o exército de não cidadãos que vivem nas ruas em situação de miséria e marginalidade.

Maior consumo, menos emprego: como é que pode?

A cultura do "use e jogue fora" coloca na marca do pênalti, por assim dizer, os ofícios que se ocuparam historicamente de recuperar ou reparar objetos danificados de todo tipo. Muitas vezes, esse tipo de profissional ainda é procurado por pessoas de gerações anteriores que não mudaram seus hábitos ou por aqueles que querem consertar um objeto cujo valor é puramente afetivo – como um velho relógio de bolso, por exemplo.

De outro lado, o desenvolvimento de "famílias" de novas tecnologias, como as da comunicação e informação, eletroeletrônica, informática, robótica e outras vai criando situações de desemprego e descarte de outras funções, ocupações e profissões clássicas, como a dos bancários, secretárias, contínuos, cobradores de ônibus e até mesmo modalidades das diversas áreas da engenharia.

Algumas dessas funções ocupavam, até bem pouco tempo atrás, posição de destaque no processo industrial e representavam a modernização econômica que enfim chegava ao Brasil. Esse é o caso do torneiro mecânico e de outros profissionais especializados que atuavam no interior das fábricas, operando máquinas e ferramentas antes do

© Walter Firmo/Abril Imagens

Os coveiros são hoje chamados sepultadores.

> *Eles não usam black-tie* – Gianfrancesco Guarnieri

Em 1955, Gianfrancesco Guarnieri era um jovem dramaturgo de apenas 21 anos que havia escrito uma única peça de relativo sucesso, *Gimba.* Entretanto, naquele ano, ele veio a público com os originais de uma obra que viria se transformar em um dos mais importantes textos da dramaturgia brasileira: *Eles não usam black-tie.*

A peça – levada ao palco pela primeira vez em 1958, pelo Teatro de Arena de São Paulo – aborda uma paralisação operária em uma metalúrgica do Rio de Janeiro que acaba pondo em conflito Otávio, um dos líderes grevistas, e seu filho Tião, que, temendo perder o emprego às vésperas do casamento, decide "furar" a greve. Leia um trecho do texto:

OTÁVIO: Se até as oito horas da noite não derem o aumento, greve geral na metalúrgica!
TIÃO: Ninguém tem peito, pai!
OTÁVIO: Como não tem peito? Tá esquecido do ano passado?
TIÃO: Eu não tava lá.
OTÁVIO: Mas eu estava! Deram o aumento ou não deram?
TIÃO: Deram parte do aumento, parte! E mesmo assim porque todas as categorias aderiram! Mas aguentá o tranco sozinho, ninguém.
OTÁVIO: Espera só a assembleia de hoje e vai ver se tem peito ou não! Eu tinha avisado, hein! O ano passado entramos em acordo com o patrão e foi o que se viu. Agora, aprenderam.
TIÃO: E por que entraram em acordo?
OTÁVIO: Porque parte da comissão amoleceu...
TIÃO: Tá vendo, t´aí! Se, em greve de conjunto, metade da turma amoleceu...
OTÁVIO: Metade da turma não senhor! Metade da comissão.
TIÃO: E então?
OTÁVIO: E então, o quê? Eram pelegos! A turma topava mas tinha meia dúzia deles que eram pelegos. A turma topava, os pelegos deram pra trás.
TIÃO: Não, pai. Pro senhor, quem não pensa como o senhor é pelego...
OTÁVIO: Nada disso! Eram pelegos no duro. T´aí a prova: tá tudo bem arrumado na fábrica. Tudo chefe e fiscal. O que é isso? Peleguismo, traidores da classe operária...

Gianfrancesco Guarnieri, *Eles não usam black-tie*, 10. ed., Rio de Janeiro, Civilização Brasileira, 1996, p. 43.

advento da robotização da produção. Essas profissões, que estiveram em alta no Brasil a partir do crescimento da indústria nas décadas de 1960 e 1970, correm sérios riscos de desaparecimento conforme avança a instalação de robôs na indústria. Aliás, foi no final da década de 1970 que despontou para todo o Brasil a liderança de um operário que viria a se tornar presidente eleito do Brasil: Luiz Inácio Lula da Silva.

Na indústria automobilística, por exemplo, tarefas monótonas e pesadas, como corte e soldagem de placas metálicas, montagem, pintura e polimento, antes realizadas por um exército de operários especializados, são hoje controladas por poucos profissionais com alta especialização em programação de computadores. Sinal dos tempos, os outrora poderosos sindicatos de trabalhadores metalúrgicos acusam a diminuição da quantidade de trabalhadores que representam e buscam alternativas para garantir a sobrevivência dos que ainda atuam nesse ramo profissional.

Um dos subprodutos da modernização dos processos produtivos é o desemprego de grande número de trabalhadores considerados sem qualificação para atuar nas novas funções. Essa tendência é chamada de *desemprego estrutural*, em que a vaga de trabalho é definitivamente substituída por um processo mecânico; ou, então, é eliminada definitivamente devido a uma reorganização do esquema de trabalho.

No Brasil, essa extinção de empregos refere-se, principalmente, àquelas formas de contratação em que os trabalhadores têm carteira profissional assinada e uma série de garantias trabalhistas, como férias, 13º salário e jornada de trabalho de 44 horas semanais. As empresas devem recolher uma série de encargos trabalhistas na forma de impostos e contribuições, o que encarece sua folha de pagamento. Assim, para obter preços melhores e maior qualidade na disputa com seus concorrentes, muitas empresas estão tentando cortar seus custos diminuindo o número de empregados e substituindo-os por processos automatizados ou terceirizando partes da produção.

O desemprego estrutural é diferente do *desemprego sazonal* que se conhecia até agora, motivado por recessões, crises e secas que mais cedo ou mais tarde passavam. Esse novo tipo de desemprego foi gerado pela globalização da economia, surgida para produzir coisas boas e baratas, vendidas numa escala planetária, com grande participação de robôs no processo produtivo.

Enfim, virou uma espécie de lugar-comum ouvirmos que hoje existem menos empregos e mais trabalho. Como é que isso pode ocorrer?

Ao mesmo tempo que muitos empregos formais desaparecem em função da reestruturação dos processos produtivos, surgem cada vez mais atividades informais, com profissionais que prestam serviços para suas antigas empresas, formando cooperativas ou microempresas. No final do século XX, novas palavras de ordem passaram a ser pronunciadas: *empreendedorismo* e *iniciativa pessoal*, indicando o caminho a ser seguido por muitos dos antigos trabalhadores de empregos extintos.

A evolução do mundo do trabalho

As formas de produção das sociedades modernas têm sua origem na Europa ocidental, no período do feudalismo, quando surgiu uma divisão mais clara entre o trabalho agrícola e o trabalho artesanal realizado por

© Corbis

Salão de trabalho da manufatura de camisas Douglas & Sherwood, EUA, no final do século XIX.

© Bettmann/Corbis

Linha de montagem da Ford, em 1930, em Edgewood, Nova Jersey, EUA.

© Eugênio Sávio/Abril Imagens

O robô Mosquerone realizando trabalho de montagem de carroceria na Fiat, em Betim, MG, 1993.

© Embrafilme

Gianfrancesco Guarnieri em cena de *Eles não usam black-tie*, filme baseado em peça de sua autoria, dirigido por Leon Hirszman, em 1981.

> O aumento do desemprego

O Brasil iniciou o século XXI como o segundo país do mundo – atrás apenas da Índia – com o maior número de desempregados: 7,8 milhões de pessoas. A grande maioria, 41%, concentra-se em nove regiões metropolitanas: São Paulo, Rio de Janeiro, Belo Horizonte, Salvador, Porto Alegre, Recife, Fortaleza, Curitiba e Belém. Esse é um nível de desemprego jamais visto na história da nação e vem aumentando gradativamente ao longo das duas últimas décadas. Em 1980, por exemplo, havia dois milhões de brasileiros sem trabalho; em 1995, o número subira para 4,5 milhões. Nos últimos vinte anos, portanto, a quantidade de pessoas sem emprego cresceu 290%.

Para calcular o índice de desemprego nas regiões metropolitanas brasileiras são utilizadas duas metodologias distintas. O Pnad (Pesquisa Nacional por Amostra de Domicílios) e o IBGE medem o desemprego aberto, ou seja, quem procurou emprego e não teve atividade remunerada na semana anterior à da pesquisa. Já o Dieese (Departamento Intersindical de Estudos Socioeconômicos) e a Fundação Seade medem, além do desemprego aberto, o desemprego oculto, ou seja, preocupa-se com quem procurou emprego e teve atividade remunerada de natureza inconstante e com quem não procurou emprego, mas estaria no mercado de trabalho se tivesse uma oportunidade.

Assim, de acordo com os números da parceria Seade/Dieese, em 2001, as regiões metropolitanas de Salvador e de Recife eram as que apresentavam os maiores índices de desemprego, 27,5% e 21,1%, respectivamente. Pela metodologia do Pnad/IBGE, a taxa média de desemprego nas seis principais regiões metropolitanas do país era da ordem de 6,2%. Pelas duas metodologias, os índices eram inferiores ao verificado no período de 1998-1999, mas superiores ao de 1997.

especialistas. O trabalho no meio rural manteve-se quase inalterado até o século XX, quando lentamente ocorreu a mecanização das tarefas de plantio, colheita e armazenamento.

Já o trabalho no meio urbano passou por uma série de mudanças a partir dos séculos XI e XII, com o renascimento das cidades e crescimento do comércio. Na época, um objeto era feito integralmente por um artesão, desde a obtenção das matérias-primas até a finalização do produto. Com frequência, o artesão que produzia um objeto era também o responsável por sua venda nas feiras das cidades medievais. A produção era feita em oficinas em que os mestres dominavam técnicas transmitidas para novas gerações de oficiais e aprendizes. Era uma forma de trabalho *integrado.*

Os artesãos e comerciantes organizaram corporações de ofícios em cada cidade e região determinavam quem podia trabalhar em certas funções, quanto deveria produzir e por qual preço. Na prática, isso controlava a concorrência e fazia uma *reserva de mercado* para os artesãos das cidades *protegidas* pelas corporações.

A divisão do trabalho em diversas etapas foi especializando as funções e deu origem a profissionais responsáveis por cada parte de um produto. Na fabricação de um sapato, por exemplo, enquanto um trabalhador corta o couro, outro costura, outro pinta etc. A divisão do trabalho aumentou a produtividade, fazendo com que mais objetos fossem produzidos. Essa forma de produzir deu origem às *manufaturas*, grandes estabelecimentos onde trabalhavam dezenas de pessoas. Para escoar a produção, havia necessidade de permanente expansão do mercado consumidor.

A grande transformação do trabalho ocorreu a partir do século XVIII, com a mecanização da produção a partir da invenção de máquinas com motores a vapor. Esse processo ficou conhecido como Revolução Industrial, na qual prevaleceram o trabalho assalariado, o enorme aumento da produtividade, o investimento em novas tecnologias e o surgimento de movimentos de trabalhadores reivindicando melhores condições de vida e de trabalho. O custo final das mercadorias diminuiu ainda mais, tornando-as acessíveis a um número maior de consumidores.

Com o desenvolvimento da industrialização, surgiu um novo modelo de produção, conhecido como *trabalho parcelado*, em que métodos científicos são aplicados à divisão do trabalho industrial, gerando tarefas cada vez mais simples para aumentar a produtividade. Um dos principais estudiosos desses métodos foi o norte-americano Frederick Taylor (1856-1915), e por isso o trabalho parcelado também é conhecido como *taylorismo*. Esse modelo propunha que o operário realizasse tarefas simples e repetitivas, perdendo a noção do conjunto, e dominou a organização das fábricas a partir do final do século XIX. O exemplo clássico dessa forma de organização é o *fordismo*, pois foi o industrial norte-americano Henry Ford que a aprimorou, criando a linha de montagem com a qual era feita a colocação de cerca de duas mil peças do automóvel Ford "T".

A especialização do trabalho chegou a tal ponto que um operário poderia ter sua função reduzida à condição de apertador de parafusos. Uma das críticas mais conhecidas a esse tipo de trabalho pode ser vista no filme *Tempos Modernos*, de Charles Chaplin, que mostra como a máquina "engole" o homem.

A partir dos anos 1960, as linhas de produção foram sendo substituídas por novas formas de organização do trabalho em que os equipamentos e os trabalhadores podiam ser utilizados em diversas funções, para trabalhar com diversos materiais e ritmos de produção. A microeletrônica e a informática tiveram papel fundamental nessa mudança de modelo produtivo. Mas permaneceu o problema do desemprego estrutural e da requalificação de trabalhadores. As entidades sindicais passaram a reivindicar estabilidade no emprego e desenvolveram vários cursos voltados para treinamento dos trabalhadores em novas funções.

Trabalho informal e desemprego: Brasil, terra de oportunidades?

No Brasil, o direito ao trabalho passou a constar de leis a partir da década de 1930, no primeiro governo de Getúlio Vargas. Até então, os trabalhadores não tinham qualquer garantia de salários, benefícios ou direitos e condições dignas para exercer seu ofício. A legislação criada por Vargas foi reunida na Consolidação das Leis Trabalhistas (CLT), em 1943, instituindo diversos benefícios para os trabalhadores, como os direitos a férias de 30 dias por ano, 13º salário, aposentadoria por tempo de serviço, salário mínimo etc. Na Constituição de 1988, muitos desses direitos foram ampliados e estendidos.

No entanto, nos últimos dez a quinze anos, a participação de assalariados formais e servidores públicos no mercado de trabalho caiu muito, o que resultou na criação de cerca de onze milhões de empregos informais, ocupados por assalariados sem carteira profissional assinada e por profissionais autônomos que atuam principalmente no comércio e na prestação de serviços.

© AE

Desempregados mostrando carteira de trabalho, em São Paulo.

© Egberto Nogueira

Barraca de vendedor ambulante no Largo da Concórdia, São Paulo, em agosto de 1995.

> Dá para sobreviver com o salário mínimo?

O salário mínimo foi criado por Getúlio Vargas, em maio de 1940, durante a ditadura do Estado Novo. Na verdade, ele já havia sido previsto seis anos antes pelos deputados que elaboraram a Constituição de 1934. A Carta Magna estabelecia a aprovação de uma lei instituindo a todo trabalhador um salário mínimo capaz de satisfazer as suas necessidades, conforme as características de cada região do país.

Para sua criação o governo dividiu o Brasil em diversas regiões e fixou um salário mínimo para cada uma delas. O índice mais elevado era o do Rio de Janeiro, a capital federal: 240 mil-réis. Na época, o salário médio pago no país era de 205 mil-réis, ou seja, o novo mínimo significou um ganho salarial para boa parte dos trabalhadores.

Com o passar dos anos, no entanto, o salário mínimo perdeu o seu poder de compra e se transformou em uma quantia irrisória, distante de seus objetivos iniciais. Basta lembrar que em 1950 uma cesta básica correspondia a 27,12% do valor do mínimo. Em outubro de 2002, segundo o Dieese, essa porcentagem era de 77% na capital paulista.

Segundo dados do Pnad de 2001, 24% dos 75 milhões de trabalhadores do país, ou seja, dezoito milhões de empregados, vive com apenas um salário mínimo por mês. A maior concentração, 40%, situa-se na faixa de um a três salários e apenas 5,1% tem rendimentos superiores a dez salários mínimos mensais.

Há várias formas de definir o trabalho informal. Comumente ele é tido como atividade considerada à margem da legislação e com serviços de alta rotatividade. A informalidade nas relações de trabalho pode ser medida também pelo índice de precariedade dos vínculos entre patrões e empregados (ex.: trabalhadores assalariados sem carteira profissional assinada e trabalhadores autônomos). Para o Ministério da Previdência Social, *trabalhador informal* são todos os que não contribuem para a previdência. Para a Organização Internacional do Trabalho (OIT) e para o IBGE, são os trabalhadores domésticos, autônomos, empregados e empregadores em empresas com menos de cinco funcionários. A Comissão Econômica para a América Latina (Cepal) acrescenta à definição da OIT os autônomos de baixa qualificação.

O setor informal da economia é composto, assim, por pequenos negócios familiares, cooperativas e todo tipo de trabalho autônomo, independente do vínculo empregatício. Podemos dizer, ainda, que muitos profissionais que atuam em atividades liberais clássicas, como médicos e advogados, trabalham sob variadas formas de assalariamento, mas sem

Menina regando horta em São Paulo.

qualquer garantia trabalhista nem registro em carteira, encontrando-se em situação de trabalho informal.

Uma das atividades mais populares da economia informal é a exercida pelos vendedores ambulantes, também chamados de camelôs ou marreteiros. A maioria trabalha de forma clandestina, sem autorização das prefeituras, e vende produtos contrabandeados ou produzidos sem pagamento de impostos. Sem licença para ocupar pontos de venda nas ruas, milhares deles invadem e literalmente interditam o fluxo de pedestres e automóveis.

Banda Afro-Reggae, formada por crianças da favela de Vigário Geral, Rio de Janeiro, 1997.

Nas profundas e aceleradas mudanças nas estruturas profissionais e ocupacionais, parece haver certo acordo quanto ao desaparecimento de ofícios clássicos ou ligados a tecnologias superadas, enquanto novas tendências aparecem no horizonte. Alguns setores parecem ter mais probabilidade de crescer no futuro: Informática, Saúde, Meio Ambiente, Turismo, Lazer e Entretenimento, Biotecnologia, Administração, Tecnologias da Informação, Terceiro Setor e Educação.

Trabalhadores em obra de construção do metrô, em São Paulo, em 1975.

Luzes no fim do túnel: alternativas ao desemprego

Garantir trabalho para milhões de brasileiros que todos os anos atingem a idade mínima para ingresso no mercado de trabalho é uma das prioridades que parecem fazer parte das propostas de todos os governos. Diferentes estratégias para criação de empregos vêm sendo desenvolvidas desde o início da década de 1990. O apoio dos governos federal e estaduais a programas de incentivo à agricultura familiar tem contribuído para melhorar os índices de trabalho no meio rural. Outra iniciativa é o financiamento de pequenos negócios de pessoas de baixa renda por instituições de microcrédito, como o Banco do Povo.

Espalha-se por todo o país uma nova cultura de trabalho, conhecida como economia solidária, que incentiva a formação de cooperativas com atuação em diversos ramos: produção, comércio, distribuição etc. Em várias universidades públicas, formam-se grupos de apoio com professores, técnicos e especialistas em cooperativismo, que organizam *incubadoras de cooperativas*, fornecendo assessoria para que elas se firmem e prosperem.

Produtos *ecologicamente corretos* começam a garantir trabalho para comunidades rurais afetadas frequentemente por problemas climáticos, como secas prolongadas ou enchentes avassaladoras. No Maranhão, por exemplo, várias comunidades do litoral preparam palha de coco para forrar bancos de carros e tornaram-se fornecedores da Mercedes Benz.

Trabalhadores boias-frias em ônibus a caminho do trabalho, no interior do estado de São Paulo, em 1983.

© AE

Projetos sociais em favelas e periferias promovem o resgate da cidadania de jovens e crianças abrindo possibilidades de inserção social pela música, dança e outras manifestações artísticas e culturais. Tornaram-se referência ações como as do grupo musical Afro-Reggae, sucesso no Brasil e no exterior, mas que também é uma ONG voltada para o trabalho social em quatro bairros do Rio de Janeiro, atendendo cerca de quatrocentas pessoas, entre crianças e idosos. Entre as conquistas do Afro-Reggae estão a criação de mais sete grupos artístico--musicais, formados por pessoas das comunidades carentes, e uma escola de circo, além da continuidade do trabalho e do reconhecimento de seu valor artístico.

Nos últimos anos, o Brasil assistiu a um dos mais importantes programas de requalificação profissional realizados em todo o mundo. Conduzido pelas duas maiores centrais sindicais do país – Central Única dos Trabalhadores (CUT) e Força Sindical –, com verbas federais do Fundo de Amparo ao Trabalhador (FAT), mais de duzentos mil trabalhadores passaram por salas de aula em cursos de curta duração – cerca de quarenta horas – para adquirir novas competências para o reingresso no mercado de trabalho.

Em busca da cidadania, os trabalhadores lutam para garantir o seu direito ao trabalho. Enquanto não surge uma boa oportunidade, viram-se como podem: realizam "bicos" no mercado informal, recorrem ao seguro--desemprego fornecido pelo governo, fazem cursos, iniciam pequenos negócios, distribuem currículos entre os amigos. Enfim, submetem-se a muitas situações diferentes, às vezes constrangedoras, para garantir o sustento da família sem cair na marginalidade. Não é difícil encontrar quem concorde com uma antiga música da MPB (*Guerreiro menino*, do compositor Gonzaguinha), que afirma:

Um homem se humilha se castram seu sonho
seu sonho é sua vida e a vida é trabalho
e sem o seu trabalho, um homem não tem honra
e sem a sua honra, se morre, se mata.
Não dá pra ser feliz,
não dá pra ser feliz.

atividades

1 A Consolidação das Leis do Trabalho (CLT) no Brasil garante ao empregado férias, descanso semanal, 13º salário, aviso-prévio, horas extras, fundo de garantia, adicional noturno, seguro-desemprego. Para usufruir desses direitos, o trabalhador precisa estar registrado na carteira de trabalho. Entretanto, dos 75 milhões de trabalhadores do país, apenas 31,3 milhões possuem a carteira assinada. Os outros 43,7 milhões trabalham na economia informal e não podem usufruir dessas garantias. Por isso, muitas pessoas vêm defendendo uma alteração na CLT. A proposta, que tramita no Congresso Nacional, prevê que empregadores e sindicatos poderiam negociar uma redução desses direitos ou uma mudança nas formas de pagamento. Eles argumentam que, dessa maneira, as empresas reduziriam seus custos e poderiam manter o nível de empregos. Os opositores afirmam que os trabalhadores não podem perder esses direitos conquistados há mais de cinquenta anos.
Com um grupo de colegas, faça uma pesquisa sobre as propostas de mudanças da CLT. Elaborem um relatório a esse respeito, apresentando o que dizem os defensores e opositores de cada proposta. Ao final, façam um texto dissertativo de vinte linhas expondo a posição do grupo a respeito do assunto.

2 Sindicatos são organizações que representam uma determinada categoria profissional. Eles se organizam em federações, confederações e se concentram em centrais sindicais. Desempenham importante papel na normatização das relações trabalhistas e nas negociações de aumento salarial coletivo. Apesar de sua importância, apenas 12,6 milhões dos 75 milhões de trabalhadores brasileiros são sindicalizados.
Reúna-se com um grupo de colegas e façam uma pesquisa sobre as duas maiores centrais sindicais do país, a CUT (Central Única dos Trabalhadores) e a Força Sindical. Procurem levantar quantos sindicatos elas representam, quantos filiados possuem e suas principais propostas. Ao final, elaborem um quadro comparativo entre as duas entidades e apresentem o resultado para a classe.

© João Wainer/Folha Imagem

Ex-porteiro de edifício, em São Paulo, que trabalha há mais de oito anos como catador de papel, devido à falta de emprego formal.

ir e vir: liberdade de movimento

Henrique Santos Dumont, irmão de Santos Dumont, inventor do avião, jamais entraria para um livro de História se não fosse por uma compra: ele importou, no final do século XIX, o primeiro automóvel que circularia na cidade de São Paulo. Calcule só o impacto que teve aquela geringonça barulhenta num lugar em que o transporte público era movido a tração animal.

Aquele automóvel inaugurou o início de uma batalha nas ruas, num dos mais visíveis movimentos de desrespeito à cidadania. Inicialmente, os veículos foram, aos poucos, tirando espaço dos pedestres, encurralados nas curtas calçadas. Depois, os transportes públicos foram também perdendo as ruas, tomadas pelos automóveis, propriedade, nos primeiros tempos, dos mais ricos e, depois, da classe média. Desde a década de 1920, já havia projetos para o metrô, mas como se fez uma opção rodoviária a ideia só virou realidade em 1974, quando esburacar uma cidade exigia fortunas.

Vítima de um crescimento caótico, as cidades se expandiam, os trabalhadores mais pobres rumavam para a periferia, obrigados a enfrentar um transporte público de péssima qualidade, enquanto entregavam-se lentamente novas linhas de metrô. Na falta de transporte público, a classe média apegou-se ainda mais ao automóvel, gerando os congestionamentos.

Certamente não foi por acaso que a palavra *trombada* nasceu em São Paulo, graças a um inusitado acidente. Em 1929, um bonde fazia uma curva e se chocou com um elefante que tinha escapado de um circo e zanzava, perdido, pela cidade. O bonde capotou e o elefante ficou desacordado. O choque com a tromba do animal criou a expressão que entraria na língua portuguesa para designar colisões no trânsito.

O temor reverencial do pedestre aparece no livro de memórias de Oswald de Andrade, ao relatar a inauguração do bonde elétrico: "A cidade tomou um aspecto de revolução. Todos se locomoviam, procuravam ver. E os mais afoitos queriam ir até a temeridade de entrar no bonde, andar de bonde elétrico! Naquele dia de estreia ninguém pagava passagem, era de graça. A afluência tornou-se, portanto, enorme".

12

© MIS/SP

Construção da ferrovia Madeira-Mamoré, entre 1907 e 1912.

> A ferrovia da morte

No início dos anos 1970, o regime militar decidiu construir em plena Floresta Amazônica uma rodovia com mais de 5 mil km de extensão com o objetivo de facilitar e aumentar o povoamento da região. Colonos foram estimulados a se mudar para lá, mas a falta de assistência e as péssimas condições geográficas da região fizeram com que o projeto não desse certo. A Transamazônica tornou-se símbolo do fracasso das obras faraônicas da época.

Os problemas ocorridos em sua construção poderiam ter sido evitados se os militares que governavam o Brasil na época tivessem se lembrado das dificuldades enfrentadas pelos trabalhadores que, seis décadas antes, penetraram a selva daquela mesma região com a missão de construir uma ferrovia interligando o Brasil e a Bolívia.

Em 1903, o governo brasileiro comprou da Bolívia o território do Acre, uma região rica em seringueiras, árvore da qual se extrai o látex para a fabricação da borracha, produto extremamente procurado na época, em função da expansão da indústria automobilística. O Brasil pagou dois milhões de libras esterlinas aos bolivianos e se comprometeu em construir uma estrada de ferro entre os rios Madeira e Mamoré, que serviria de canal de acesso da Bolívia ao mar. Nascia, assim, a estrada de ferro Madeira-Mamoré, uma das empreitadas mais desastrosas da história do Brasil republicano.

A obra estendeu-se de 1907 a 1912 e seu custo estimado ficou entre US$ 15 e US$ 30 milhões. Cerca de sessenta mil trabalhadores de cinquenta etnias foram levados para o meio da selva, onde viveram alguns dos piores dias de suas vidas: mais de dez mil homens morreram por causa de endemias e outros trinta mil operários foram internados com malária, febre amarela, disenteria entre outras doenças. Quando os 366 quilômetros da ferrovia ficaram concluídos, a exportação de borracha do Brasil estava em decadência, devido a expansão dos seringais asiáticos. A ferrovia da morte revelou-se inútil e hoje está totalmente abandonada.

ir e vir: liberdade de movimento

Ir e vir... Para onde?

Os pobres e escravos continuariam a pé durante muito tempo. Mas a elite já podia contar com o primeiro serviço de transporte público, naquele janeiro de 1837, na cidade do Rio de Janeiro. A apregoada liberdade de ir e vir tornava-se cada vez mais viável – um avanço democrático que com o passar do tempo sacramentaria o direito de todos os cidadãos: a garantia de transporte.

Essa primeira linha de ônibus era movida por tração animal e tinha capacidade para vinte passageiros, o que provocou certo descontentamento dos charreteiros, mas trouxe um grande benefício para a população. A linha serviu inicialmente ao transporte do centro do Rio de Janeiro para os bairros de Botafogo, Laranjeiras, São Cristóvão e Andaraí Pequeno – atual Tijuca.

Viva o bonde!

Com o advento da Revolução Industrial, que se iniciou na Inglaterra do século XVIII e se expandiu para outros países, o transporte foi se tornando parte significativa do cotidiano da população. Cresceram os centros urbanos em todo o mundo e se criou para os trabalhadores a necessidade de um sistema de transporte que os deslocasse rapidamente das suas casas para as fábricas.

Não demorou muito e a população começou a se organizar em movimentos sociais, a reivindicar e a multiplicar suas lutas, até conseguir o direito de transporte público coletivo em boas condições e a preços

© Marc Ferrez/Coleção Particular

Ônibus com tração animal passa pelo hotel dos estrangeiros, Rio de Janeiro, c. 1875.

© Fundação Patrimônio Histórico da Energia de SP

Bondes na rua São João, centro de São Paulo, em fotografia tirada por Guilherme Gaensly, entre 1902 e 1903.

acessíveis. Uma vitória significativa, uma vez que a dificuldade para se deslocar de um ponto a outro da cidade era um dos problemas que mais contribuía para a diminuição da qualidade de vida das populações urbanas. Por isso, começaram a surgir as políticas públicas voltadas para atender a esse tipo de necessidade social da população. Mas nem sempre esse direito tem sido garantido pelos governos.

Os primeiros bondes com motor elétrico eram alimentados por baterias e, no Brasil, circularam primeiro em Niterói, em 1883, e depois no Rio de Janeiro, em 1887. Em 1899, quando São Paulo já contava com 238 mil habitantes, estabeleceu-se na cidade a The São Paulo Tramway, Light & Power Co. Ltd., empresa canadense que ganhou a concessão para a construção e utilização de linhas de bondes por quarenta anos. Nesse ano, os bondes em São Paulo percorriam os bairros da Liberdade, Mooca, Brás, Marco da Meia Légua (Belém), Luz, Santa Cecília, São Joaquim e Consolação.

No final do século XIX e início do XX, o principal transporte coletivo utilizado no Brasil assentava-se sobre trilhos: *railway* (para os bondes) e *tramway* (para os trens) tornaram-se palavras conhecidas da população dos maiores centros urbanos.

Nas décadas de 1910 e 1920, os bondes da Light já faziam parte do cotidiano da cidade. Os acidentes e atropelamentos eram manchetes de jornais da época e serviam de motivo para a imprensa criticar a imprudência dos condutores dos bondes, chamados de motorneiros.

Até o final da década de 1920, as redes de bondes elétricos cresceram em todo o mundo, quase sempre sob controle do poder público municipal. Porém, os aumentos de custos na expansão do sistema e na produção de eletricidade refletiu-se no preço das passagens. Agravando a situação, a quebra da bolsa de Nova York, em 1929, afetou seriamente as economias mundiais, provocando o encerramento gradativo dos sistemas de bondes que operavam com baixo rendimento, principalmente em pequenas cidades e em ligações interurbanas.

> O ônibus, o bonde e a trombada – Origem das palavras

A chegada de novos meios de transporte ao Brasil não modificou apenas a locomoção da população, que passou a se deslocar de maneira mais rápida. Contribuiu também para enriquecer a língua portuguesa com a criação de novos vocábulos.

A palavra *bonde*, por exemplo, surgiu em 1872, usada pela população do Rio de Janeiro para designar os "carris de ferro", veículos que corriam sobre trilhos. Na época, as passagens custavam duzentos réis e não existiam moedas deste valor em circulação. Por isso, foram impressos nos Estados Unidos pequenos bilhetes, os *bonds* (bônus, ação), vendidos em grupos de cinco por mil-réis. A própria empresa chamava os bilhetes de *bonds*, pois significavam o compromisso assumido de transportar o portador em seus veículos. Com o tempo o povo passou a denominar o próprio carril de ferro urbano com essa palavra, que se aportuguesou, ganhando um "e" no final.

Outro neologismo ocorreu em função de um acidente, em 1929, em São Paulo. O bonde de Vila Maria seguia pela rua Catumbi quando, ao completar uma curva, o motorneiro deparou-se com um elefante que havia escapado de um circo. Para assustar o animal, o motorneiro tocou a campainha do bonde e acelerou o veículo. Entretanto, o elefante avançou na direção do bonde, dando-lhe uma forte cabeçada. Como resultado do impacto, o paquiderme foi a nocaute, permanecendo desacordado por quase duas horas. O bonde capotou e ficou totalmente empenado. Deste dia em diante, os paulistanos passaram a usar a expressão "trombada" para referir-se a uma colisão entre veículos.

Já o termo ônibus vem da França. A palavra *omnibus*, em latim, significa "para todos". Um comerciante francês chamado Omnes colocava em seu estabelecimento uma pequena tabuleta na qual estava escrito *Omnes omnibus*, querendo dizer assim que sua loja era popular. Isso inspirou o dono de um veículo para transportes de banhistas rumo às praias locais, que passou a usar a palavra omnibus para indicar que seu veículo transportaria qualquer pessoa.

© Marc Ferrez/Coleção Particular

Ônibus em São Paulo, c. 1940.

© Iconographia

Inauguração da primeira linha de bonde elétrico, em 7 de maio de 1900, ligando o Largo de São Bento ao bairro da Barra Funda, em São Paulo.

O transporte nos grandes centros urbanos

Depois da Primeira Grande Guerra, o petróleo tornou-se mais barato e o bonde elétrico perdeu prestígio. Os Estados Unidos exportavam as primeiras "jardineiras", pequenos ônibus com motor a explosão. Os primeiros a trafegar no Brasil chegaram em 1919, com lugar para oito pessoas. As jardineiras eram montadas sobre chassis de caminhões e a única parte original externa mantida no veículo era a frente, com o capô do motor, faróis e para-choques. A parte traseira era uma enorme caixa de madeira com vidros e bancos. No ano de 1924 circulou a primeira linha regular de ônibus na cidade de São Paulo.

Por volta de 1926, o sistema de transporte coletivo – os serviços de bondes e dos ônibus – não atendia mais às necessidades da população devido ao crescimento desordenado da cidade. A partir desse ano começaram a circular os bondes fechados, pesados e pintados de vermelho. Foram batizados de "camarão", mas havia também o "jacaré", um bonde todo verde que fazia a linha para Santo Amaro.

© Rolando de Freitas/AE

Ônibus-jardineira da Empresa Paulista de Ônibus Mooca, da década de 1930, em São Paulo.

© AE

Construção da Estação Sé, na primeira linha do metrô paulistano, a Norte-Sul, que foi inaugurada em 1974.

› O bonde e a cidade – Oswald de Andrade

Em 1954, poucos meses antes de morrer, o escritor paulista Oswald de Andrade, um dos mais importantes nomes do Modernismo brasileiro, publicou seu livro de memórias *Um homem sem profissão – Sob as ordens de mamãe*. Dele, extraímos o trecho abaixo, em que se narra a viagem inaugural dos bondes elétricos em uma São Paulo que ainda era iluminada por lampiões a gás.

Anunciou-se que São Paulo ia ter bondes elétricos (...).
Uma febre de curiosidade tomou as famílias, as casas, os grupos. Como seriam os novos bondes que andam magicamente, sem impulso exterior? Eu tinha notícia pelo pretinho Lázaro, filho da cozinheira de minha tia, vinda do Rio, que era muito perigoso esse negócio de eletricidade. Quem pusesse os pés nos trilhos ficava ali grudado e seria esmagado fatalmente pelo bonde. Precisava pular (....).
O projeto aprovado, começaram logo os trabalhos da execução. E anunciaram que numa manhã apareceria o primeiro bonde elétrico. Indicaram-me a atual Avenida São João como o local por onde transitaria o veículo espantoso. (...)
A cidade tomou um aspecto de revolução. Todos se locomoviam, procuravam ver. E os mais afoitos queriam ir até a temeridade de entrar no bonde, andar de bonde elétrico!
Naquele dia de estreia ninguém pagava →

© AE

Bonde trafegando na contramão dos automóveis, no centro de São Paulo, em 1964.

Os dirigentes da Light, por seu lado, não conseguiram aumentar as tarifas das linhas de bondes elétricos. Frustrados, direcionaram os recursos da empresa para a geração e distribuição de energia elétrica nos 74 municípios de sua concessão exclusiva. O sistema de transporte por bondes piorou. E foi sendo lentamente sucateado.

Por meio de um decreto do governo federal, o término do contrato com a Light, previsto para 1941, foi prorrogado até 1947, quando foi instituído o monopólio dos transportes coletivos em São Paulo. Para administrar o monopólio, foi criada a CMTC – Companhia Municipal de Transportes Coletivos.

Nesse mesmo ano chegou a São Paulo o elegante bonde "Centex", conhecido popularmente por "Gilda", em alusão ao filme de mesmo nome, estrelado por Rita Hayworth. Em 1963, os bondes mudaram de cor, passando de vermelho para uma tonalidade alaranjada. Foram apelidados de "Crush", um dos refrigerantes da época, sabor laranja.

Ao assumir o serviço de bondes, a prefeitura constatou que o sistema estava ultrapassado. Os preços das passagens estavam sem reajustes há 36 anos e os ônibus e *trolleybus* (ônibus elétricos, com fios elevados nas ruas) concorriam com eles em condições vantajosas. A última vez que os bondes percorreram as ruas de São Paulo foi em 27 de março de 1968, na estação de bondes da Vila Mariana. Era o fim de um transporte barato e limpo, não poluente.

Em 24 de abril desse mesmo ano, o prefeito Faria Lima, que havia acompanhado a "cerimônia do adeus" aos bondes, criou a Companhia do Metropolitano de São Paulo, dando continuidade à tradição de transporte coletivo sobre trilhos. Desde a década de 1920 havia planos de se implantar o sistema metroviário na capital paulista, o que se tornou realidade apenas em 1974.

→

passagem, era de graça. A afluência tornou-se, portanto, enorme.
No centro agitado, eu desci a Ladeira de São João, que não era ainda a Avenida de hoje. Fiquei na esquina da Rua Líbero Badaró, olhando para o Largo de São Bento, de onde devia sair a maravilha mecânica.
A tarde caía. Todos reclamavam Por que não vem?
Anunciava-se que a primeira linha construída era a da Barra Funda. – É pra casa do Prefeito! (...)
Um murmúrio tomou conta dos ajuntamentos. Lá vinha o bicho! O veículo amarelo e grande ocupou os trilhos no centro da via pública. Um homem de farda azul e boné o conduzia, tendo ao lado um fiscal. Uma alavanca de ferro prendia-o ao fio esticado, no alto. Uma campainha forte tilintava abrindo as alas convergentes do povo. Desceu devagar.
Gritavam:
– Cuidado! Vem a nove pontos! (...)
Uma mulher exclamou:
– Ota gente corajosa! Anda nessa geringonça!
Passou. Parou adiante, perto do local onde se abre hoje a Avenida Anhangabaú. Houve um tumulto. Acidente?
Não andava mais, gente acorria de todos os lados. Muitos saltavam.
– Rebentaram a trave do lado! Não é nada!
Tiraram a trave quebrada. O veículo encheu-se de novo, continuou mais devagar ainda, precavido.
E ficou pelo ar, ante o povo boquiaberto que rumava para as casas, a atmosfera dos grandes acontecimentos. Nas ruas, os acendedores de lampião passavam com suas varas ao ombro acendendo os acetilenos da iluminação pública.

Oswald de Andrade, *Obras Completas; Um homem sem profissão – Sob as ordens de mamãe*, 2. ed., São Paulo, Globo, 1990, pp. 46-49.

A primeira linha do metrô paulistano foi a 1 – Azul, anteriormente chamada de Linha Norte-Sul. A escolha do traçado, ligando dois bairros afastados, Santana e Jabaquara, cortando a área central da cidade, deveu-se à inexistência de alternativas de transporte coletivo ferroviário para os moradores e à preocupação de descongestionar o trânsito já caótico do centro de São Paulo. Foi esta linha que marcou o nascimento do Metrô de São Paulo e foi nela que se concentraram as disputas por opções tecnológicas que iriam fazer do metrô paulistano um dos mais velozes e modernos do mundo, mas cuja extensão se tornaria bastante insuficiente.

Já o transporte individual cresceu à medida que o transporte público apresentava problemas para expandir-se. Em São Paulo, o primeiro automóvel a circular foi importado em 1893 por Henrique Santos Dumont, irmão do inventor do avião. Junto dos bondes e ônibus, os automóveis reduziram progressivamente os espaços destinados aos pedestres.

O que se vem observando é que a baixa qualidade dos serviços de transporte público – em um contexto capitalista que possibilita cada vez mais à população adquirir um automóvel – vem impelindo o crescimento do transporte individual. Então crescem os congestionamentos e aumenta a poluição, o que faz surgir muitos outros problemas que afetam o bem-estar físico e psicológico da população.

Ônibus, trens, lotação, táxis, metrô são opções reais de transporte nos grandes centros urbanos como São Paulo e Rio de Janeiro. Mas continuam insuficientes para atender à grande demanda da população. Daí serem rotineiros os conflitos entre perueiros (lotações, geralmente irregulares) e empresas de ônibus (concessões municipais), as greves de motoristas, a superlotação do Metrô, as disputas entre taxistas por pontos e passageiros. Além disso, as vias de tráfego são inadequadas para absorver a quantidade desses veículos que circulam nas ruas.

Todos que experimentam o vaivém dos veículos, dentro ou fora deles, ou que rodam pelas ruas e avenidas, de madrugada a madrugada, bem sabem que o direito ao transporte ainda é uma questão de cidadania a ser conquistada.

Congestionamento na avenida Rubem Berta, São Paulo, em 1999.

atividades

1 O trem é um meio de transporte rápido e não poluente, entretanto, é pouco utilizado no Brasil para levar passageiros: 89% da receita das ferrovias vêm do movimento de carga. Enquanto a malha ferroviária dos Estados Unidos é de mais de 107 mil quilômetros de extensão apenas em sua rede principal, no Brasil temos somente 28 mil quilômetros de estradas de ferro em todo o país. Faça uma pesquisa com seus amigos, descubra qual a estação de trem mais próxima de onde você mora e se informe sobre qual o destino dessa linha. Converse com pessoas que andam de trem e pergunte qual a opinião delas a respeito desse meio de transporte.

2 No Brasil existem cerca de 32 milhões de carros circulando todos os dias pelas ruas e estradas do país. A maior frota está na cidade de São Paulo, que possui cinco milhões de automóveis. Esse número elevado de veículos faz com que sejam constantes os congestionamentos nos grandes centros urbanos. Com seus colegas, faça uma pesquisa a respeito da situação do transporte público onde você mora, pense como ele poderia melhorar e, com a ajuda de seu professor, elabore uma carta ao prefeito de sua cidade, apresentando essas sugestões.

3 De que forma se deslocam as pessoas na cidade e na região em que você vive? Com um grupo de colegas, faça um levantamento dos meios de transporte usados individual e coletivamente, por terra, água e ar. Estabeleça valores para realizar os deslocamentos nesses vários meios. Conclua sua atividade elaborando um relatório sobre a dependência da população mais pobre em relação aos principais meios de transporte. É possível afirmar que o direito de ir e vir está garantido para todos? Como os custos interferem nesse direito?

> Transporte urbano metropolitano

Diariamente, 33 milhões de veículos circulam pelas ruas do Brasil. Desse total, apenas 115 mil são ônibus. O restante é, na grande maioria, automóveis particulares, que transportam um reduzido número de pessoas. Devido a esse excesso de veículos, a poluição atmosférica e o trânsito têm se tornado alguns dos principais problemas das cidades, principalmente dos grandes centros urbanos onde, com frequência, os motoristas enfrentam engarrafamentos gigantes.

Um dos fatores que contribuíram para essa situação foi a grande expansão da frota automobilística no país. Em 1950, rodavam pelo Brasil apenas 430 mil carros. Em apenas cinquenta anos esse número aumentou 7.700%. A malha viária das cidades, entretanto, não cresceu na mesma proporção e, por isso, as ruas ficaram pequenas para tantos carros. Outro fator são as políticas de planejamento urbano que costumam privilegiar o transporte viário em detrimento de outros tipos, muitas vezes mais ágeis e menos poluentes, como os trens e os metrôs.

Não é à toa, portanto, que todos os dias 59 milhões de passageiros se locomovem por meio de ônibus, contra 5 milhões de pessoas que utilizam trem e metrô. A preferência pelo sistema viário fica mais evidente quando se verifica que, em 2003, apenas seis cidades brasileiras possuíam metrô: São Paulo, Rio de Janeiro, Belo Horizonte, Porto Alegre, Recife e Brasília. E mais: a malha metroviária desses centros urbanos totaliza cerca de duzentos quilômetros de extensão, menos da metade da malha do metrô da cidade de Nova York, que é de 443 quilômetros.

O transporte ferroviário também enfrenta problemas. A malha ferroviária brasileira é de apenas 29.283 quilômetros (a malha principal dos Estados Unidos tem 161 mil quilômetros) e pelo menos 35% dela foi construída há mais de sessenta anos. O trem, no entanto, é utilizado, primordialmente, para o transporte de cargas. Apenas 11% de seu movimento é para o transporte de passageiros. Devido à falta de investimentos, a indústria de locomotivas no Brasil está, desde 1991, praticamente parada, com uma taxa de ociosidade de 99%.

a saúde pública e o direito à vida

Em 1904, o Congresso determinou a obrigatoriedade da vacina contra a varíola – o que, para quem olha hoje, é uma medida óbvia em prol da saúde pública. Na época, ocorreu um movimento mundialmente inusitado, servindo como estopim para o descontentamento popular. Explodiria a Revolta da Vacina. A população espancou policiais e vacinadores, em meio a saques, incêndios de bondes, depredações de prédios públicos. Houve até levante de militares contra o governo. A pancadaria oficial foi ainda maior, com prisões, gente espancada e exilada.

Sem condições satisfatórias de saneamento e vivendo apinhados em infectados cortiços, os pobres eram vistos como agentes transmissores de doenças. Eram alvos do que se chamava na época de "limpeza social". Alguns anos após a Revolta da Vacina, a gripe espanhola chegou ao Brasil, matando, segundo se estima, trezentas mil pessoas. Avenidas ficavam repletas de cadáveres e, em determinado momento, já não havia quem os enterrasse. Tiveram de recorrer aos presidiários. Em alguns lugares, os familiares sepultavam os próprios mortos.

Coube a Monteiro Lobato, escritor e também fazendeiro, alardear, nacionalmente, o drama da saúde pública, criando o Jeca Tatu, personagem caipira que se prestava como uma incubadora de pestilências. Na sua ignorância, Jeca Tatu combatia as doenças com superstição. De início preconceituoso contra o caipira, Lobato descobriu, mais tarde, que eles eram barrigudos e indolentes não por preguiça, mas devido à ação de germes.

As epidemias resumiam todas as carências brasileiras – da falta de saneamento básico, péssimas condições de moradia e escassos serviços de saúde, até a desastrosa situação da educação. Daí que até hoje permanecem antigas doenças que já deveriam estar extintas. Porém, um exemplo de sucesso, reconhecido mundialmente, foi a campanha contra a Aids no Brasil: graças ao trabalho eficiente de prevenção, o número de mortes provocadas pelo vírus HIV diminuiu muito. Pena que em outros cantos não ocorra o mesmo: o que se vê na África, atualmente, em relação às mortes provocadas pela Aids, é semelhante ao que, no passado, se viu no Brasil com a gripe espanhola.

13

> Combate à Aids no Brasil: exemplo para a saúde pública

A Aids é uma das doenças infecciosas mais letais que a humanidade já conheceu. Relatório divulgado em novembro de 2002 pela Unaids (Programa Conjunto das Nações Unidas sobre HIV/Aids) revela que 42 milhões de pessoas estão infectadas pelo HIV, o vírus transmissor da doença. A estimativa é que, nos próximos vinte anos, 68 milhões de pessoas morrerão devido à Aids, número cinco vezes maior que a quantidade de mortes ocorridas em função da doença, desde que ela foi identificada pelos cientistas em 1980. O país com o maior número de casos em números absolutos é a África do Sul, com 5 milhões de infectados, seguido pela Índia, 3,97 milhões.

No Brasil, até setembro de 2001, haviam sido notificados 222 mil casos, mas a estimativa é de que esse número chegue a seiscentos mil. Ainda assim, o Brasil é considerado pela Unaids modelo internacional na questão de prevenção e tratamento da doença em todo o mundo. Uma das principais razões desse sucesso deve-se a uma lei, aprovada em 1994, que prevê a distribuição gratuita de remédios contra a Aids aos pacientes da doença.

© Josemar Gonçalves/Abril Imagens

Manifestação contra a comercialização de sangue no Brasil, em 1988, no Congresso Nacional, em Brasília, DF. A Lei Betinho, que proíbe a venda de sangue no Brasil, foi sancionada em 21 de março de 2001.

Dois anos depois, o Brasil tornou-se um dos primeiros países do mundo a distribuir gratuitamente o "coquetel" antivírus, um grupo de remédios que o enfermo administra para bloquear o desenvolvimento da doença. O resultado é que o número de mortes em função da Aids apresentou uma queda extremamente significativa: passou de onze mil óbitos em 1995 →

a saúde pública e o direito à vida

Vírus a bordo

© Reprodução Revista Fon-Fon

Bonde circula pela cidade do Rio de Janeiro carregando caixões, que se tornavam escassos em 1918.

Setembro de 1918. Um navio ancorava em Recife trazendo alguns marinheiros e vários imigrantes espanhóis, que apresentavam estranhos sintomas: estavam contaminados pela gripe espanhola.

Foi a partir das cidades portuárias que essa epidemia alastrou-se por diversas regiões do Brasil. Em dois meses morreram dezessete mil pessoas no Rio de Janeiro e oito mil em São Paulo. Os cálculos são imprecisos, mas avalia-se que tenham morrido, no mínimo, trezentas mil pessoas em todo o país.

A gripe espanhola – Uma tragédia anunciada

A gripe espanhola se alastrava em velocidade impressionante. Os primeiros enfermos chegaram em navios. As primeiras vítimas eram trabalhadores dos portos, geralmente jovens, que logo transmitiam o vírus da doença para seus familiares. Como não havia antibióticos, em poucos meses o contágio evoluiu para uma pandemia.

O cenário urbano, na época, era desolador. Familiares, desesperados, jogavam seus mortos na rua com medo de contrair a doença. As avenidas estavam cheias de cadáveres e os presidiários foram obrigados a trabalhar como coveiros. Em frente às igrejas, inúmeras famílias reuniam-se para pedir ajuda a Deus.

No Rio de Janeiro, o sanitarista Carlos Chagas comandava o combate à enfermidade, mas os bondes cariocas – usados como carros funerários – circulavam abarrotados de corpos. Em São Paulo, carroças foram contratadas pela Prefeitura para percorrer as ruas do centro e dos bairros mais próximos recolhendo corpos em adiantado estado de decomposição. Em Porto Alegre, foi criado um cemitério exclusivo para as vítimas da gripe espanhola – cada família deveria levar seus mortos para lá por conta própria.

Os médicos, também alarmados, receitavam quinino ou apenas limitavam-se a indicar canja de galinha. Atrás de frangos, o povo saqueava os armazéns. Os jornais recomendavam tratamento à base de pinga com limão. Ou uísque com gengibre. Devido à ineficácia da ciência, impunham-se a crença e a sabedoria popular.

Mortífera e internacional

Em âmbito internacional, a gripe espanhola eclodiu ao final da Primeira Grande Guerra (1914-1918). Os soldados, que iam e vinham de muitos lugares do planeta, infectavam mais gente da sua terra natal, quando conseguiam voltar para casa. Mas, em 1920, tão misteriosamente como surgira, a epidemia acabou. Quem sobreviveu criou anticorpos e ficou imune.

A ciência da época era precária, não havia microscópios eletrônicos para enxergar os vírus, que eram invisíveis ao microscópio comum. Os

© Divulgação

Cartaz do Ministério da Saúde para o Dia Mundial de Luta contra a Aids, 2000.

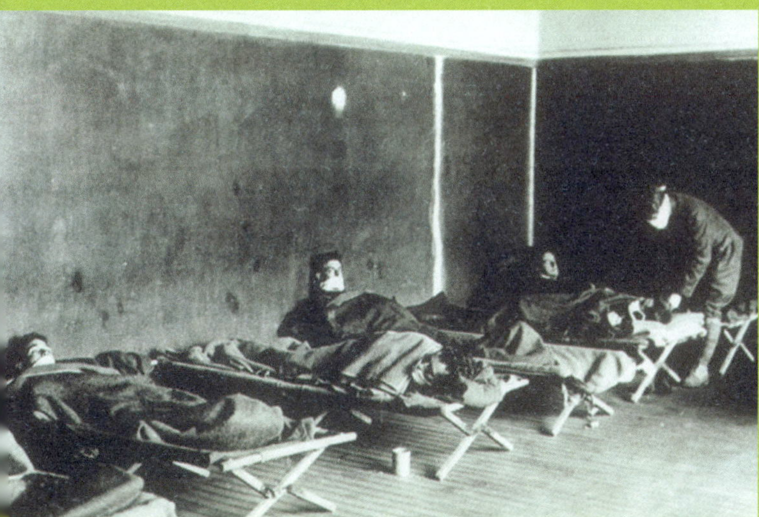

© National Museum of Helth & Medicine

Soldados do Exército norte-americano com gripe espanhola, em Luxemburgo, durante a I Guerra Mundial.

virologistas só conseguiram estudar o vírus da gripe espanhola na década de 1990, depois de analisar as vísceras preservadas em formol de 43 mil soldados mortos pela doença. Quando o material genético do vírus foi investigado, descobriu-se indícios de mutação num micro-organismo que normalmente ataca os porcos.

para quatro mil em 2000. Em 2002, cerca de 115 mil pessoas faziam o tratamento no país.

A postura do Brasil frente à doença vem, inclusive, incomodando os grandes laboratórios químicos norte-americanos que fabricam os remédios contra a Aids. Para reduzir os custos com a importação dos medicamentos, o governo brasileiro propôs a quebra das patentes de algumas substâncias protegidas por lei. A proposta foi aprovada por unanimidade pela Organização Mundial de Saúde e o Brasil garantiu, assim, o direito de produzir esses medicamentos. O passo seguinte está sendo o lançamento de programa de cooperação internacional que tem como um de seus objetivos transferir os conhecimentos científicos e tecnológicos necessários para a fabricação de remédios contra a Aids para nações pobres, onde os índices de mortalidade por causa do HIV costumam ser bastante elevados.

> *Pneumotórax* – Manuel Bandeira

Um dos maiores poetas brasileiros de todos os tempos, Manuel Bandeira foi figura de destaque do Modernismo, tendo convivido intensamente com Carlos Drummond de Andrade, talvez o maior de todos os poetas. Foi professor de literatura hispano-americana e elegeu-se para a Academia Brasileira de Letras em 1940.

Aos dezoito anos adoeceu gravemente do pulmão:

A história de minha adolescência é a história de minha doença. Adoeci aos dezoito anos quando estava fazendo o curso de engenheiro-arquiteto na Escola Politécnica de São Paulo. A moléstia não me chegou sorrateiramente, como costuma fazer, com emagrecimento, febrinha, um pouco de tosse, não: caiu sobre mim de supetão e com toda a violência, como uma machadada do Brucutu. Durante meses, fiquei entre a vida e a morte. Tive de abandonar para sempre os estudos. Como consegui com os anos levantar--me desse abismo de padecimentos e tristezas é coisa que me parece a mim e aos que me conheceram então um verdadeiro milagre. Aos trinta e um anos, ao editar meu primeiro livro de versos, A cinza das horas, *era praticamente um inválido. Publicando-o, não tinha de todo a intenção de iniciar uma carreira literária. Aquilo era antes o meu testamento – o testamento da minha adolescência. Mas os estímulos que recebi fizeram-me persistir nessa atividade poética, que eu exercia mais como um simples desabafo dos meus desgostos íntimos, da minha forçada ociosidade. Hoje vivo admirado de ver que essa minha obra de poeta menor – de poeta rigorosamente menor – tenha podido suscitar tantas simpatias.*
Conto estas coisas porque a minha dura experiência implica uma lição de otimismo e confiança. Ninguém desanime por grande que seja a pedra no caminho. A do meu parecia intransponível. No entanto saltei-a. Milagre? Pois então isso prova que ainda há milagres.

Sua vida revela-se em sua obra, onde temas universais como o amor e a morte são tratados a partir da experiência cotidiana. Seu texto sempre foi marcado por forte musicalidade, simplicidade e humor, características que podemos notar no poema a seguir, "Pneumotórax", que pode ser lido como uma autoironia. Ao contrário do que se poderia esperar, Bandeira viveu até os 82 anos de idade! →

Do Ocidente ao Oriente, levantou-se a hipótese de ter sido a China o local da mutação, pelo fato de os camponeses daquele país criarem aves e porcos num mesmo local. Outra teoria tornava os Estados Unidos, em vez da Espanha, os pioneiros dessa pandemia. Soldados norte--americanos teriam ido à Europa para combater na Primeira Grande Guerra já infectados.

O fato é que a classe científica nunca esqueceu a tragédia da gripe espanhola e ainda hoje tenta descobrir os motivos de tamanha mortandade.

© Biblioteca Nacional

Revolta da Vacina. Bondes virados na Praça da República, esquina com rua da Alfândega, no Rio de Janeiro, em novembro de 1904.

A Revolta da Vacina – Uma reação inevitável

As personalidades públicas também morriam infectadas por micro-organismos. No Brasil, uma delas foi Rodrigues Alves, presidente eleito em 1902, no início da República. Eleito pela segunda vez em 1918, não pôde exercer o novo mandato: morreu no dia 16 de janeiro de 1919, depois de agonizar por sete meses, vítima da gripe espanhola. Uma patética ironia, pois dezessete anos antes, o então presidente Rodrigues Alves havia instituído a vacinação obrigatória contra outra epidemia, a da varíola. A campanha de saneamento na cidade do Rio de Janeiro, porém, fez eclodir uma revolta popular, em 1904: a Revolta da Vacina.

Naquele início de República no Brasil, o Rio de Janeiro, capital do país, não era apenas a "cidade maravilhosa" das belezas naturais. O centro da cidade era um aglomerado de cortiços, espalhados por pequenas vias insalubres, onde trabalhadores e miseráveis dividiam o mesmo espaço.

Como acontece ainda hoje em favelas de centenas de cidades brasileiras, viver no centro do Rio de Janeiro era uma verdadeira prova de resistência física e moral. Eram péssimas as condições de moradia e de alimentação, formando-se um verdadeiro círculo vicioso: as más condições de vida provocavam doenças e a convivência promíscua com as enfermidades só fazia agravar o quadro de miséria social.

Quando tomou posse e durante todo o seu mandato como Presidente, Rodrigues Alves manteve as finanças públicas relativamente equilibradas. Não por mérito próprio. No governo anterior, os políticos tinham restringido o crédito da população, cortado os gastos públicos e limitado os ganhos salariais.

Dispondo de recursos, o presidente iniciou um grande projeto de reforma urbana na capital. Ele concedeu ao prefeito do Rio de Janeiro, Pereira Passos, plenos poderes para implementar um plano de alargamento de ruas e praças e rebaixamento de morros. Mas era preciso também "dar um jeito" nos cortiços e habitações populares. O objetivo era transformar o Rio de Janeiro numa réplica das metrópoles europeias.

Engajado no projeto de reforma urbanística, o médico Oswaldo Cruz, em 1903, dirigia o Departamento Nacional de Saúde Pública e tinha, como missão, sanear a capital federal. Livrá-la, dentre outras enfermidades, da febre amarela e da varíola.

A peste bubônica também era uma terrível ameaça. Milhares de ratos percorriam a cidade. Infectados, carregavam pulgas, que picavam as pessoas e as contaminavam. O excesso de roedores na cidade obrigou Oswaldo Cruz a pedir ajuda à população: trezentos réis para cada rato entregue morto ao Serviço Sanitário. O episódio, tragicômico, expunha a miséria de grande parte do povo carioca, que foi levado a tirar parte de seu sustento da criação de ratos em cativeiro.

Propaganda do xarope Bromil, publicada na revista *O Malho*, edição de 3 de agosto de 1918.

Moradores despejados dos cortiços do centro do Rio de Janeiro.

Pneumotórax

Febre, hemoptise, dispneia e suores noturnos.
A vida inteira que podia ter sido e que não foi.
Tosse, tosse, tosse.

Mandou chamar o médico:
– Diga trinta e três.
– Trinta e três... trinta e três... trinta e três...
– Respire.

– O senhor tem uma escavação no pulmão
esquerdo e o pulmão direito infiltrado.
– Então, doutor, não é possível tentar o
pneumotórax?
– Não. A única coisa a fazer é tocar um tango
argentino.

Manuel Bandeira, in *Libertinagem*, livro incluído em *Estrela da vida inteira,* 20. ed., Rio de Janeiro, Nova Fronteira, 1993, p. 128.

> Monteiro *Jeca Tatu* Lobato

Em 1914, o então fazendeiro Monteiro Lobato enviava ao jornal *O Estado de S. Paulo* carta em que denunciava as queimadas praticadas por caboclos na Serra da Mantiqueira. Publicada sob o título "Velha praga", deu início à carreira literária do autor. Nela surgia a figura caricaturesca do Jeca Tatu, símbolo da preguiça e da indolência, da ignorância e da superstição. Era a visão de Monteiro Lobato sobre o homem do campo, o caipira. Em 1919, o personagem aparece no conto "Urupês".

Jeca Tatu é um piraquara do Paraíba, maravilhoso epítome de carne onde se resumem todas as características da espécie.

Ei-lo que vem falar ao patrão. Entrou, saudou. Seu primeiro movimento após prender entre os lábios a palha de milho, sacar o rolete de fumo e disparar a cusparada d'esguicho, é sentar-se jeitosamente sobre os calcanhares. Só então destrava a língua e a inteligência. (...)

Quem aplica as mezinhas é o "curador", um Eusébio Macário de pé no chão e cérebro trancado como moita de taquaruçu. O veículo usual das drogas é sempre a pinga – meio honesto de render homenagem à deusa Cachaça, divindade que entre eles ainda não encontrou heréticos.

Doenças haja que remédios não faltam.

Para bronquites, é um porrete cuspir o doente na boca de um peixe vivo e soltá-lo: o mal se vai com o peixe água abaixo...

Para "quebranto de ossos", já não é tão simples a medicação. Tomam-se três contas de rosário, três galhos de alecrim, três limas-de-bico, três iscas de palma benta, três raminhos de arruda, três ovos de pata preta (com casca; sem casca desanda) e um saquinho de picumã; mete-se tudo numa gamela d'água e banha-se naquilo o doente, fazendo-o tragar três goles da zurrapa. É infalível! (...)

Para dor de peito que "responde na cacunda", cataplasma de "jasmim-de-cachorro" é um porrete.

Além desta alopatia, para a qual contribui tudo quanto de mais repugnante e inócuo existe na natureza, há a medicação simpática, baseada na influição misteriosa de objetos, palavras e atos sobre o corpo humano. (...)

Num parto difícil, nada tão eficaz como engolir três caroços de feijão-mouro, de passo que a parturiente veste pelo avesso a camisa do marido e põe na cabeça, também pelo avesso, o →

À sua maneira, o povo encontrava brechas, mas não saídas para a vida miserável. Porém, o governo afirmava que nas construções populares residiam os principais focos de contágio, por servirem de abrigo a ratos e mosquitos transmissores das chamadas doenças pestilenciais ou contagiosas.

Esse pronunciamento foi suficiente para que o prefeito Pereira Passos determinasse a demolição de quarteirões inteiros de cortiços e outros prédios antigos do centro da cidade. Milhares de famílias de trabalhadores pobres foram forçadas a se deslocar para morros e subúrbios distantes, sob a alegação de dificultarem o "avanço da civilização".

Nas ações de prevenção, os funcionários do Serviço Sanitário agiram da mesma maneira que se fez em campanhas recentes em muitas regiões do Brasil. Eles vistoriavam o interior das casas em busca de água parada – os focos de reprodução dos mosquitos –, atualmente os que transmitem a dengue, outrora os transmissores da febre amarela.

Entretanto, na época, as "visitas" se transformaram em verdadeiras operações de guerra. Os humildes não estavam convictos da necessidade de se vacinar contra doenças transmissíveis. Por isso, os sanitaristas faziam-se acompanhar de policiais, que agiam com violência no caso de os moradores se recusarem a abrir as portas de suas casas.

Em outubro de 1904 o Congresso aprovou a obrigatoriedade da vacinação contra a varíola. Foi a gota d´água para eclodir uma violenta reação popular, que ficou conhecida como Revolta da Vacina. Policiais e vacinadores foram espancados pelos revoltosos. Houve saques, incêndios de bondes, depredações de prédios públicos, levante de militares contra o governo.

O troco do governo foi uma grande repressão que ultrapassou os limites da questão da vacina. Imigrantes anarquistas foram expulsos do país, muita gente foi presa e espancada, muitos foram desterrados para o distante Acre, sem chance de defesa. Também foram perseguidos os miseráveis e desempregados sem residência fixa que perambulavam pelas ruas. O chefe de polícia da cidade do Rio de Janeiro referiu-se a esse processo como "limpeza social".

O governo de Rodrigues Alves fez muito pouco para dotar o poder público de instrumentos eficazes contra outras doenças que pudessem acometer as classes populares. A população continuou exposta às epidemias que tradicionalmente atingiam as cidades e às novas doenças trazidas pela ampliação dos contatos com povos de outras regiões do mundo.

A Revolta da Vacina inaugurou a luta dos movimentos populares que, desde então, vem reivindicando melhores condições de saúde. O avanço da cidadania nessa área tem se dado com a conquista de assistência médica preventiva e gratuita, construção de infraestrutura de saneamento básico e de postos de saúde e hospitais, além da contratação de médicos e enfermeiros para o serviço público.

atividades

1 Analise as condições de atendimento da população na rede de saúde local e compare a qualidade do serviço de saúde prestado pelo Estado com a do sistema privado (análise de equipamentos, atendimento, custo etc.). Visite hospitais e entreviste médicos e outros profissionais da área de saúde, assim como usuários do sistema. Procure obter dados sobre os investimentos feitos na rede de saúde pública e nos hospitais filantrópicos (santas casas). Ao final, monte um painel com textos, fotografias, depoimentos, com o sentido de encaminhar um debate sobre o direito à saúde.

2 Entreviste pessoas idosas para tomar conhecimento sobre as doenças características da época de sua infância e adolescência. Complemente essas informações com pesquisas, procurando analisar o modo como essas doenças foram erradicadas. Depois, elabore um texto discorrendo sobre o impacto das epidemias modernas na sua comunidade, comparando-o com o impacto que outras doenças já tiveram sobre a população. Os textos devem conter sugestões de encaminhamento dos problemas. Os melhores podem ser divulgados pela imprensa local ou por outros meios.

3 Pesquise as condições de moradia das pessoas menos favorecidas que vivem no entorno de sua escola. Busque dados na prefeitura, em arquivos de jornais ou no próprio IBGE (se for possível) sobre a existência de favelas, cortiços e habitações em áreas de risco (beira de córregos, encosta de montanhas). Procure saber em entidades locais (como associações de bairro, sindicatos, igrejas, clubes) e na prefeitura que tipo de ação tem sido realizada para melhorar as condições de vida dessas pessoas. O trabalho deverá tomar a forma de um documento a ser levado às autoridades locais (prefeito, secretários municipais, diretores de órgãos habitacionais, vereadores etc.) a fim de cobrar providências em relação aos problemas constatados.

© Monteiro Lobato

Edição de 1961 do *Jeca Tatuzinho*, almanaque do Biotônico Fontoura, no qual Monteiro Lobato reconsidera sua opinião acerca do caipira: o Jeca não é vadio; está doente.

seu chapéu. Falhando esta simpatia, há um derradeiro recurso: colar no ventre encruado a imagem de São Benedito.

Nesses momentos angustiosos, outra mulher não penetre no recinto sem primeiro defumar-se ao jogo, nem traga na mão caça ou peixe: a criança morreria pagã. A omissão de qualquer destes preceitos fará chover mil desgraças na cabeça do chorincas recém-nascido.

Monteiro Lobato, *Urupês*, 37. ed., São Paulo, Brasiliense, 1994, pp. 168, 173-174.

Mais tarde, Monteiro Lobato veio a perceber que os caipiras eram barrigudos e preguiçosos por causa de doenças, não por opção. Arrependido de tê-los ofendido, escreveu um novo texto pedindo desculpas ao Jeca: "O Jeca não é assim, ele está assim".

O personagem é recriado pelo autor dez anos depois, em 1924, então como Jeca Tatuzinho, e passa a ser visto como símbolo da precariedade da saúde pública brasileira. A pouca produtividade do camponês brasileiro passa a ser atribuída à sua falta de saúde. O Jeca dos anos 1920, vitimado pela verminose, fraco e anêmico, representa o descaso das autoridades com a saúde da população. Ele gozou de grande popularidade quando se tornou personagem de quadrinhos publicados pelo almanaque dos produtos farmacêuticos Fontoura.

equilíbrio ambiental – um mundo para as futuras gerações

14

Se você fosse convidado a mergulhar no rio Tietê, em São Paulo, responderia certamente que não é maluco de aceitar tal proposta. Suas águas fétidas, com lixo boiando, não formam, na verdade, um rio, mas um esgoto. Antigamente (e nem tão antigamente assim), aquelas águas alegravam quem morava na cidade: o rio e suas margens serviam para competições de natação, regata, piqueniques ou ciclismo. Qualquer um seria capaz de aceitar um convite para brincar e se divertir numa paisagem tão agradável.

Quando o crescimento econômico leva menos em conta o cidadão do que a busca de lucros um dos resultados é a destruição da natureza – e, assim, rios viram esgoto. O desrespeito ao meio ambiente acompanha, no Brasil, o desrespeito aos direitos humanos. As consequências são, entre outras, a disseminação de doenças e as enchentes.

Assim como durante décadas jogou-se impunemente todo tipo de lixo nas águas do Tietê e em inúmeros rios de centenas de cidades brasileiras, também não se preservaram nossas matas.

Na famosa carta que enviou ao rei de Portugal, Pero Vaz de Caminha enaltecia as riquezas da Mata Atlântica, que atingia 1,2 milhão de quilômetros quadrados, estendendo-se de norte a sul do país. Atualmente, são apenas noventa mil quilômetros quadrados.

A Amazônia já perdeu 13% de suas florestas nas últimas quatro décadas. Olhando assim, até parece pouco, mas esses 13% significariam um território do tamanho da França. Em nenhum lugar do planeta a flora e a fauna são tão ricas; muitas das espécies de animais e de vegetais ali encontradas nem sequer foram estudadas.

O mico-leão-dourado transformou-se num dos exemplos mundiais de resistência contra a devastação do meio ambiente. Há poucos anos estava prestes a ser extinto, pois sobravam apenas duzentos em todo o planeta. Protegidos, hoje já chegam a mil numa reserva florestal do Rio de Janeiro.

> Amazônia

A Amazônia é a maior floresta tropical do planeta. Ela se estende ao longo de nove países da América do Sul e possui uma variedade incalculável de espécies animais e vegetais, muitas das quais ainda nem foram estudadas pelo homem. Para se ter uma ideia, vivem na região cerca de três mil diferentes espécies de peixe – uma quantidade quinze vezes superior ao de toda a Europa – e de cinco milhões a trinta milhões de espécies de plantas. Além disso, a Amazônia abriga a maior variedade de espécies de aves, primatas, roedores, jacarés, sapos, insetos e lagartos do mundo, além da maior bacia hidrográfica da Terra, formada pelo rio Amazonas e afluentes. Seu ecossistema é variado, dividindo-se entre as florestas de terra firme, várzeas, igapós, campos e campinas.

Toda essa riqueza, entretanto, enfrenta um grande perigo: a ação predatória do homem vem crescendo de forma assustadora desde meados do século XX. A derrubada das árvores para a indústria madeireira, a poluição provocada por garimpeiros, a transformação da floresta em áreas de pastagem e as queimadas estão devastando a região. Nos últimos quarenta anos, a Amazônia já perdeu mais de 13% de sua floresta original, ou seja, uma área equivalente ao território da França.

A luta pela preservação da floresta envolve entidades não governamentais, a iniciativa privada, ambientalistas e parlamentares, entre outros, que procuram desenvolver programas de conservação da biodiversidade e o desenvolvimento sustentável da região. Uma das pessoas que batalhou para isso foi o líder seringueiro e sindicalista Chico Mendes. Ele se tornou mundialmente conhecido por suas denúncias de destruição da floresta amazônica e por sua atuação não violenta contra o desmatamento. Seu trabalho em defesa dos "povos da floresta" – índios, seringueiros, castanheiros, pescadores e pequenos agricultores –, entretanto, desagradou os interesses de muitos na região e, no dia 22 de novembro de 1988, Chico Mendes foi assassinado em sua casa por pistoleiros a mando dos fazendeiros Darli e Darci Alves Pereira.

equilíbrio ambiental – um mundo para as futuras gerações

Atravessando o Tietê a nado

Turfe, natação, regata, ciclismo, bola ao cesto. Começava o ano 1900 e a cidade de São Paulo oferecia esses novos divertimentos aos cidadãos, por influência dos imigrantes, que engrossavam a população paulistana. O círculo familiar se expandia, ampliavam-se os espaços sociais, o lazer na cidade chegava às margens e às águas do rio Tietê.

Foi ali que em 1924 aconteceu a primeira grande competição Travessia de São Paulo a nado. O jornal A Gazeta, *dirigido pelo jornalista Cásper Líbero, apoiava o evento, um símbolo das transformações que ocorriam na cidade.*

Vinte anos se passaram até a suspensão desse tipo de provas. Em 1945, o atleta e campeão João Havelange (que viria a ser dirigente de futebol no Brasil e presidente da FIFA) foi acometido de febre tifoide após exercitar-se nas águas contaminadas do rio Tietê.

Outros esportes eram praticados ali. A última competição de remo, por exemplo, ocorreu em 1972.

O ritmo das transformações ambientais

Assim como o rio Tietê, em São Paulo, os rios que cortam grandes cidades em todo o mundo sofreram graves danos com o descaso e a poluição. Algumas cidades europeias, como Londres e Paris, conseguiram reverter esse quadro. Quando isso ocorrerá nos países mais pobres?

As transformações ambientais no mundo começaram a se intensificar com a Primeira Revolução Industrial, iniciada na Europa a partir do século XVIII. Mesmo no apogeu da Idade Média, os homens já tinham interferido de forma permanente nos ecossistemas. A expansão da agricultura, por exemplo, foi feita por meio da derrubada sistemática de florestas e por drenagem de pântanos.

© Clube Espéria

Prática de remo no rio Tietê, SP, em 1926.

© Corbis

Indústria metalúrgica em Sheffield, Inglaterra, em gravura de 1853.

© Divulgação

Paisagem de Los Angeles, EUA, em 2019, em cena do filme *Blade Runner*, 1982, dirigido por Ridley Scott.

Esse tipo de interferência virou rotina na exploração predatória adotada pelos europeus nas "novas terras", no período colonial, durante os séculos XVI e XVII. Foi assim com a extração do pau-brasil. A própria ocupação do litoral brasileiro se fez com a derrubada incessante da Mata Atlântica, reduzida a cerca de 5% da área ocupada no início da colonização.

As fábricas proliferavam na Europa no final do século XVIII. E precisavam de matéria-prima para serem transformadas em mercadorias, o que ia reduzindo o potencial dos sistemas naturais.

Depois veio a Segunda Revolução Industrial, no final do século XIX e início do XX – a era do conhecimento científico e das novas tecnologias. Eletricidade, petróleo, telégrafo. O aço, o alumínio, a vulcanização da borracha, o papel e os explosivos. Eram os milhares de quilômetros de ferrovias e a expansão da navegação marítima em todo o mundo reduzindo custos e integrando regiões antes sem meios de comunicação.

As novas tecnologias aceleravam os processos de industrialização, contribuindo para o êxodo rural e a urbanização. As cidades cresciam, mudavam os sistemas de moradia, de transporte e produção industrial. E ocorria a exploração de sistemas naturais cada vez mais distantes dos espaços urbanos.

É certo que a vida humana precisa extrair do ambiente muitos recursos para sua existência. Mas desde o surgimento das primeiras sociedades, o homem amplia sua capacidade de modificar a natureza em seu próprio benefício, sem se preocupar com as transformações produzidas por esse modelo de desenvolvimento. Portanto, o problema não são as interferências, mas o modo de fazê-las.

© Claus Meyer/Tyba

Rio Negro, na Amazônia.

© André Penner/Abril Imagens

Poluição no rio Crepuri provocada pela ação de garimpeiros, Itaibuna, PA, 1989.

© Claus Meyer/Tyba

Mico-leão-dourado.

> Animais ameaçados de extinção

O mico-leão-dourado tornou-se o símbolo da luta pela preservação das espécies no Brasil. Em 1970, havia em todo o país apenas duzentos exemplares desse pequeno primata e, se nada fosse feito, em pouco tempo ele estaria extinto da face da Terra. A entidade ambientalista WWF-Brasil, em cooperação com organizações nacionais e internacionais, iniciou um programa para criá-los em cativeiros, visando depois soltá-los na mata. O resultado foi positivo e a população dos micos-leões-dourados multiplicou-se. Hoje, na Reserva Biológica de Poço das Antas, no Rio de Janeiro – único lugar do planeta onde ainda é possível encontrar esse animal solto na natureza , já existem mil exemplares do animal e a intenção é dobrar esse número até o ano de 2025.

Se os micos-leões-dourados tiveram a sorte de encontrar pessoas que lutam por sua sobrevivência, muitas outras espécies correm o risco de desaparecer, se não tiverem proteção. O Brasil é o país com a maior diversidade biológica →

A exploração predatória dos recursos naturais no Brasil, assim como no resto do mundo, tem provocado impactos ambientais nocivos à saúde, à segurança e ao bem-estar da população. Tem prejudicado as atividades sociais e econômicas, a sobrevivência das plantas e dos animais, as condições estéticas e sanitárias do ambiente e reduzido a qualidade de seus recursos de uma forma geral. Outros desequilíbrios na natureza são a degradação dos solos, a poluição radioativa, a poluição sonora, o esgotamento da água potável, a extinção dos animais e a diminuição da biodiversidade e da sociodiversidade.

Industrialização do Brasil, impacto na cidade de São Paulo

O Brasil aprendeu com a Europa. No final do século XIX, entrávamos no processo de industrialização. Os lucros da cultura e do comércio do café – o carro-chefe da economia brasileira na época – eram aplicados na construção de fábricas, principalmente no setor têxtil e de alimentos. Os braços dos quase dois milhões de imigrantes europeus que entraram no Estado de São Paulo, entre os anos de 1889 e 1930, trabalhavam na lavoura e também nos centros urbanos, derrubando matas para semear a terra e colher alimentos. Nossa economia dependia do café, que por sua vez agitava o surto industrial.

A Grande Guerra de 1914-1918 também alimentou a industrialização. Vários produtos europeus deixaram de ser importados, reduzindo a concorrência estrangeira, que atrapalhava a produção nacional. Dessa forma, centenas de indústrias foram fundadas no Brasil, mais da metade por influência da guerra.

Mais indústrias, mais operários. Os parques industriais causaram uma mudança brutal nos ambientes, sem que os espaços urbanos para alojamento humano fossem devidamente planejados. Crescia o número de cortiços e de favelas, onde proliferavam as doenças, inclusive pela ausência de saneamento básico. Era difícil o abastecimento de alimentos, de água e de energia elétrica.

Na década de 1920, São Paulo já era o maior centro econômico do país, concentrando 40% da produção industrial. E muitos dos problemas atuais da cidade deram seus primeiros passos nessa época, sem infra-estrutura compatível com o *boom* industrial e a superpopulação.

As várzeas do rio Tietê, por exemplo, foram aterradas para dar espaço à construção de prédios e grandes avenidas. As enchentes, que já causavam

© AE

Edifício Martinelli, o primeiro arranha-céu da América do Sul, construído em 1929 no centro de São Paulo.

© AE

Rua da Cantareira, em fevereiro de 1958, local onde até hoje ocorre alagamento no período de chuvas, em São Paulo.

alagamentos, continuaram a ocorrer, uma vez que o leito do rio era insuficiente para acomodar suas águas.

Outros problemas foram se sucedendo no tempo, atingindo principalmente as classes sociais menos privilegiadas. Por isso surgiram, na década de 1980, inúmeros movimentos reivindicatórios que pediam escolas, creches, postos de saúde e casas populares. Se nessa década havia pouco espaço para incorporar a questão ecológica, na década seguinte o assunto passou a fazer parte da ordem do dia, com o aumento da consciência sobre a necessidade da preservação ambiental.

Rio Tietê: exemplo de uso inadequado

No contexto mundial, a utilização do sistema hidrológico foi essencial para o desenvolvimento da sociedade.

Na Antiguidade, as primeiras sociedades sedentárias ficavam às margens de grandes rios, como o Nilo, uma vez que as cheias fertilizavam as terras, criando condições favoráveis à agricultura. Ao longo do tempo, os grupos humanos foram se relacionando com os rios de acordo com o que estes poderiam lhes proporcionar: alimentos, meio de transporte, local para despejo dos resíduos produzidos nos núcleos urbanos, fonte de energia, áreas de lazer.

Até os princípios do século XX, era divertido, saudável e até charmoso para o paulistano nadar nas águas do Tietê, além dos peixes que nele se podiam pescar. Mas bem antes de sediar regatas, o rio Tietê atendia a outras necessidades.

No período colonial, ele era utilizado pelos bandeirantes para avançar em direção ao interior na busca de metais preciosos e na captura de índios para a escravização. Nos séculos XVII e XVIII, servia ao transporte de mercadorias, ligando o interior da Capitania ao planalto de Piratininga, onde se desenvolveu a capital. No século XIX, o crescimento disparado da cidade fez surgir às margens do Tietê dezenas de olarias e portos de areia fornecedores de materiais para a construção civil.

Isso tudo ocorreu até que, no decorrer do século XX, a falta de estrutura para saneamento da cidade transformou os rios – não apenas o Tietê – em depositários de resíduos industriais e esgotos das residências. Apesar de terem sido realizadas obras de aprofundamento no leito do Tietê, a carga de lixos e detritos provocaram o assoreamento e a diminuição da velocidade de suas águas. Um agravante foi a construção de represas e usinas hidrelétricas nas imediações de São Paulo.

→

do mundo, abrigando 20% de toda a flora e fauna do planeta. No entanto, de acordo com relatório da União Internacional para a Conservação da Natureza, divulgado em 2000, o Brasil está em quarto lugar – atrás dos Estados Unidos, Malásia e Indonésia – na lista de países com o maior número de espécies ameaçadas de extinção. São 608, entre animais e vegetais. Algumas aves estão praticamente extintas, como o tietê-de--coroa. Outras já sumiram por completo, como o mutum-do-nordeste, encontrado em Alagoas, e a ararinha-azul, cujo último exemplar que vivia solto no interior da Bahia desapareceu em 2000. Plantas como a bromélia e árvores como o jequitibá, o pinheiro-do-paraná, o pau-amarelo e a cerejeira caminham para o mesmo fim.

As principais causas são a caça predatória e ilegal, a derrubada de florestas, as queimadas, a destruição dos ecossistemas para a instalação de loteamentos, a poluição dos rios. O tráfico de animais silvestres também contribui para agravar o problema. Esse comércio ilegal movimenta por ano, em todo o mundo, cerca de dez bilhões de dólares. Só no Brasil, a venda de animais de nossas florestas para o exterior gera uma receita de quinhentos milhões a setecentos milhões de dólares anuais.

© Claus Meyer/Tyba

Ararinha-azul.

> O grito de alerta de Ignácio de Loyola Brandão

Em 1981, o escritor paulista Ignácio de Loyola Brandão lançou o livro *Não verás país nenhum.* O romance é uma ficção científica na qual o autor apresenta uma visão sombria e apocalíptica para o Brasil.

A história se passa em futuro próximo, numa época em que a Amazônia se transformou em um deserto imenso, depois que sua última árvore foi derrubada, e seres degenerados, vítimas da Usina de Angra, passaram a circular pelas cidades se desfazendo, debaixo de um sol extremamente forte. Nessa visão futurística, a falta de água se transformou em um dos principais problemas da população. Os rios secaram e suas águas só são encontradas em museus. Na biblioteca e na filmoteca, as pessoas podem ver fotos e ouvir o ruído das cachoeiras e das pororocas, que não mais existem. E para contornar o problema da estiagem, os governantes tomaram a decisão de reciclar a urina das pessoas.

Leia um trecho da obra:

(...) Os Postos Apropriados correspondem aos antigos mictórios públicos, recondicionados. Cheios de sofisticada maquinaria própria.

Os Postos estão espalhados, com a maior concentração no Centro Esquecido de São Paulo. Funcionam como clube inglês, privado, exclusivo. Sanitários limpos, sabão, ar seco para enxugar o rosto e as mãos, ventinhos frescos, banquinhos para repousar, máquina de fazer vinco em calça.

Os Postos dão o conforto, você fornece a urina. Para frequentá-los, é necessário um exame médico rigoroso, análises detalhadas dos rins e bexigas. Comprovada sua boa saúde, o cidadão privilegiado recebe a Ficha de Utilização para o Posto Apropriado, Fupa. Eh, que palavra feia.

A sua urina é comercializada. Com a falta de água, aparelhos recolhem os mijos saudáveis numa caixa central, onde se procede à reciclagem. Há mistura, tratamento químico intenso, filtragem, purificação, refinamento, transformação. A urina retorna branca, pura, sem cheiro e esterilizada.

(...) Disse que jamais vou aceitar esta urina reciclada como água. Quem me garante que já não a estou usando em casa, na rua, nas lanchonetes? Se existe alguma coisa neste país, na qual ninguém ponha fé, algo que não vale absolutamente nada, trata-se do palavrão do Esquema.

Ignácio de Loyola Brandão, *Não verás país nenhum*, 9. ed., Rio de Janeiro, Codecri, 1984, pp. 27-28.

Em 1998 foi deflagrada uma grande campanha pela mídia, simultânea às ações da agência ambiental do governo do Estado, a Cetesb, para que fossem retomados os trabalhos de recuperação das águas do rio. Quase 10% da população paulistana mobilizou-se, aderindo a um extenso abaixo-assinado, entregue às autoridades públicas, exigindo providências para a melhoria das condições do rio. Foram revelados os nomes de cada fábrica responsável pela degradação do rio, e todas foram punidas com multas pesadas, além do cumprimento de um cronograma rígido de medidas para reduzir o despejo de poluentes na bacia do rio Tietê. Os resultados são surpreendentes: hoje as empresas despejam diariamente, no Tietê, um terço da carga que antes contaminava suas águas.

No entanto, o controle de despejo de esgoto doméstico e de lixo de toda a espécie, levado dos quintais para as águas do rio deverá ser intensificado. Se o trabalho de recuperação das águas do rio prosseguir, o Tietê poderá estar recuperado por volta de 2025!

A contrapartida da Ecologia

A Ecologia busca a preservação do planeta e surgiu como ciência em meados do século XIX. Naquele tempo, buscava-se explicar a realidade e os fenômenos naturais de forma racional e absoluta. Norteadas pelos princípios dos métodos científicos, as Ciências Naturais se propunham a estudar a natureza de forma organizada. Foi então que despontaram três importantes correntes ecológicas.

Os *desenvolvimentistas* defendiam o progresso da sociedade, obtido pelo uso pleno dos recursos naturais. Os *conservacionistas* admitiam o uso racional desses recursos, buscando mantê-los para as gerações futuras. E a corrente *preservacionista* defendia que os monumentos naturais deveriam ser protegidos e voltados para o lazer e a recreação.

O Greenpeace é um dos grupos ecológicos herdeiros dessas correntes. Seus militantes defendem a revisão dos princípios de funcionamento da sociedade industrial. Outros grupos incriminam o capitalismo moderno como devastador do planeta, responsável pela degradação ambiental. Eles buscam combinar justiça social com responsabilidade ecológica, num processo de transformação social.

Atualmente, as militâncias ecológicas se diversificam e realizam ações organizadas. A Fundação SOS Mata Atlântica, por exemplo, é uma associação ambientalista. O Projeto Tamar é preservacionista. E há partidos políticos voltados prioritariamente para as questões ecológicas,

© Projeto Tamar

Filhotes de tartarugas marinhas dirigindo-se para o mar após saírem de seus ovos, Praia do Forte, em Salvador, BA.

como o Partido Verde. Algumas agências estatais patrocinam pesquisas e definem políticas que buscam maior equilíbrio nas intervenções humanas. Há empresas com práticas "ecologicamente corretas". E associações profissionais e pesquisadores que atuam junto à comunidade científica incorporando bandeiras ecológicas.

Vale esperar que essas bandeiras, ações governamentais e os próprios efeitos do desequilíbrio ambiental na pele de cada indivíduo e da coletividade criem salva-vidas para o nosso planeta. Para que capivaras e jacarés que ainda hoje aparecem nos leitos de rios poluídos, como o Tietê, voltem a ser habitantes naturais dessas águas.

atividades

1 Segundo diversos cientistas, a falta de água para o consumo humano deve ser o principal problema deste milênio. O planeta Terra possui aproximadamente 1,4 bilhão de quilômetros cúbicos de água, no entanto, apenas 3% desse total é doce. Um estudo publicado em 2000 na revista *Science* indicava que 1,75 bilhão de pessoas em todo o mundo já enfrentava severa escassez de água. Junto com seus amigos, faça uma pesquisa sobre como podemos fazer uso racional da água doce e elabore cartazes a respeito do tema.

2 Diversos setores da sociedade vêm se mobilizando no sentido de encontrar solução para os mais variados problemas ambientais que enfrentamos: poluição, desmatamento, extinção de espécies, efeito estufa, chuva ácida, buraco na camada de ozônio etc. Pesquise os principais problemas ambientais existentes na sua região, veja como os poderes públicos e a sociedade civil tratam essas questões e, ao final, elabore um relatório.

3 Na luta por tornar a preservação do meio ambiente um direito das gerações futuras, surgiram nas últimas décadas em todo o mundo várias organizações não governamentais. Também foram estruturados órgãos de governo, como o Ibama, empresas públicas de saneamento, fundações para a defesa da fauna e da flora, e departamentos de pesquisa em universidades públicas.
Faça uma investigação sobre as ações que essas entidades vêm realizando em sua região ou Estado. Entre em contato com elas via telefone e e-mail, faça visitas e entrevistas, divulgue formas de contato para que as pessoas de sua comunidade saibam como encontrá-las. Depois, troque essas informações com seus colegas.

> Mata Atlântica

Quando Pedro Álvares Cabral e sua tripulação chegaram ao litoral brasileiro, em 1500, impressionaram-se com a variedade de animais e a riqueza da vegetação na região. Em sua carta ao rei Manuel I, Pero Vaz de Caminha assim descreveu o que encontrou: "Alguns diziam que viram rolas, mas eu não as vi, mas segundo os arvoredos são mui muitos e grandes e de infindas maneiras, não duvido que por este sertão hajam muitas aves". Caminha estava descrevendo a exuberância daquilo que hoje chamamos de Mata Atlântica.

Na ocasião, essa mata ocupava uma área de 1,2 milhão de quilômetros quadrados, estendendo-se por dezessete capitanias de norte a sul do Brasil colonial. Ao longo de séculos, entretanto, a Mata Atlântica foi vítima de uma implacável devastação por parte do ser humano. Primeiro, sofreu com a extração do pau-brasil, levado para a Europa a fim de se transformar em pigmento para tecidos. Depois, vieram as queimadas, a instalação dos engenhos de cana-de-açúcar, dos pastos e das fazendas de café. Para que tudo isso acontecesse, toras e mais toras de árvores acabaram derrubadas, animais morreram e a floresta foi desaparecendo diante de todos, de forma escandalosa. Hoje, ela ocupa uma área de apenas noventa mil quilômetros quadrados, concentrados, principalmente, nas regiões Sul e Sudeste.

Ambientalistas e organizações não governamentais, como a Fundação SOS Mata Atlântica, desenvolvem trabalhos visando preservar o pouco que ainda resta desse rico ecossistema. Graças a essas atividades, algumas áreas, como a do Una, na Bahia, a do Poço das Antas, no Rio de Janeiro, e a do Morro do Diabo, em São Paulo, foram transformadas em reservas biológicas pelo Ibama. Em 2001, duas regiões da Mata Atlântica foram declaradas patrimônios naturais da humanidade pela Unesco: uma reserva na divisa de São Paulo com Paraná, e a Costa do Descobrimento, na Bahia. São tentativas para evitar o desaparecimento completo daquela floresta que um dia ocupou 15% de todo o território nacional.

© Paulo Jares/Abril Imagens

Reserva Biológica do Una, em Ilhéus, BA, remanescente da Mata Atlântica, em setembro de 1997.

pensar e falar com
liberdade de expressão

A censura foi instituída, no Brasil, exatamente com a chegada da imprensa. Em 1808, D. João veio de Portugal para a Colônia. Entre suas primeiras decisões estava a criação da Imprensa Régia. Ao mesmo tempo, determinou que a imprensa local passasse pelos crivos dos censores, para preservar, segundo se alegava, a religião, o governo e os bons costumes. A *Gazeta do Rio de Janeiro* só dava notícias sobre a Europa. E o *Correio Brasiliense*, primeiro veículo de informação publicado por um brasileiro, era impresso em Londres.

O primeiro sabor de liberdade de imprensa ocorreu quando, em 1817, uma rebelião liberal tomou o poder durante o curto período de quatros meses, em Pernambuco, logo sufocada. A censura imperou na ditadura de Getúlio Vargas, que, entre muitas das suas vítimas, colocou na cadeia o escritor Monteiro Lobato. Seu livro *O petróleo é nosso* foi proibido de circular. Naqueles anos do chamado Estado Novo, o jornal *O Estado de S.Paulo* sofreu uma intervenção e passou a ser dirigido pelo governo – esse jornal voltaria a ser censurado, anos depois, durante o regime militar iniciado em 1964. No espaço das notícias censuradas, o *Estadão*, em forma de protesto, publicava trechos de *Os Lusíadas*, de Camões.

Caetano Veloso e Gilberto Gil tinham um programa de televisão, no final de 1968, quando a ditadura se tornou ainda mais rígida. Em um desses programas, exibido na noite de Natal, eles cantaram "Boas Festas" ("Eu pensei que todo mundo / fosse filho de Papai Noel..."), encenando a canção com uma arma na cabeça. Os dois acabaram presos. Caetano contou, no livro *Verdade tropical*, sobre sua passagem pela prisão: "Entre o chão duro e o puído cobertor verde-oliva escuro que me servia de cama viam-se alguns pedaços de jornal velho, rasgados e meio amarelados. No relativo entorpecimento a que me entreguei para não desesperar com a ausência de espaço (...), eu lia repetidas vezes, sem guardar na memória, trechos de frases desinteressantes, anúncios, manchetes vazias de sentido, fragmentos de notícias ou de artigos (...)".

15

> A censura e *O Estado de S. Paulo*

CENSURADA

O ESTADO DE S. PAULO

Diminui o poder militar dos EUA, diz Schlesinger

Geisel dá abono e reúne governo

Decretada a prisão de Fleury

Polícia admite impotência

Conflito racial de Moçambique deixa 49 mortos

Projeto cria Fundo Social

Governo argentino adota a austeridade

A campanha eleitoral preocupa autoridades

Concedido "agrément" a Delfim

Pedido 5.º aumento para os automóveis

Ampliado confisco de Abdalla

Divergência no Sínodo

© AE

Primeira página do jornal *O Estado de S. Paulo*, edição de 22 de outubro de 1974, após ter sido censurada.

No dia 25 de março de 1940, as oficinas do jornal *O Estado de S. Paulo* já haviam acabado de rodar a edição de número 21.649, quando, de repente, o prédio em que ficava a redação, na rua Barão de Duprat, foi invadido por homens da Polícia Civil juntamente com os da Força Pública. Alegando que ali havia armas escondidas, os policiais expulsaram do imóvel não apenas os repórteres como também o diretor e proprietário do periódico, Francisco Mesquita. Sua cadeira foi ocupada pelo jornalista Abner Moura, um homem escolhido pelo Departamento de Imprensa e Propaganda do governo de Getúlio Vargas para dirigir o jornal. Ou seja, naquele dia, um dos mais tradicionais veículos de imprensa do país havia sido invadido e expropriado pelas forças de repressão do Estado Novo.

A partir de 1937, ano em que Getúlio Vargas deu um golpe de Estado e implantou a ditadura do →

pensar e falar com liberdade de expressão

O DIP do ditador Getúlio Vargas

Controlar o registro dos jornais, das emissoras de rádio e dos serviços de alto-falantes. Era essa a competência do DIP – Departamento de Imprensa e Propaganda, criado por meio de um decreto-lei, no Brasil de 1939, no governo de Getúlio Vargas.

Aos moldes fascista e nazista, esse órgão, subordinado diretamente à Presidência da República, determinava os assuntos proibidos para os jornais e para as emissoras de rádio. E se utilizando de meios corruptos, distribuía verbas a profissionais e a veículos de comunicação que defendessem os atos do governo getulista.

Ações opressoras de governos de todo o mundo – inclusive essa do governo brasileiro – foram condenadas pela Declaração Universal dos Direitos Humanos, adotada e proclamada pela Assembleia Geral das Nações Unidas, em 10 de dezembro de 1948. Seu preceito: o direito à liberdade de opinião e expressão, por meio de quaisquer meios e independentemente de fronteiras. Apesar disso, experimentamos um novo governo de exceção no país, após o golpe de 1964, com militares fazendo renascer a censura e seus órgãos controladores.

Duas décadas mais tarde, a proibição dessas ações controladoras foi selada na Constituição brasileira de 5 de outubro de 1988, que veda a censura e impede "qualquer dispositivo legal que possa constituir embaraço à plena liberdade de informação jornalística, em qualquer veículo de comunicação social". O que não significa, porém, que a verdade esteja efetivamente protegida de novas ações autoritárias.

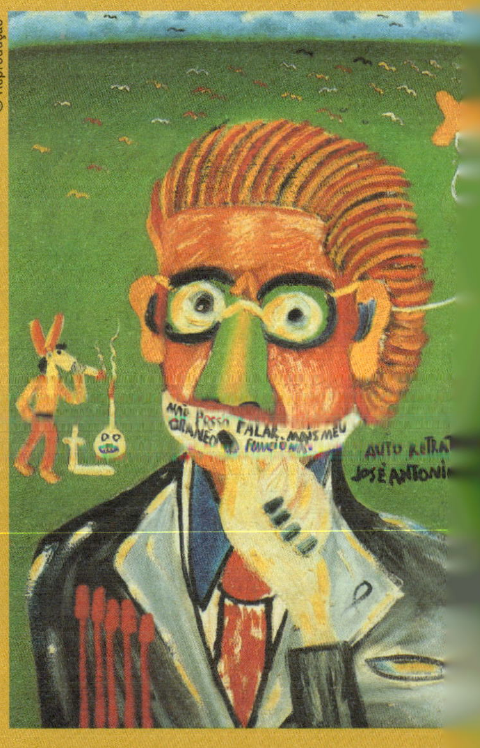

© Reprodução

Autorretrato amordaçado, pintura de José Antônio da Silva, feita em 1972, auge do período da ditadura militar no Brasil.

Opressão pelos caminhos do mundo

O cerceamento à liberdade de expressão e de pensamento vem de longa data na História universal. Um dos meios opressores mais conhecidos foi o Tribunal do Santo Ofício, a Inquisição, criado pela Igreja cristã no século XIII. Sua função: punir os que divergissem dos dogmas da Igreja ou manifestassem práticas religiosas não cristãs.

As penas impostas aos infratores iam da humilhação pública, com a colocação de máscaras de metal no rosto, à morte na fogueira, por exemplo. A ferro e fogo, a Igreja controlou as formas diferentes de pensar e sufocou os movimentos contrários aos seus princípios.

"O beijo do casal Rosenberg", a fotografia que desfez a imagem maquiavélica que a imprensa dos Estados Unidos construiu para Julius e Ethel Rosenberg, acusados, em plena Guerra Fria, de espionagem a serviço da União Soviética. Na fotografia, os dois se beijam após vários dias de inquérito, quando não puderam se encontrar. Apesar da falta de provas, de os réus se declararem inocentes e da mobilização internacional em seu favor, foram executados na cadeira elétrica em 21 de junho de 1953. A fotografia é o emblema da Fundação Rosenberg para a Criança, que auxilia os familiares de vítimas de violência política. O autor da foto, tirada no início do outono de 1950, é desconhecido, e o negativo nunca foi localizado.

Mas a unidade do mundo cristão sofreu um baque e se rompeu, no século XVI, com a expansão das ideias de Martinho Lutero, que provocaram o surgimento da Reforma protestante. A reação da Igreja foi organizar o movimento da Contrarreforma, na tentativa de impedir o avanço do protestantismo. Para tanto, valeu-se também do controle das ideias, impondo mecanismos de censura sobre as publicações em geral. A partir de 1542, passou a divulgar o *Index*, um índice ou lista de livros de leitura proibida para os católicos.

Os séculos foram passando e a Igreja continuou atuando na censura de obras que a criticavam. Recentemente, o religioso brasileiro Leonardo Boff foi cerceado em suas manifestações religiosas por divulgar, em seus livros, opiniões consideradas contrárias aos preceitos católicos. Em 1986, ele foi condenado a um ano de "silêncio obsequioso", não podendo publicar livros nem se dedicar ao magistério no campo religioso. Acabou por deixar a Igreja em 1992.

Estado Novo, os meios de comunicação no Brasil passaram a sofrer forte vigilância. O controle da imprensa escrita e falada, por parte do DIP, acirrou-se tremendamente. Censores dirigiam-se às redações dos jornais e acompanhavam a elaboração de cada uma das páginas dos periódicos. Nenhuma delas poderia ir para as oficinas sem o visto do fiscal. O mesmo acontecia nas estações de rádio, nas quais os homens do governo permaneciam anotando tudo o que percebiam de irregular.

Nesse período, muitas emissoras e jornais foram empastelados ou encampados pelo governo, como a Rádio Nacional do Rio de Janeiro, e os jornais *A Manhã*, do Rio de Janeiro, e *A Noite*, de São Paulo; outros simplesmente fecharam suas portas para sempre. O resultado é que sobreviveram, basicamente, os meios de comunicação que não faziam oposição ao regime estadonovista.

A intervenção em *O Estado de S. Paulo*, iniciada após a invasão da redação em 1940, só terminou com a deposição de Getúlio Vargas. Nesse período, o jornal circulou com uma linha editorial totalmente favorável ao presidente. O primeiro exemplar publicado novamente sob a direção da família Mesquita foi o de 7 de dezembro de 1945. Como sinal de que, durante aqueles cinco anos, o verdadeiro *O Estado S. Paulo* não existiu, a edição daquele dia foi a de número 21.650.

Durante a ditadura militar (1964-1985), o *Estadão* – como é popularmente conhecido – voltou a enfrentar problemas com a censura. Em 1969, os militares proibiram a divulgação de qualquer informação a respeito de cassação, prisão política, atuação dos movimentos estudantis, entre outros assuntos. Para ter certeza de que seriam obedecidos, mantinham censores nas redações. Os jornalistas de *O Estado de S. Paulo* e do *Jornal da Tarde* recusavam-se a fazer as mudanças exigidas pelos fiscais do governo e preferiam publicar, no lugar dos artigos censurados, receitas culinárias, versos de *Os Lusíadas* ou simplesmente deixavam o espaço reservado para o texto em branco, como forma de denunciar a vigilância de que estavam sendo vítimas.

Redação de *O Estado de S. Paulo* após a invasão pelas tropas do Estado Novo, em 1940. O jornal ficou cinco anos sob intervenção federal.

> Livro apagado

Em 1559, durante a Inquisição, a Igreja Católica criou o *Index Librorum Prohibitorum*. Esse documento continha uma relação de livros cuja leitura era proibida pela Igreja, por serem considerados contrários à doutrina e à moral católica. Quase cinco séculos depois, os brasileiros enfrentaram um problema semelhante.

Durante a ditadura militar implantada no Brasil a partir de 1964, as atenções do regime se voltaram para obras tidas como perigosas à moral e aos bons costumes ou que traziam conteúdos considerados capazes de pôr em risco a segurança nacional por defenderem ideias de esquerda. Preocupados com essas questões, os generais também criaram a sua relação de livros, que sofreram a ação da censura e foram proibidos de ser vendidos.

Somente no período em que Armando Falcão ocupou a pasta de ministro da Justiça do presidente general Ernesto Geisel (1974-1979), mais de quinhentos livros tiveram sua circulação proibida em todo o território nacional – sem contar as centenas de letras de música, peças de teatro, filmes de cinema que sofreram a mesma sentença. Entre os títulos que entraram no *Index* da ditadura estão obras como *Zero*, de Ignácio de Loyola Brandão, *Abajur lilás* e *Barrela*, de Plínio Marcos, *Rasga coração*, de Oduvaldo Viana Filho, *O mundo do socialismo*, de Caio Prado Jr., *Autoritarismo e democratização*, de Fernando Henrique Cardoso, *Vagamundo*, de Eduardo Galeano, *Nossa luta en Sierra Maestra*, de Ernesto Che Guevara, entre muitas outras.

Como os livros que abordavam sexo estavam entre os principais alvos da censura, autoras como Adelaide Carraro e Cassandra Rios figuraram entre as mais prejudicadas, mas até mesmo o famoso *O relatório Hite*, um estudo sobre a sexualidade humana, foi vítima dos censores. Um dos casos de maior destaque foi o livro *Feliz ano novo*, de Rubem Fonseca, vetado pelo governo em 1976, sob a acusação de trazer personagens "portadores de complexos vícios e taras". No ano seguinte, o autor entrou com uma ação contra a União Federal exigindo a anulação do ato e uma indenização por dano patrimonial. Somente em 1989 Rubem Fonseca conseguiu vencer o processo, o que lhe garantiu o direito de ver o seu livro novamente publicado.

© Hulton Deutsch Collection

Fuzileiro naval enviado ao Vietnã para proteger a base militar dos EUA, em Da Nang, dos ataques vietcongues, 1965. Luís Edgar de Andrade, jornalista brasileiro que cobriu a guerra, diz em seu livro *Bao Chi, Bao Chi* que a ele só restava gritar "bao chi, bao chi" – "sou jornalista, sou jornalista" –, na esperança de serem poupados pelos guerrilheiros vietcongues. Em fotografias ou pela TV, as imagens da Guerra do Vietnã fizeram com que os Estados Unidos se retirassem da região em 1973.

Durante o século XIX e início do século XX os governos de vários países europeus e dos Estados Unidos praticaram a censura à liberdade de pensamento, de expressão e de manifestação. Com isso sofreram principalmente os sindicatos de trabalhadores, que lutavam por melhores condições de trabalho e viram suas greves e manifestações públicas duramente reprimidas pelos órgãos policiais. Ficou muito conhecido o caso *Sacco e Vanzetti*, de um sapateiro e um peixeiro, líderes anarquistas executados na cadeira elétrica, em 23 de agosto de 1927, pela justiça americana.

Mais recentemente, muitos governantes de estados totalitários, de partidos únicos e comandados por líderes carismáticos, primaram também pelo controle e tentativa de eliminação de pensamentos contrários. Foram eles, entre outros: o comunista Stálin, na União Soviética (1924-1953); o fascista Benito Mussolini, na Itália (1924-1943); e o nazista Adolf Hitler, na Alemanha (1933-1945).

Houve também Salazar, em Portugal (1932-1968); a ditadura da Espanha, governada pelo general Franco (1939-1975), a Áustria, com a ditadura nazista de Dollfuss (1933-1938); e a ditadura militar no Brasil (1964-1985). Todos esses estados censuraram a imprensa, perseguiram intelectuais, artistas, cientistas e políticos de oposição, proibiram o funcionamento de partidos políticos e a realização de manifestações públicas contrárias ao governo.

A censura esteve presente também na imprensa que cobria as guerras – desde a Guerra da Crimeia, em 1854, até a Guerra no Golfo Pérsico, em 1991, e no Afeganistão, em 2002.

Passaram-se os anos, mas a despeito da Declaração Universal dos Direitos Humanos, aprovada pela ONU (Organização das Nações Unidas, fundada após a Segunda Grande Guerra, com o papel de ser a grande mediadora dos conflitos mundiais), o fantasma da repressão não esmoreceu. O final do século XX e início do XXI assiste a um certo "renascimento" dos mecanismos de controle ideológico e de imposição de valores ocidentais sobre os povos de todo o mundo.

O acirramento de múltiplas formas de intolerância – religiosa, política, cultural, econômica – tem provocado inúmeras guerras e o crescimento do terrorismo internacional. Tais conflitos colaboram para a restrição das liberdades individuais em todo o mundo, e especialmente nos Estados Unidos. Pessoas têm sido presas ou constrangidas em seu direito de ir e vir simplesmente por representarem opiniões diferentes daquelas que são tidas como hegemônicas.

Além da censura, a partir do ano de 1992 a imprensa mundial passou a ser questionada fortemente quanto à forma como exerce o direito à livre expressão do pensamento, principalmente no que diz respeito à privacidade de homens públicos, autoridades ou artistas.

Nos caminhos do Brasil

No Brasil, a censura existe desde os princípios do processo de colonização, e se tornou mais intensa no mesmo momento histórico em que acontecia na Europa o conflito entre católicos e protestantes.

Um *Index* português, elaborado pelo cardeal D. Henrique, em 1547, proibia a publicação de sete autos do dramaturgo Gil Vicente. O Marquês do Pombal, em 1768, criou a Real Mesa Censória para impedir críticas ao absolutismo dos reis portugueses. Por isso não surgiram órgãos de imprensa no Brasil colonial, e os livros só eram publicados se tivessem a aprovação do cardeal, do governo e da Inquisição.

Em 1808, tão logo D. João chegou de Portugal à colônia brasileira com a família real, foi criada a Imprensa Régia. E com ela foi instituída a censura. Os primeiros censores tinham o objetivo de impedir publicações contra a religião, o governo e os bons costumes. Resultado: o primeiro número da *Gazeta do Rio de Janeiro*, editada em 1808, praticamente só divulgou notícias da Europa. E o jornal *Correio Brasiliense*, primeiro veículo de informação publicado por brasileiro – e editado em Londres, para fugir às garras dos censores –, teve sua edição de 27 de março de 1809 apreendida por fazer críticas à Corte portuguesa.

Assim surgiram os primeiros mecanismos de autocensura, em que os jornais estabeleciam regras próprias, como a de manter a imparcialidade nas notícias.

© Marcos Rosa/Abril Imagens

Reprodução do noticiário da CNN sobre a Gerra do Golfo Pérsico, em 1991, na qual os Estados Unidos e seus aliados libertaram o Kwait, que havia sido invadido pelo Iraque. O lançamento dos 297 mísseis Tomahawk contra cidades iraquianas foram exibidos como se fossem cenas de videogame, para que os telespectadores acreditassem que se tratavam de "ataques cirúrgicos", limitados exclusivamente a um determinado alvo.

> Verdade tropical – Caetano Veloso

Em 1968, a ditadura militar enrijeceu ainda mais o regime, restringindo com intensidade a liberdade dos brasileiros, Caetano Veloso e Gilberto Gil comandavam um programa de televisão na antiga TV Tupi, o *Divino Maravilhoso*. Nele, os dois artistas radicalizavam as propostas anárquicas do movimento tropicalista e faziam provocações tanto à esquerda quanto à direita. Em um desses programas, exibido na semana do Natal, Caetano Veloso fez uma de suas provocações no ar: interpretou a canção *Boas Festas* ("... eu pensei que todo mundo fosse filho de Papai Noel..."), de Assis Valente, com uma arma apontada para a cabeça. Resultado: no dia 27 de dezembro, ele e Gil foram presos. No livro *Verdade tropical*, que o cantor e compositor baiano lançou em 1997, ele descreve os dois meses que passou atrás das grades em São Paulo, antes de seguir para o exílio na Inglaterra:

Quanto à minha quase incapacidade de tolerar a comida servida no quartel, ao menos uma vez ela foi interpretada por algum oficial como uma tentativa de greve de fome: depois de ouvi-lo grunhir através da grade alguma coisa nesse sentido, esforçava-me para não deixar a carne e o feijão intactos. (...) Entre o chão duro e o puído cobertor verde oliva escuro que me servia de cama viam-se alguns pedaços de jornal velho, rasgados e meio amarelados. No relativo entorpecimento a que me entreguei para não desesperar com a ausência de espaço (a solitária era exígua: creio que com as costas contra uma parede eu podia tocar com os pés a parede em frente), ou com a nenhuma perspectiva de futuro (...), eu lia repetidas vezes, sem guardar na memória, trechos de frases desinteressantes, anúncios, manchetes vazias de sentido, fragmentos de notícia ou de artigos. (...)

Os banhos de sol a que, me diziam, todos os presos têm direito – e que, portanto, todos os presídios têm obrigação de propiciar – chegaram com certo atraso. Acompanhado por um soldado portando uma metralhadora sempre apontada para mim, deixei pela primeira vez a cela que já se me afigurava eterna. (...) O soldadinho que caminhava a um passo de mim com sua metralhadora em permanente ameaça (eu sentia um medo estável durante todo o tempo em que o cano da arma apontava para mim) me pedia que não falasse, não parasse de caminhar, não me afastasse dele nem tentasse andar mais rápido, caso contrário seria obrigado a atirar em mim (ele também demonstrava medo no modo falsamente agressivo com que falava e no subtom de súplica perceptível na frase: "Não me obrigue a fazer isso").

Caetano Veloso, *Verdade tropical*, São Paulo, Companhia das Letras, 1997, pp. 364-365.

> Música muda

Na França de 1789, uma canção popular, "A Marselhesa", foi a música que embalou os franceses durante a revolução responsável por derrubar a monarquia no país. Ela se tornou tão emblemática do movimento, que se transformou no hino nacional da França. No Brasil, a canção popular também foi uma importante aliada na luta contra a tirania dos ditadores do regime militar. Acuados pela censura, que procurava reprimir qualquer manifestação que ameaçasse pôr em risco o governo dos generais, os artistas, muitas vezes, faziam uso de metáforas para criticar o governo e não serem perturbados por ele.

Cartões-postais, editados pelo DIP entre 1937 e 1945, exaltam as realizações do governo de Getúlio Vargas.

O direito à liberdade de imprensa, no território brasileiro, foi proclamado pela primeira vez somente em 1817, quando os revolucionários separatistas pernambucanos promulgaram uma Constituição Republicana, que vigorou durante quase três meses em que governaram a região.

Com a Independência, quando D. Pedro I outorgou a Constituição de 1824, estabeleceu-se o fim da censura prévia, mas ela só foi definitivamente abolida, por decreto, em 1827.

Veio a proclamação da República, a promulgação da Constituição de 1891, e o novo governo, subordinando os espetáculos e diversões públicas à censura da polícia. Até 1923, quando foi promulgada lei especial para regulamentar os abusos da imprensa, todos os delitos dessa área eram disciplinados pelo Código Penal de 1890.

Muita coisa velha no Estado Novo

O direito à liberdade de opinião, de expressão e manifestação pública sofreu grave retrocesso quando Getúlio Vargas deu o golpe, em 1937, instituindo o Estado Novo, com nítida inspiração fascista. Foi implantada a ditadura e criados mecanismos, tanto para difundir a ideologia do governo varguista quanto para controlar manifestações de pensamento.

O Departamento Oficial de Publicidade, que já tinha sido criado em 1931, transformou-se, em 1939, no poderoso DIP – Departamento de Imprensa e Propaganda. Através do DIP, o Estado Novo manipulava a informação para incutir seu sistema de valores na sociedade.

A imprensa e o rádio foram os meios mais utilizados para divulgar as propostas e realizações governamentais. Nessa linha, para garantir a disseminação da doutrina populista de Vargas, o governo aumentou o número de emissoras e instalou receptores com alto-falantes nas praças e vias públicas mais movimentadas das cidades do interior.

O cantor e compositor Chico Buarque saindo do Dops – Departamento de Ordem Política e Social –, no Rio de Janeiro, onde foi interrogado por ter participado do júri de um festival de arte em Cuba. Foi detido no aeroporto do Galeão, juntamente com o escritor Antônio Calado, no início dos anos 1970.

Para garantir que as informações repassadas pelo DIP fossem seguidas em todo o Brasil, foram criados os Departamentos Estaduais de Imprensa e Propaganda, os DEIPs. Estes deviam controlar os meios de comunicação locais, impor uma propaganda massiva pró-governo e convencer o povo de que Vargas era o grande responsável pelo progresso do país.

A mídia também procurava reforçar a imagem branda e cordial do temperamento do povo brasileiro, com o objetivo de impedir qualquer revolta da população, mesmo diante das torturas e perseguições cometidas nos porões da ditadura.

Os censores se apresentavam fisicamente nas redações dos jornais e nas emissoras de rádio, e o DIP mantinha escutas radiofônicas para controlar a programação e cercear qualquer possibilidade de as emissoras noticiarem assuntos considerados impróprios. Textos de matérias eram cortados ou adulterados, para "melhorar" a imagem de Getúlio Vargas e

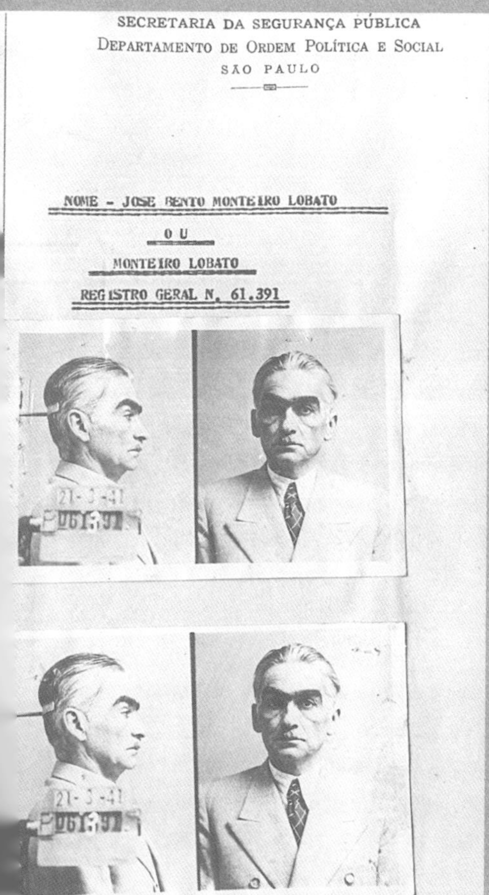
SECRETARIA DA SEGURANÇA PÚBLICA
DEPARTAMENTO DE ORDEM POLÍTICA E SOCIAL
SÃO PAULO

NOME - JOSE BENTO MONTEIRO LOBATO
OU
MONTEIRO LOBATO
REGISTRO GERAL N. 61.391

© Arquivo do Estado

Prontuário do escritor Monteiro Lobato no Dops – Departamento de Ordem Política e Social –, em São Paulo. Em 6 de janeiro de 1941, a pedido do general Horta Barbosa, presidente do Conselho Nacional de Petróleo, o Tribunal de Segurança Nacional solicitou ao Chefe de Polícia de São Paulo a abertura de inquérito policial contra Monteiro Lobato, alegando "injurioso ataque ao Chefe da Nação, ao Departamento Nacional da Produção Mineral e ao CNP". Em 18 de março do mesmo ano, o Tribunal decretou a prisão preventiva de Lobato, que foi levado ao Dops no dia seguinte e, de lá, para a Casa de Detenção, onde permaneceu por três meses cumprindo pena.

enaltecer ainda mais alguns feitos do "grande líder nacional". O programa *A Hora do Brasil* foi o mais famoso programa editado pelo DIP e pelos DEIPs.

Esses departamentos também atuaram nos cinemas, por meio do *Cine Jornal Brasileiro*, exibindo documentários que valorizavam as obras políticas, cerimônias oficiais e todo pronunciamento de Vargas e seus ministros.

Uma das músicas mais significativas desse período – considerada por muitos como a *Marselhesa* brasileira – foi *Para não dizer que não falei das flores*, de Geraldo Vandré, apresentada pela primeira vez em 1968, no III Festival Internacional da Canção. Ela era um verdadeiro convite à insurreição: "Vem, vamos embora, / que esperar não é saber / quem sabe faz a hora, / não espera acontecer". Nesse mesmo festival, Caetano Veloso concorreu com uma música cuja resistência partia do próprio título, *É proibido proibir*. Em 1974, Gilberto Gil fez dos versos iniciais da música *Copo vazio* uma metáfora do poder criador do artista, mesmo nos momentos em que ele enfrenta forte censura: "É sempre bom lembrar / que um copo vazio / está cheio de ar".

Mas entre os artistas da MPB, Chico Buarque foi um dos compositores que usou com maior frequência o poder das palavras na luta contra o regime e, por isso, foi constantemente perseguido e censurado. Para burlar a vigilância dos censores que vetavam qualquer música de sua autoria, chegou até mesmo a assinar composições com o pseudônimo de Julinho da Adelaide. Duas histórias ocorridas com o compositor servem para dar uma ideia da luta que ele travava com os ditadores.

Em 1970, Chico Buarque apresentou sua música *Apesar de você* aos censores, que não perceberam o conteúdo político de seus versos ("Apesar de você / amanhã há de ser / outro dia") e a liberaram. O samba tornou-se um sucesso e mais de cem mil discos foram vendidos até que os militares resolveram proibi-la. Os discos foram apreendidos, destruídos e o compositor chamado para prestar esclarecimentos. Em seu depoimento, afirmou que a música foi feita para uma mulher extremamente mandona e autoritária. Sem ter como contestá-lo, os militares o dispensaram.

Três anos mais tarde, ele e Gilberto Gil compuseram *Cálice*, cujo verso inicial – retirado da Bíblia ("Pai, afasta de mim esse cálice") – faz trocadilho com a palavra "cale-se", numa referência à censura. A música foi logo proibida, mas, mesmo assim, os dois resolveram apresentá-la em um show no Anhembi em São Paulo. Combinaram que iriam apenas cantarolar a melodia, mas não conseguiram chegar ao fim. Tão logo começaram a tocar, os microfones foram cortados e eles, obrigados a se calar.

> Ditadura militar: período sombrio da vida brasileira

No dia 1º de janeiro de 2003, ao ser empossado como ministro, Márcio Thomas Bastos assinou seu nome no livro de posse com uma simples caneta descartável. O gesto do novo titular da pasta da Justiça foi extremamente simbólico, pois aquela caneta havia sido encontrada no bolso do operário Manoel Fiel Filho, morto em janeiro de 1976, após ser torturado nas dependências do II Exército, em São Paulo, pelos agentes da ditadura militar que o prenderam sob a acusação de ser membro do Partido Comunista do Brasil (PC do B).

© Irmo Celso/Abril Imagens

Passeata de mulheres parentes de desaparecidos políticos contra a visita do ditador argentino Jorge Videla ao Brasil, em agosto de 1980. Vários brasileiros desapareceram na Argentina com a atuação da Operação Condor, sistema de repressão organizado pelas ditaduras militares do Brasil, Argentina, Chile, Bolívia, Paraguai e Uruguai. Num fato raro de acontecer na América Latina, Videla foi condenado à prisão perpétua em 1985, por violação aos direitos humanos, mas foi indultado e só cumpriu seis anos de pena; no entanto, a justiça argentina abriu novo processo contra ele e o ditador voltou a ser encarcerado em 2001.

O governo adquiriu jornais e emissoras de rádio, distribuindo verbas para o contrato dos melhores músicos, cantores, radioatores, humoristas e técnicos da época, que eram impedidos pelo governo de manifestar posicionamentos críticos, sob a ameaça de demissão.

Dentre as pessoas que sofreram perseguições por defenderem ideias diferentes do governo e por recusarem submeter-se aos mecanismos de censura – sutis ou declarados – destaca-se a figura de Monteiro Lobato. O curioso é que o já então famoso escritor tinha sido convidado para dirigir o DIP. No mesmo ano em que recusou o convite, seu livro *O escândalo do petróleo* foi proibido de circular e recolhido das livrarias e bibliotecas públicas. Esses fatos culminaram com sua prisão, por três meses, em 1941.

Tentando romper o bloqueio da censura imposta à imprensa, vários jornalistas desafiaram as orientações do DIP. Em 1939, surgiu em São Paulo o jornal *Folha Dobrada*, mas sua primeira edição foi integralmente apreendida pela polícia. Como os prejuízos causados pelas apreensões eram grandes, os proprietários de jornal acabavam se enquadrando nas determinações dos censores. Ou faliam. Até o papel usado para impressão dos jornais era controlado pelo DIP, que só o liberava para os veículos "domesticados".

Alguns jornais aceitavam as determinações do DIP, mas sem deixar de afirmar posição: por um lado, tentavam ser econômicos nos elogios impostos pelos censores, por outro publicavam entrevistas com críticos do regime, como fez o jornalista Carlos Lacerda, no *Correio da Manhã*.

Apesar de toda a mobilização de recursos humanos e materiais repressores, as resistências ao regime de Vargas nunca cessaram totalmente, apenas ficaram sufocadas até a derrubada da ditadura.

Com a entrada do Brasil na Segunda Grande Guerra, ficou evidente um paradoxo: os soldados da FEB – Força Expedicionária Brasileira – enviados para lutar contra ditaduras na Europa não podiam continuar defendendo uma ditadura dentro do Brasil. Até que, em outubro de 1945, Vargas foi derrubado por militares que o haviam apoiado na realização do golpe que instituiu o Estado Novo em 1937.

As marcas deixadas pela censura, entretanto, foram reavivadas no Brasil, nos 21 amargos anos de ditadura militar, entre 1964 e 1985. A sociedade brasileira esteve sujeita à retomada de várias práticas utilizadas pelo DIP do Estado Novo. Voltou-se a censurar e a reprimir movimentos, entidades, artistas e intelectuais, ao mesmo tempo que foi incentivada a produção cultural sob controle do Estado.

A história e a memória dos homens têm registro dos enormes prejuízos individuais e sociais trazidos a cada nação que esteve ou ainda está sujeita a regimes totalitários. Cada exemplo é uma bandeira que órgãos internacionais, como a ONU e os meios de comunicação dos quatro cantos do mundo hasteiam para os governos que insistem em cercear o direito à liberdade de opinião e expressão do seu povo.

atividades

1 Ao longo dos 500 anos de História do Brasil, várias vezes a censura foi a alternativa encontrada pelo governo para impedir que a população tivesse acesso a determinado tipo de informação. Nossa atual Constituição, promulgada em 1988, aboliu de vez a censura, garantindo à população a liberdade de expressão. No entanto, muitos países ainda sofrem esse tipo de cerceamento de liberdade. Faça uma pesquisa para descobrir quais nações praticam a censura e que tipo de informação não pode se tornar pública.

2 Nos anos 1960 e 70, a imprensa acompanhou de perto a Guerra do Vietnã e a televisão mostrou para todo o mundo as mortes e as tragédias humanas ocorridas em função do conflito. Em 1991, quando foi deflagrada a Guerra do Golfo – ou mais recentemente, durante os ataques norte-americanos ao Afeganistão, em 2001, ou na invasão dos Estados Unidos ao Iraque, em 2003 –, os meios de comunicação não tiveram tanta liberdade. Os jornalistas que foram escalados para cobrir o evento não podiam transmitir todas as informações que tinham levantado, pois o governo norte-americano alegava que sua divulgação poderia pôr em risco a operação militar dos Estados Unidos. Organize um debate junto com seus amigos e discutam se, em algumas circunstâncias, como em caso de guerra – ou segredos de justiça e investigações policiais –, a censura é aceitável.

3 A violência imposta pela censura e o medo que se expressa na autocensura convivem lado a lado. Analisando as informações trazidas no texto deste capítulo, elabore uma dissertação sobre os danos causados pela censura e pela autocensura. Compare-os com os problemas causados eventualmente pelo uso irresponsável da liberdade de expressão, como em programas de televisão que denunciam, "julgam" e "condenam" pessoas sem apresentar as diferentes versões dos fatos. Por fim, avalie a necessidade de se estabelecer um código de ética artística e jornalística que garanta o respeito aos direitos individuais e, ao mesmo tempo, a liberdade de expressão.

→

Na ocasião, o Brasil entrava em seu 12º ano de ditadura militar, que teve início em 31 de março de 1964, quando os militares derrubaram o presidente João Goulart. A partir de então, os generais imprimiram forte censura aos meios de comunicação, proibiram que escritores e compositores se expressassem por meio da arte, reprimiram movimentos estudantis, fecharam sindicatos, perseguiram adversários políticos, entre muitos outros desmandos e atrocidades.

Manoel Fiel Filho é apenas um entre os milhares de brasileiros presos e torturados por defenderem ideias opostas às dos militares do poder. A perseguição chegava a indivíduos de todas as camadas sociais: operários, professores, estudantes, religiosos, intelectuais, jornalistas, artistas, advogados, camponeses, sindicalistas, parlamentares, funcionários públicos, donas de casa etc. Muitos precisaram se refugiar no exterior; outros, no entanto, tiveram destino mais trágico: segundo levantamento feito pelo Comitê Brasileiro pela Anistia, mais de trezentas pessoas foram assassinadas ou simplesmente foram dadas como desaparecidas devido às suas convicções políticas.

Apesar de toda a repressão, a população brasileira resistiu de diversas maneiras, lutando pelo retorno da democracia. Organizou-se em movimentos clandestinos, promoveu passeatas e greves, estimulou a prática de discussões políticas, burlou a censura, exigiu eleições diretas para presidente da República. Essas ações como um todo mostraram a força do povo brasileiro e obrigaram o governo a iniciar um processo de abertura política e retorno das liberdades democráticas.

A Lei de Anistia, aprovada em 1979, permitiu a volta dos exilados e determinou a libertação dos presos políticos. Nesse mesmo ano as pessoas puderam voltar a se organizar em torno de partidos políticos. Em 1985, Tancredo Neves foi eleito – de forma indireta – como presidente civil do país. Mas a democracia política plena restabeleceu-se somente em 1989, com a primeira eleição presidencial direta desde 1960.

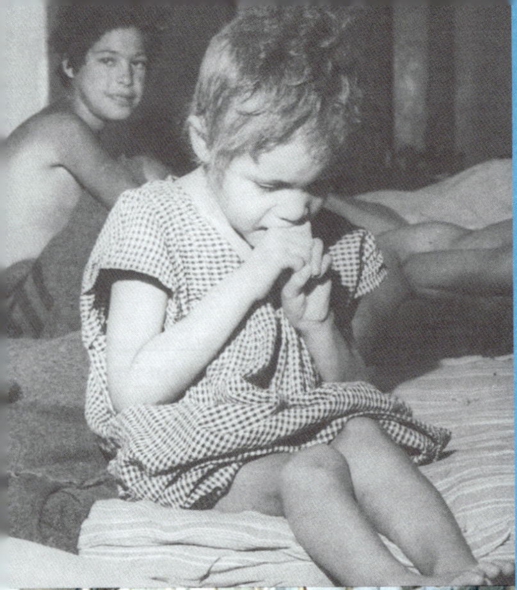

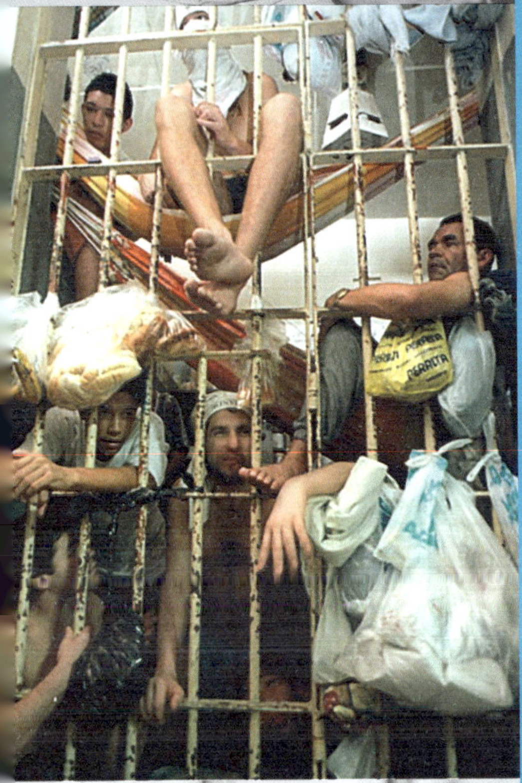

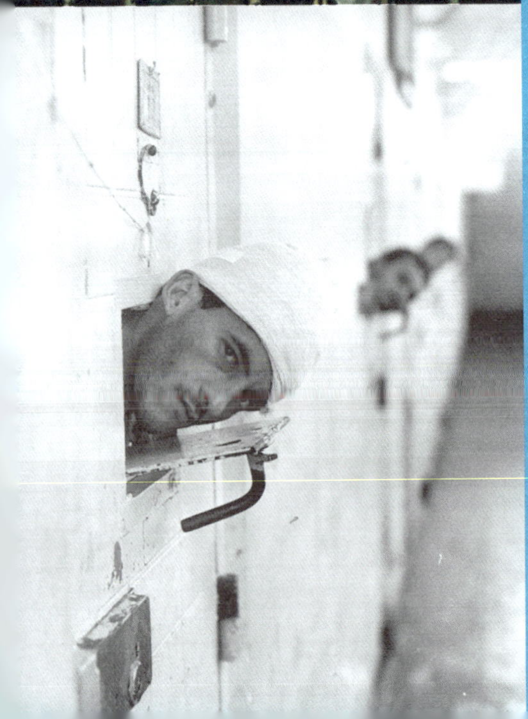

resgatar a cidadania dos encarcerados

16

A História do Brasil se confunde com a própria história da tortura, dos maus-tratos e da prisão, a começar pelo fato de que, entre nossos primeiros colonizadores, figuravam marginais portugueses, retirados da cadeia com destino à colônia.

No início, as vítimas foram os índios, depois os negros, até chegar aos marginais comuns e opositores políticos. Quando despontaram as primeiras greves de trabalhadores em busca de seus direitos, dizia-se que "caso social é caso de polícia". A resposta contra os operários era prisão, maus-tratos e deportações. Podemos dizer que faz parte de nosso cotidiano o abuso policial, atingindo, a depender de cada época, os mais diversos alvos. No regime militar, o Brasil chegou a "profissionalizar" a tortura: foram ministradas aulas para a introdução de métodos "científicos" destinados a obtenção de informações. Recolhidos nas ruas, mendigos serviram como cobaias dessas experiências.

Deve-se ao abuso policial algumas das melhores passagens da literatura brasileira. Quando foi preso, em 1936, Graciliano Ramos já era um escritor consagrado; passou dez meses mudando de presídios, sem ao menos ser submetido a um processo judicial. Nos últimos anos de sua vida, escreveu *Memórias do cárcere,* contando suas desventuras, construindo uma obra-prima da literatura nacional. Num trecho do livro, ele relata o alvoroço que tomou conta da prisão quando decidiram enviar de volta para a Alemanha a judia Olga Benário Prestes, mulher do líder comunista Luiz Carlos Prestes. Ela acabaria num campo de concentração. Escreveu Graciliano: "Frases incompletas erguiam-se no tumulto, suspenso às vezes com a transmissão de pormenores. Isso durou muito. Pancadas secas nos mostravam de longe homens fortes balançando varões de grades, tentando quebrar fechaduras. (...) Sentado na cama pensei com horror em campos de concentração, fornos crematórios, câmaras de gases. Iriam a semelhante miséria? A exaltação dominava os espíritos em redor de mim. Brados lamentosos, gestos desvairados, raiva impotente, desespero, rostos convulsos na indignação".

resgatar a cidadania dos encarcerados

Cárcere *versus* liberdade

© Marlene Bergamo/Folha Imagem

Casa de Detenção do Carandiru, em São Paulo, em 6 de outubro de 1992, quatro dias após o massacre dos 111 presos.

A mais conhecida Casa de Detenção do país foi desativada no dia 15 de setembro de 2002. Era o Carandiru, localizado na área urbana da capital paulista, o maior complexo penitenciário do Brasil, que chegou a reunir oito mil detentos – o dobro do número de abrigados para o qual havia sido projetado. Devido às condições desumanas a que era submetida sua população, o Carandiru era também o maior símbolo de contradições no que se refere à recuperação da cidadania dos condenados.

Desde meados da década de 1990, organizações não governamentais passaram a cobrar do governo mudanças no sistema carcerário, a começar pela construção de presídios menores espalhados pelo interior do país. Outro pressuposto é que esses espaços sejam concebidos como centros de ressocialização, ou seja, que promovam a educação dos detentos para a liberdade.

Esse olhar está focado no respeito à vida, que inclui o direito do homem à proteção e ao tratamento digno. Todas as modalidades de aprisionamentos que feriram esses preceitos, em toda a História, mereceram e têm merecido atenção crítica da sociedade e de autoridades em geral. Uma atenção que considera o direito de ir e vir, o direito à justiça e o direito à busca de liberdade.

> Carandiru / 111

Sexta-feira, 2 de outubro de 1992, véspera de eleição municipal em São Paulo. Enquanto os paulistanos decidiam qual candidato iriam escolher para substituir a prefeita Luiza Erundina, dois presos que se encontravam no Pavilhão 9 da Casa de Detenção do Carandiru iniciaram uma briga. Os agentes penitenciários levaram os feridos até a enfermaria, no Pavilhão 4, e fecharam o acesso ao segundo andar do Pavilhão 9, onde começou toda a confusão. Os detentos romperam o cadeado e atearam fogo nos colchões, dando início a uma rebelião.

A polícia foi chamada e cercou a Casa de Detenção. O coronel da Polícia Militar Ubiratan Guimarães assumiu o controle das operações e, visando pôr fim à manifestação, ordenou aos policiais da Rota que invadissem o presídio. Acompanhada de cães, a tropa entrou no Pavilhão 9 e passou a disparar contra os detentos que, encurralados, não tinham onde se esconder. Somente no dia seguinte, faltando meia hora para o término das eleições, soube-se que lá dentro ocorrera uma chacina jamais vista na história do sistema penitenciário do país: 111 presos tinham sido mortos e outros tantos tinham ficado feridos.

Passados mais de dez anos, nem mesmo a implosão do Carandiru, em dezembro de 2002, conseguiu apagar de nossa memória este trágico acontecimento. Em junho de 2001, o coronel Ubiratan – agora na reserva – tornou-se, até então, o único condenado pela chacina. Ele recebeu uma sentença de 632 anos de prisão pela morte de 102 presos (nove detentos morreram esfaqueados, o que sugere não ter sido ação da polícia) e cinco tentativas de homicídio, mas por ser réu primário, obteve o direito de recorrer em liberdade. Dos outros cinco comandantes que participaram da operação, dois foram para a reserva e três, embora tenham perdido os cargos de chefia, foram promovidos. Quanto aos familiares dos mortos, ninguém recebeu ainda qualquer tipo de indenização.

Os encarcerados e suas modalidades

Na longa história da humanidade, em centenas de países, milhares de pessoas foram encarceradas e submetidas a condições extremadas de maus-tratos. Os aprisionados mais comuns são os criminosos, aqueles que cometeram desde pequenos furtos até assassinatos. Mas há também aqueles que são encarcerados pelos chamados "crimes" de opinião – os presos políticos e os perseguidos por opção religiosa.

A sociedade contemporânea também criou seus "encarcerados": são os idosos carentes recolhidos em asilos, sem o direito à individualidade e o de realizar escolhas. Há ainda os deficientes físicos, que, principalmente por razões de natureza socioeconômica, ficam presos em seus quartos. Também não são livres os doentes mentais e os doentes internados em hospitais por longos períodos, nem são livres as crianças abandonadas, recolhidas em creches e abrigos.

A ideia do "cárcere" aplica-se igualmente às pessoas muito exploradas no seu trabalho, aquelas que vão para casa apenas para dormir, passando o restante de seu tempo em seus empregos, sem lazer, diversão e educação.

Não seriam também prisioneiras as pessoas que transformaram suas casas em verdadeiras fortalezas para se defender dos invasores e sequestradores? E também é possível aplicar a metáfora da "prisão" às pessoas vítimas da ignorância, sem acesso à educação, impossibilitadas de romper com os limites intelectuais a que estão submetidas?

Despojados de sua liberdade são também os povos como os palestinos, os curdos, os armênios e as mulheres de países onde vigora o fundamentalismo muçulmano, vítimas de violências e guerras que impedem até mesmo sua saída dos locais de conflitos.

© Niels Andréas/Folha Imagem

Corredor do Pavilhão 9 da Casa de Detenção do Carandiru após o massacre dos 111 detentos, em 2 de outubro de 1992.

© Wilson Pedrosa/AE

Implosão da Casa de Detenção do Carandiru, em 8 de dezembro de 2002. Em sete segundos, os Pavilhões 6, 8 e 9 viraram entulho, para dar lugar a um parque público, com centros de cultura, lazer e formação profissional.

© Museu de Versailles, França

Attaque de la Bastille, le 14 juillet 1789, pintura anônima que integra o acervo do Museu de Versailles, França.

> Respeito aos Direitos Humanos no Brasil

- "Todos os homens nascem livres e iguais em dignidade e direitos. São dotados de razão e consciência e devem agir em relação uns aos outros com espírito de fraternidade."
- "Todo homem tem direito à vida, à liberdade e à segurança pessoal."
- "Ninguém será submetido a tortura, nem tratamento ou castigo cruel, desumano ou degradante."
- "Ninguém será arbitrariamente preso, detido ou exilado."

As frases anteriores constam da Declaração Universal dos Direitos do Homem, documento produzido pela ONU (Organização das Nações Unidas), em 1948, três anos depois do final da Segunda Grande Guerra, com o objetivo de tentar acabar com o desrespeito à vida, à integridade e à liberdade, que se revelou uma constante durante os seis anos daquele conflito, principalmente nos campos de concentração nazistas.

Os trinta artigos da Declaração pregam a igualdade, a justiça social e a fraternidade entre os homens e partem do princípio de que esses valores devem ser estendidos a todos os indivíduos do planeta, independente de raça, sexo, idade, nacionalidade ou qualquer outro fator que possa ser utilizado para discriminar as pessoas.

Essas prerrogativas da ONU só foram de fato incorporadas à legislação brasileira a partir de 1988, quando foi aprovada nossa mais recente Constituição. Conhecida como Constituição Cidadã, ela confere uma série de garantias às pessoas e assegura a manutenção de direitos sociais e individuais à população. A partir da Constituição, foram criadas diversas leis para proteger os brasileiros, como o Código de Defesa do Consumidor, o Estatuto da Criança e do Adolescente e leis em defesa dos negros e das mulheres.

Em 1996, o Governo Federal anunciou a criação do Programa Nacional de Direitos Humanos (PNDH), um plano de ação composto por 227 medidas com o objetivo de defender os direitos do cidadão. No entanto, três anos depois, a Human Rights Watch – organização internacional que luta pela garantia dos Direitos Humanos em todo o mundo – entregou ao então presidente Fernando Henrique Cardoso um documento no qual afirmava que o PNDH não havia saído do

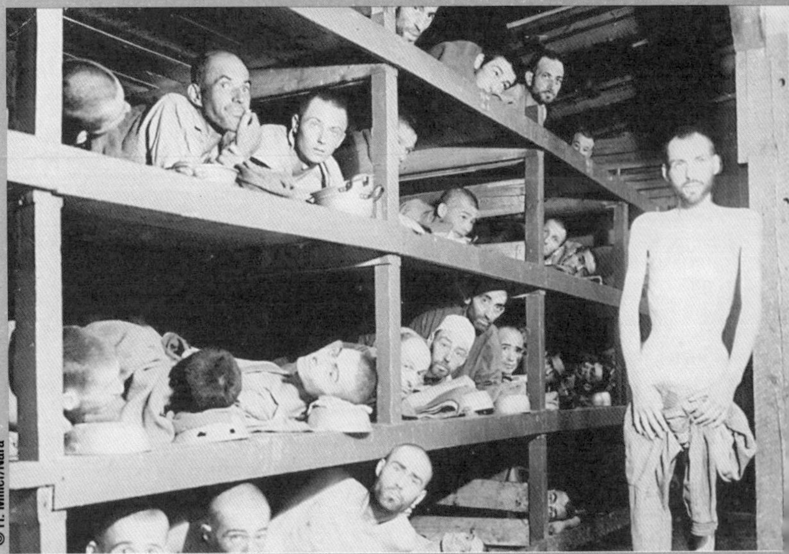

© H. Miller/Nara

Prisioneiros do campo de Buchenwald, perto de Jena, Alemanha, foram libertados pelas tropas norte-americanas da 80ª Divisão, em 16 de abril de 1945.

Os cárceres na História

Foram diversas as formas que os homens encontraram, ao longo dos tempos, para aprisionar outros homens. O desfile dessas modalidades pode começar pelo Império Romano, principalmente nos governos dos imperadores do século I, em que "circos" abrigavam os gladiadores – prisioneiros de guerra treinados para lutar até a morte nas arenas, com a principal função de divertir os espectadores.

O período medieval primou pelo aprisionamento de pessoas acusadas de heresia contra a Igreja. Encarceradas por vários anos, elas não eram assistidas nem entravam em contato com o mundo exterior, além de serem submetidas à tortura como método para confissão.

Os governos absolutistas da Europa dos séculos XV a XVIII também aprisionaram, deixando em masmorras as pessoas que discordavam das ordens dos reis. Uma das mais conhecidas dessas prisões foi a da Bastilha, em Paris, onde ficaram presos alguns dos maiores filósofos iluministas.

Odiosos também foram os cárceres que existiram entre os séculos XVI e XIX, no Brasil colonial, onde ficavam presos os escravos. O próprio alojamento precário em que eram mantidos, as senzalas, pouco diferiam de um calabouço.

Já no século XX, os campos de concentração do regime nazista, como os de Auschwitz, Treblinka e Sobibor, encarceraram milhares de judeus, comunistas e homossexuais. Na União Soviética, o governo stalinista também se destacou pelas perseguições contra os inimigos políticos do regime. Milhares deles, na década de 1930, foram "julgados" e condenados à morte ou à "reeducação" em campos de concentração chamados *Gulags*, em distantes regiões, como a gelada Sibéria.

Os cárceres do Brasil

De modo geral, o tratamento dado pelo Brasil aos seus presos sempre foi desumano, desde o início do período colonial. Mal tinha posto os pés na América, o governo português esvaziou as prisões de Portugal e enviou para cá todo tipo de condenados, que eram abandonados em vários pontos do litoral, entre povos de língua e cultura estranhas às suas.

Na época em que as primeiras povoações foram elevadas à categoria de vilas, a primeira exigência dos colonizadores era que a autoridade municipal fosse constituída, construindo-se a Casa de Câmara e Cadeia. Geralmente, a Câmara ficava no andar superior e abrigava os vereadores que faziam leis e fiscalizavam seu cumprimento. A Cadeia, localizada no térreo e porão, era onde se depositavam os presos – lugares úmidos, sem ventilação e sem instalações sanitárias, onde, naturalmente, a vida se tornava muito curta.

O Brasil colonial fez outros aprisionados, como os índios, que acabavam nas mãos dos sanguinários e ambiciosos bandeirantes. Depois foram os negros escravos, que, circunscritos às terras dos senhores,

© Reprodução

Condenados, de 1819, gravura de Henry Chamberlain e H. Alken, publicada em *Views and costumes of the city and neighbourhood of Rio de Janeiro, from drawings taken by lieutenant Chamberlain... during the years of 1819 e 1820*, Howlett & Brimmer, Londres, 1822.

Fonte: MOURA, Carlos Eugênio Marcondes de, *A travessia da Calunga Grande: três séculos de imagens sobre o negro no Brasil (1637-1899)*, São Paulo, Edusp, Imprensa Oficial, 2000, p. 323.

eram confinados em senzalas e estavam sujeitos a castigos corporais e mutilações, além de espancamentos até a morte.

Também eram punidos nesse período aqueles que participassem de rebeliões. Suas penas eram a morte, o desterro ou a prisão. Os prisioneiros não tinham direito à defesa e, uma vez condenados,

© Luiz Bittencourt/Folha Imagem

Prisão de Sandro do Nascimento, autor do sequestro do ônibus 174, no Jardim Botânico, Rio de Janeiro, em 12 de junho de 2000. Ele foi morto na viatura policial, por asfixia. Era um dos sobreviventes da Chacina da Candelária, ocorrida em 1993. Antes menino de rua, escapou do fuzilamento; dessa vez, como sequestrador, os policiais não o deixaram vivo. Em fevereiro de 2003, após quase vinte horas de julgamento, os policiais militares acusados de sua morte foram absolvidos pelo júri popular por 4 votos a 3. De acordo com os réus, o sequestrador foi imobilizado pelo pescoço porque estava agressivo e morreu asfixiado, sem intenção...

→

papel. Segundo a entidade, casos como trabalho forçado, tortura, massacres em prisões, violência contra populações indígenas, homicídios cometidos por policiais, conflitos sangrentos pela posse de terra, violência doméstica e impunidade dos crimes cometidos durante a ditadura militar continuavam a ocorrer no Brasil.

Mais recentemente, outra entidade voltada a essa questão, o Centro de Justiça Global, elaborou um relatório afirmando que o ano de 2002 havia sido negativo para os Direitos Humanos no Brasil. Entre as razões apontadas estão a absolvição de 144 dos 146 policiais militares acusados da morte de dezenove trabalhadores sem-terra, em Eldorado dos Carajás, no Pará, em 1996, e o assassinato do jornalista da Rede Globo, Tim Lopes, morto por traficantes do Rio de Janeiro, enquanto fazia uma reportagem especial sobre o tráfico na capital carioca.

> *Memórias do cárcere* – Graciliano Ramos

Em março de 1936, o escritor Graciliano Ramos foi preso em Maceió sob a acusação de pertencer à ala comunista da Aliança Nacional Libertadora. Na época, ele já era um escritor consagrado. Havia publicado os romances *Caetés* e *São Bernardo*, fora prefeito de Palmeira dos Índios (AL) e ocupava o cargo de diretor da Instrução Pública de Alagoas. Graciliano Ramos passou dez meses sendo transferido de um presídio para outro, sem jamais ter sido ouvido ou tido algum processo aberto contra ele. Em seus últimos anos de vida, dedicou-se a escrever *Memórias do cárcere*, obra em que retrata o que viveu na prisão. O escritor não chegou a concluir o livro. Morreu em 1953, quando ainda faltava escrever o último capítulo. Leia a seguir um trecho que mostra o clima de incerteza e medo por trás das grades: →

© Divulgação

Cartaz do filme *Memórias do cárcere*, 1986, dirigido por Nélson Pereira dos Santos, adaptado da obra de Graciliano Ramos.

dificilmente conseguiam reverter a pena. É mais que conhecida a terrível punição imposta a Joaquim José da Silva Xavier, o Tiradentes, por sua participação na Inconfidência Mineira, em fins do século XVIII.

A partir da segunda metade do século XIX, com o crescimento urbano, ocorreu um grande aumento da criminalidade. Para enfrentar a situação, a política de segurança pública investiu na organização de aparatos policiais mais estruturados. O resultado foi o aumento no número de condenações, que levaram antigas cadeias a se transformarem em depósitos abarrotados de presos, onde imperavam os maus-tratos.

Com a multiplicação das fábricas trazidas pela era industrial, surgiram as manifestações e greves realizadas pelos operários, principalmente os imigrantes, que constituíam a maioria da mão de obra. Eles reivindicavam condições de trabalho mais dignas. Foram duramente reprimidos pela polícia. As principais lideranças eram levadas à prisão, mas como as vagas eram insuficientes, os governos republicanos optaram pela expulsão dos trabalhadores estrangeiros que praticavam "crimes trabalhistas", ou os mandaram para o degredo, em regiões distantes e isoladas.

Durante o governo de Getúlio Vargas (1930-1945), ocorreram diferentes revoltas e tentativas de derrubá-lo do poder. Em 1935, os militantes da Aliança Nacional Libertadora, liderados pelo Partido Comunista do Brasil, deflagraram um movimento revolucionário rapidamente sufocado pelo governo. A partir de então, o encarceramento por crimes de opinião cresceu como nunca na História brasileira.

Ao longo de todo o século XX, as políticas penitenciárias dos países mais pobres caracterizaram-se pela ausência total de acomodação digna para os detentos e de políticas voltadas para sua recuperação. O Brasil não foi exceção. E também como outros países que passaram por períodos de governos autoritários, o Estado Novo (1937-1945) e o regime militar brasileiro (1964-1985) mantiveram prisões onde a tortura contra os presos políticos era frequentemente cometida.

Considera-se que a fase mais severa do regime militar ocorreu a partir do decreto do Ato Institucional nº 5, em dezembro de 1968. Centenas de militantes de sindicatos, entidades estudantis, jornalistas, intelectuais, artistas, radialistas, entre outros, foram presos e submetidos a torturas nos "porões" da ditadura, como ficaram conhecidos os locais semiclandestinos para onde eram encaminhados os presos. Não havia acusações formais nem processos jurídicos.

As condições carcerárias dos presos comuns, sempre precárias no Brasil, deram motivo a inúmeras rebeliões em muitas cadeias. Para reivindicar melhorias no sistema, surgiram na década de 1980 organizações de presos que rapidamente passaram a controlar os presídios, como o Comando Vermelho – CV, no Rio de Janeiro, e o Primeiro Comando da Capital – PCC, em São Paulo. Essas organizações criminosas, com o passar do tempo, transformaram-se em verdadeira ameaça à sociedade, desafiando o poder público e desrespeitando os cidadãos.

© Ana Carolina Fernandes/Folha Imagem

Preso da Casa de Custódia Jorge Santana mostra armas a pastor evangélico que fora chamado como garantia para a libertação de reféns, durante rebelião de dezesseis horas, liderada por membros da facção paulista PCC (Primeiro Comando da Capital), segundo a PM do Rio de Janeiro, em 19 de abril de 2002.

Dentre as inúmeras crises provocadas por rebeliões nas cadeias brasileiras, certamente a que entrou para a História foi a que ocorreu em 2 de outubro de 1992, no Carandiru, em São Paulo, quando a Polícia Militar invadiu a penitenciária, numa operação cujo saldo foi de 111 detentos mortos.

A necessidade de reformulação da política penitenciária brasileira foi demonstrada mais uma vez em rebeliões simultâneas, como a de 18 de fevereiro de 2001, em que participaram 27 mil presos em 29 cidades paulistas, ou a de setembro de 2002, no Rio de Janeiro, em que presídios de "segurança máxima" foram controlados por um grupo de presos que eliminou seus rivais e forçou sua própria transferência para outros locais.

Para enfrentar esse novo nível de organização da população carcerária, o Estado tem se defrontado com a necessidade de se equilibrar entre políticas de direitos humanos para os presos e a necessidade de reforçar os mecanismos de segurança que restringem direitos conquistados, como visitas íntimas e liberdade de circulação no interior dos pavilhões.

Com a participação da sociedade civil organizada, a Secretaria de Administração Penitenciária de São Paulo criou o Projeto Cidadania no Cárcere. Uma das principais características do projeto é fazer cumprir o artigo 1º da Lei nº 7.210/84 (Lei de Execução Penal), que diz que a principal finalidade da prisão de infratores é "proporcionar condições para a harmônica integração social do condenado" por meio de assistências em

Uma noite chegaram-nos gritos medonhos do Pavilhão dos Primários, informações confusas de vozes numerosas.
Aplicando o ouvido, percebemos que Olga Prestes e Elisa Berger iam ser entregues à Gestapo: àquela hora tentavam arrancá-las da sala 4. As mulheres resistiam, e perto os homens se desmandavam em terrível barulho. Tinham recebido aviso, e daí o furioso protesto, embora a polícia jurasse que haveria apenas mudança de prisão.
– Mudança de prisão para a Alemanha, bandidos.
Frases incompletas erguiam-se no tumulto, suspenso às vezes com a transmissão de pormenores. Isso durou muito. Pancadas secas nos mostravam de longe homens fortes balançando varões de grades, tentando quebrar fechaduras. (...) Apesar da manifestação ruidosa, inclinava-me a recusar a notícia: inadmissível. Sentado na cama pensei com horror em campos de concentração, fornos crematórios, câmaras de gases. Iriam a semelhante miséria? A exaltação dominava os espíritos em redor de mim. Brados lamentosos, gestos desvairados, raiva impotente, desespero, rostos convulsos na indignação. Um pequeno tenente soluçava, em tremura espasmódica:
– Vão levar Olga Prestes.
A queixa lúgubre deixava-me em situação penosa; esforçava-me por extingui-la. Nenhuma verossimilhança: com certeza aquilo era boato, consequência de imaginações desregradas. Vivíamos num ambiente de fantasmagorias. Asserções imprevistas me deixavam zonzo, entre a realidade e o sonho, a perguntar a mim mesmo, considerando um homem que se transformava em duende – "Estará doido? Ou serei doido eu?".

Graciliano Ramos, *Memórias do cárcere*, 19. ed., Rio de Janeiro, Record, 1984, v. II, pp. 274-275.

> Tortura no Brasil

Nos primeiros anos do regime militar no Brasil, o policial norte-americano Dan Mitrione trabalhava em Belo Horizonte como professor das Forças Armadas. Sua disciplina: técnicas de tortura. As aulas que ministrava continham uma parte teórica, na qual ele explicava os diferentes métodos que poderiam ser utilizados para se obter dos prisioneiros uma confissão ou uma informação valiosa. Havia também uma parte prática: mendigos recolhidos nas ruas serviam de cobaia para que Mitrione pudesse mostrar a melhor maneira de se executar aquilo que ensinava.

Essas aulas têm um valor simbólico muito grande por caracterizar bem a terrível situação de abuso do poder verificada no Brasil durante a ditadura militar (1964-1985). Por meio delas, a tortura deixava de ser simplesmente o mais degradante abuso que um interrogador pode infligir a um preso e ganhava status de método científico.

De fato, durante o período em que o Brasil esteve sob o jugo dos militares, a tortura foi amplamente utilizada contra os presos. As técnicas empregadas eram as mais variadas possíveis: choques elétricos nas partes íntimas, pau de arara, afogamento. Muitos detentos foram trancados em salas cuja temperatura era extremamente baixa e outros viram-se obrigados a passar várias horas ao lado de cobras ou ficar deitado com um jacaré sobre suas costas. As mulheres sofreram também abusos sexuais e muitas grávidas abortaram, em função das agressões físicas recebidas.

Diversas pessoas morreram na cadeia após as seções de tortura, como o jornalista Wladimir Herzog. Outras simplesmente foram dadas como desaparecidas, caso do deputado Rubens Paiva. Os torturadores, no entanto, foram beneficiados pela aprovação da lei da Anistia, em 1979 e, por isso, não chegaram a ser punidos. Alguns foram reformados ou se aposentaram, mas muitos continuam na ativa. Mesmo terminada a ditadura, a polícia continua sendo acusada de praticar tortura para obter as informações que deseja. Somente no estado de São Paulo, a Ouvidoria da Polícia recebeu, entre 1996 e 2000, quase 700 denúncias desse tipo.

© L.C. Leite/Folha Imagem

Ossadas encontradas em vala clandestina no cemitério Dom Bosco, em Perus, SP, onde foram enterradas muitas das vítimas do Esquadrão da Morte e também presos políticos assassinados pelos órgãos de repressão da ditadura militar. Das 1.500 ossadas, cerca de um terço eram de crianças. Alguns desaparecidos políticos foram identificados a partir das investigações realizadas em 1991 pelo Departamento de Medicina Legal da Unicamp – Universidade de Campinas.

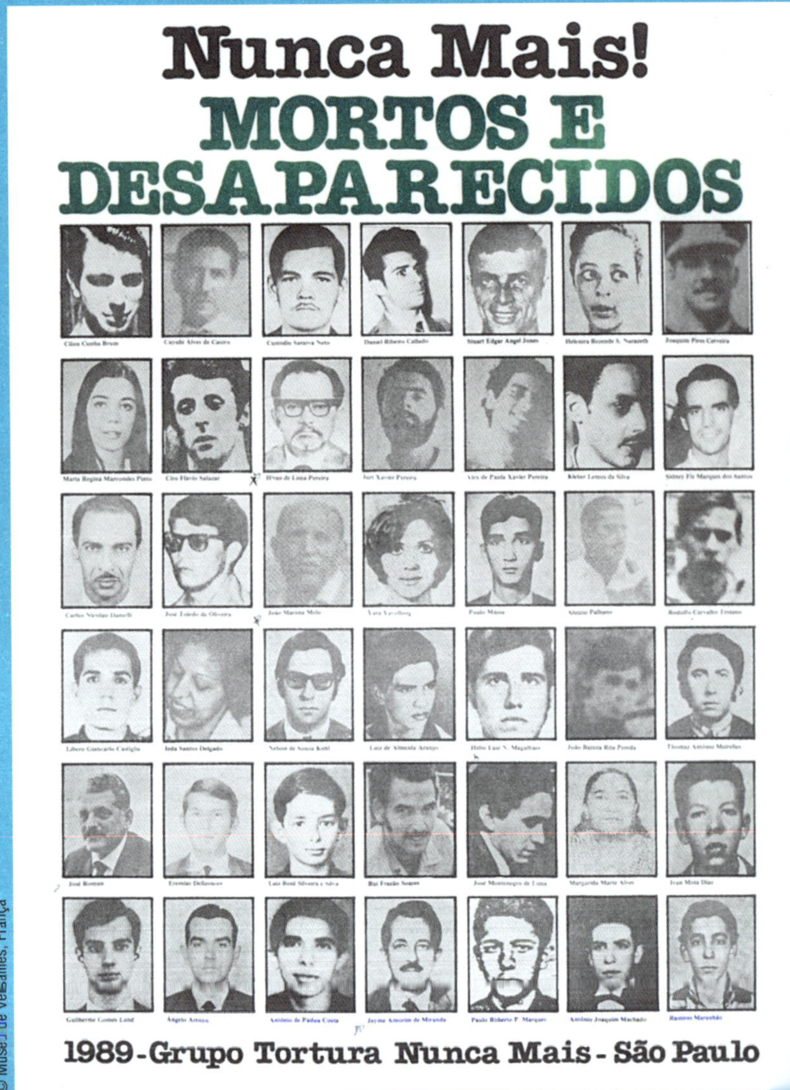

© Museu de Versailles, França

Mortos e desaparecidos durante a ditatura militar em cartaz do Grupo Tortura Nunca Mais, 1989.

geral – em ensino básico, atendimento médico, odontológico, psicológico, jurídico, esportivo, cultural etc. –, às quais, no mais das vezes, os encarcerados nunca tinham tido acesso.

A ação conjunta do Poder Judiciário, Ordem dos Advogados do Brasil, Ministério Público, Prefeituras e Câmaras de Vereadores, com a participação de organizações não governamentais, pode contribuir para fazer desse projeto uma ação de efetiva transformação do sistema penitenciário brasileiro.

atividades

1 Segundo dados divulgados em 2002 pelo Ibase (Instituto Brasileiro de Análises Sociais e Econômicas), o número relativo de presos no Brasil cresceu 50% nos últimos sete anos. Em 1995, para cada cem mil habitantes, havia 95,5 pessoas presas. Em 2002, esse número aumentou para 141. De acordo com o estudo, três fatores explicam esse acontecimento: a ação mais agressiva da polícia, o endurecimento das penas verificado a partir de 1990, e a morosidade do Poder Judiciário na concessão de livramento condicional. Faça uma pesquisa na cidade em que você mora para descobrir se a quantidade de presos em relação à população local vem aumentando ou diminuindo nos últimos anos e qual o principal tipo de crime que é cometido pelos detentos. Em seguida, elabore um relatório com os dados apurados.

2 Em setembro de 2000, o Governo Federal criou a Central Nacional de Apoio e Acompanhamento das Penas e Medidas Alternativas. Seu objetivo é incentivar os juízes a aplicarem penas alternativas aos condenados por crimes mais leves. Uma delas é a prestação de serviços à comunidade por um determinado período de tempo. A expectativa é atenuar, dessa maneira, o problema da superlotação nas cadeias e contribuir para o processo de reinserção social dos condenados. Verifique se no Estado em que você mora isso já acontece e relacione quais são as penas alternativas adotadas. Do contrário, procure se informar do que falta para isso começar a acontecer.

3 Dentre as inúmeras dificuldades para a reinserção de ex-detentos em atividades honestas, após o cumprimento das penas, é o preconceito que impede a obtenção de empregos. Sem opção para sobreviver, muitos retornam à vida de crimes. Haverá alternativa para essa situação? O que você e seus colegas pensam sobre isso? Organize um debate em sua classe, no qual sejam apresentadas ideias que possam contribuir com a recuperação de presos. As melhores sugestões poderiam ser enviadas para as autoridades do Estado onde você vive.

4 O debate sobre a pena de morte é sempre polêmico e vale a pena exercitá-lo. Pesquise, reflita e debata: onde essa pena existe, a criminalidade diminuiu? Num sistema judiciário e carcerário cheio de falhas como o nosso, é possível aplicar essa pena sem que se cometam injustiças irreparáveis?

> O ditador Getúlio Vargas

Em 1935, diversos setores da esquerda brasileira se uniram e formaram a Aliança Nacional Libertadora (ANL), cujo comando foi entregue ao líder comunista Luís Carlos Prestes. A ANL nasceu como uma resposta à crescente expansão da Ação Integralista Brasileira (AIB), de inspiração nazifascista, que defendia a implantação de um Estado forte no Brasil. Em novembro de 1935, a ANL tentou derrubar o presidente Getúlio Vargas, mas o golpe fracassou. No entanto, a ação serviu de argumento para o governo pôr em prática medidas autoritárias que levaram um grande número de opositores para trás das grades.

O primeiro passo desse autoritarismo crescente foi a criação, em janeiro de 1936, da Comissão Nacional de Repressão ao Comunismo, órgão encarregado de investigar e prender funcionários públicos e outras pessoas que participavam de atividades capazes de colocar em risco o regime. Por meio dele, o governo promoveu uma verdadeira caça às bruxas. A situação agravou-se ainda mais a partir de 1937, quando Getúlio Vargas deu um golpe de Estado e implantou a ditadura do Estado Novo.

Personalidades como Graciliano Ramos, Patrícia Galvão (Pagu), Luís Carlos Prestes e sua mulher, Olga Benário, e Monteiro Lobato, juntamente com outros anônimos da sociedade, foram mandados para as masmorras, onde ficaram confinados, muitas vezes sem qualquer acusação formal. De 1937 até 1945 – ano em que Getúlio foi deposto – cerca de dez mil pessoas acabaram presas por questões políticas. Nas cadeias, os presos muitas vezes sofriam maus-tratos, o que era de conhecimento do chefe da polícia do Distrito Federal (RJ), Filinto Müller, um dos braços-fortes de Getúlio Vargas. Anos mais tarde, ele chegou a afirmar: "Houve casos de tortura. (...) Eu fico com a responsabilidade, não a atiro para cima nem para baixo".

© CPDOC/FGV

Multidão comemora a demissão de Filinto Müller, chefe da Polícia de Getúlio Vargas, em 4 de julho de 1943, cuja fama era de fazer inveja à Gestapo, polícia política da Alemanha nazista.

Imagens de abertura dos capítulos

Posição da imagem na página de cima para baixo

1 - escola e brincadeira - decifrando o mundo da infância

- Crianças participam de atividade artística em escola de São Paulo. © Caio Gautelli/Folha Imagem
- Meninos jogando futebol na rua, em São Paulo, 1957. © Acervo Última Hora/Folha Imagem
- Crianças aprendem artes circenses na ONG Circo de Todo Mundo, que atende crianças carentes em Belo Horizonte, MG, março de 2001. © Evelson de Freitas/Folha Imagem

2 - código civil: garantia do direito de ter direitos

- Manifestação pelo impeachment do presidente Fernando Collor de Mello, em São Paulo, 25 de agosto de 1992. © Andre Penner/Abril Imagens
- Parada do Orgulho Gay, na avenida Paulista, São Paulo, em 11 de abril de 2003. © J.J. Leister/AE
- Militantes do Movimento Homossexual Brasileiro participam do lançamento da plataforma política de gays, lésbicas, travestis e bissexuais para as eleições de 2002, no Congresso Nacional, em Brasília, em 18 de setembro de 2002. © Joedson Alves/AE

3 - identidades culturais, respeito às diferenças

- Dois dos cinco daguerreótipos retratando índios botocudos. São provavelmente as mais antigas fotos de índios brasileiros, tiradas por E. Thiesson cinco anos após a invenção da fotografia, em 1844. Fazem parte da Coleção Jacquart, guardada na fototeca do Museu do Homem, em Paris. © Museu do Homem, Paris
- Índio botocudo, São Paulo, 28 de janeiro de 1954. © Folha Imagem

4 - diversidade religiosa: toda forma de crer vale a pena

- Moradora da comunidade negra rural da Fazenda São José da Serra, em Valença, RJ, mostra imagem de Santo Onofre, protetor de sua casa, em junho de 2000. © Antônio Gaudério/Folha Imagem
- Altar em terreiro de Candomblé, em São Paulo, em setembro de 1998. © Rogério Assis/Folha Imagem
- Vista da sala de velas da Basílica de Aparecida do Norte, SP, onde os fiéis protestam contra as injustiças sociais, durante o Grito dos Excluídos de 2000. © Claudio Capucho/Folha Imagem

5 - mulheres votam em mulheres: uma escolha feminina?

- Charge do movimento sufragista, de autoria de Raul Pederneiras. Publicada na revista *Fon-Fon*, edição de 16 de maio de 1914. © Reprodução
- Mulheres borracheiras, em Belo Horizonte, MG, em fevereiro de 1973. © Celio Apolinário/Abril Imagens
- Além de lutar pelos direitos políticos e de ocupar seu lugar no mercado de trabalho, as mulheres tiveram também que transformar hábitos e costumes para que pudessem usar minissaia, tomar pílula e se livrar da imposição da virgindade. © Reginaldo Manente/AE

6 - aprender a aprender como exigência do futuro

- Sequência com jovem pichando a palavra de ordem "Abaixo a ditadura", na Passeata dos Cem Mil, no Rio de Janeiro em 26 de junho de 1968. © Kaoru/AJB
- Manifestação estudantil em São Paulo, 20 de julho de 1968. © AE

7 - lutar para morar com dignidade

- Morador da favela Zaki Narchi, em São Paulo. Sua casa foi destruída por um incêndio, em 23 de outubro de 2000. © Caio Guatelli/Folha Imagem
- Moradores sem-teto sob a ponte Vila Maria, em São Paulo, em 21 de julho de 2000. Caio Guatelli/Folha Imagem
- Incêndio da favela Pires do Rio, no bairro do Tatuapé, em São Paulo, em 25 de novembro de 1999. © Evelson de Freitas/Folha Imagem

8 - reforma agrária - terra para quem nela trabalha

- Caixões dos trabalhadores sem-terra mortos em confronto com policiais em Eldorado de Carajás, PA, em 19 de abril de 1996. Jorge Araújo/Folha Imagem
- Colonos capinando soja em Ijuí, RS. © Eneida Serrano/Abril Imagens
- Participante da marcha dos trabalhadores sem-terra em Conselheiro Lafaiete, MG, em agosto de 1999. © Juca Varella/Folha Imagem

9 - independência política e a luta dos povos pela autodeterminação

- Comício pelas diretas na praça da Sé, em 25 de janeiro de 1984. Depois desta manifestação, muitas outras tomaram as ruas até 25 de abril, quando a emenda Dante de Oliveira foi rejeitada pelo Congresso Nacional. © Fernando Santos/Folha Imagem
- *Sentinela da Liberdade,* jornal editado em 1823 por Cipriano Barata, em Recife, onde o ideal revolucionário precisava de um porta-voz. © Biblioteca Nacional
- Estátua de Tiradentes sendo conduzida para o local em que será colocada, em Belo Horizonte, MG. © Célio Apolinário/Abril Imagens

10 - cores diferentes, direitos iguais

- Adesivos com a mensagem "Não compre. Esta loja não emprega negros" foram colados em mais de 30 lojas do shopping Rio Sul, no Rio de Janeiro, durante manifestação de protesto contra a discriminação, que marcou a abertura da Conferência Nacional Contra o Racismo e a Intolerância, em 6 de junho de 2001. © Antônio Gaudério/Folha Imagem
- Passeata de estudantes contra o racismo, em 18 de abril de 1959. © AE
- Solenidade comemorativa do Dia da Consciência Negra, na Câmara dos Deputados, em Brasília, em 20 de novembro de 1995. © Juca Varella/Folha Imagem

11 - trabalho - um emprego e um sonho de futuro melhor

- O sindicalista Luiz Inácio Lula da Silva em assembleia dos metalúrgicos em greve, em 23 de março de 1979, no ABC. © Folha Imagem
- Artesã fazendo renda de bilro. © José Antônio/Abril Imagens
- Agricultor estendendo café para secagem, na Fazenda Santa Terezinha, Ibirapuã, BA, em 1987. © Ana Luísa Oriente/Abril Imagens

12 - ir e vir: liberdade de movimento

- Bondes e automóveis nas ruas de São Paulo, em 1964. © AE
- Trólebus decorado com pintura enfocando a arquitetura de São Paulo, em 2000. © Niels Andréas/Folha Imagem
- Estação Trianon do metrô de São Paulo. © Roberto Loffel/Abril Imagens

13 - a saúde pública e o direito à vida

- Brigada mata-mosquito da febre amarela, em 1903, no Rio de Janeiro. © Reprodução
- Cartaz da campanha de prevenção à Aids do Ministério da Saúde, 2000. © Divulgação
- Discussão sobre a legalização do consumo de maconha em matéria de capa da revista *Superinteressante*, edição de agosto de 2002. © Abril Imagens

14 - equilíbrio ambiental, um mundo para as futuras gerações

- Lobo-guará no Parque Nacional da Serra da Canastra, MG. © Luiz Cláudio Marigo/Tyba
- Mancha de poluentes do ar sobre a cidade de São Paulo, vista do centro, em maio de 2001. © Caio Guatelli/Folha Imagem
- Desmatamento ilegal da Floresta Amazônica, na região de Ariquemes, RO, em agosto de 1988. © Juan Esteves/Folha Imagem

15 - pensar e falar com liberdade de expressão

- Edição de 10 de dezembro de 1969 da revista *Veja*, apreendida com base no AI-5, Ato Institucional, decretado pelo governo militar, que instituiu a censura no país. © Abril Imagens
- Cartão-postal de enaltecimento a Getúlio Vargas, editado pelo DIP entre 1937 e 1945, RJ. © CPDOC/FGV
- Capa do livro *Feliz Ano Novo*, de Rubem Fonseca, censurado em 1976, sob acusação de fazer "apologia da violência". © Artenova/Reprodução

16 - resgatar a cidadania dos encarcerados

- Criança interna do Hospital Psiquiátrico do Juqueri, em Franco da Rocha, SP, 1963. © Folha Imagem
- Cela lotada no 78º Distrito Policial de São Paulo, em 20 de fevereiro de 1997. Redes de pano são penduradas para amenizar a falta de espaço. © Evelson Freitas/Folha Imagem
- Detentos da penitenciária do Estado de São Paulo, em 5 de agosto de 1987. Jorge Araújo/Folha Imagem

Quem é Gilberto Dimenstein?

Gilberto Dimenstein nasceu em 28 de agosto de 1956, em São Paulo. Iniciou no jornalismo em 1977, na revista *Shalon*, passando depois para os jornais *O Globo*, *Jornal do Brasil* e *Correio Brasiliense*, e para as revistas *Veja*, *Visão* e *Educação*.
É membro do Conselho Editorial do jornal *Folha de S.Paulo*, onde mantém com regularidade diversas colunas semanais. É autor de reportagens de repercussão nacional e internacional sobre violência contra as crianças, ganhando vários prêmios de jornalismo nos últimos anos, entre eles dois prêmios Esso, dois prêmios Líbero Badaró de Imprensa e o Prêmio Criança e Paz, da Unicef.
Seus livros estão sempre voltados para o propósito de disseminar o ensino de cidadania na escola, como *Cidadão de papel*, *Aprendiz do futuro*, *Meninas da noite*, *Guerra dos meninos* e, mais recentemente, a Coleção *Mano* – em parceria com a escritora Heloísa Prieto – e *O Brasil na ponta da língua* – em parceria com o professor Pasquale Cipro Neto.
Gilberto Dimenstein conquistou grande projeção ao criar, em 1994, a Cidade Escola Aprendiz, considerada pela Unesco referência mundial de educação.

Quem é Alvaro Cesar Giansanti?

Alvaro Cesar Giansanti nasceu em 1958, em São Paulo, onde vive com a esposa Rosmari e o filho André. Trabalha como educador desde os 24 anos, quando ainda cursava História na Universidade de São Paulo.
Efetivou-se como professor em escolas públicas da periferia paulistana, onde presenciou as enormes carências de seus alunos, reforçando seu interesse pelo tema da cidadania e a convicção de que o conhecimento aprendido dentro de classe deve estar ligado à transformação do mundo que a cerca.
Especialista em patrimônio histórico, coordenou a publicação do livro *Obras de Arte em logradouros públicos*. É autor de livros de História da coleção *Projeto Escola e Cidadania*, e colaborador do Programa *Como Fazer?* da TV Escola, do MEC.
Atuou como professor no Colégio Santa Cruz, entre outras escolas particulares. Ministrou cursos em programas de formação de professores, especialmente na Fundação para o Desenvolvimento da Educação – FDE e na Secretaria Municipal de Educação de São Paulo.
Formou-se também em Pedagogia e desde 1992 ocupa cargos de coordenação pedagógica e direção escolar. Coordena o *Projeto Fecap Solidária*, que articula ações sociais de estudantes e professores junto a várias entidades sociais do centro da capital paulistana.
Considera que escrever este livro junto com o Gilberto Dimenstein faz parte dessa luta de ambos para que os jovens cidadãos construam suas próprias histórias.